I0168233

TADSCHIKISCH

WORTSCHATZ

FÜR DAS SELBSTSTUDIUM

DEUTSCH
TADSCHIKISCH

Die nützlichsten Wörter
Zur Erweiterung Ihres Wortschatzes und
Verbesserung der Sprachfertigkeit

9000 Wörter

Wortschatz Deutsch-Tadschikisch für das Selbststudium - 9000 Wörter

Von Andrey Taranov

T&P Books Vokabelbücher sind dafür vorgesehen, beim Lernen einer Fremdsprache zu helfen, Wörter zu memorieren und zu wiederholen. Das Wörterbuch ist nach Themen aufgeteilt und deckt alle wichtigen Bereiche des täglichen Lebens, Berufs, Wissenschaft, Kultur etc. ab.

Durch das Benutzen der themenbezogenen T&P Books ergeben sich folgende Vorteile für den Lernprozess:

- Sachgemäß geordnete Informationen bestimmen den späteren Erfolg auf den darauffolgenden Stufen der Memorisierung
- Die Verfügbarkeit von Wörtern, die sich aus der gleichen Wurzel ableiten lassen, erlaubt die Memorisierung von Worteinheiten (mehr als bei einzeln stehenden Wörtern)
- Kleine Worteinheiten unterstützen den Aufbauprozess von assoziativen Verbindungen für die Festigung des Wortschatzes
- Die Kenntnis der Sprache kann aufgrund der Anzahl der gelernten Wörter eingeschätzt werden

T&P Books Publishing
www.tpbooks.com

ISBN: 978-1-78400-248-0

Dieses Buch ist auch im E-Book Format erhältlich.
Besuchen Sie uns auch auf www.tpbooks.com oder auf einer der bedeutenden Buchhandlungen online.

WORTSCHATZ DEUTSCH-TADSCHIKISCH
für das Selbststudium

Die Vokabelbücher von T&P Books sind dafür vorgesehen, Ihnen beim Lernen einer Fremdsprache zu helfen, Wörter zu memorieren und zu wiederholen. Der Wortschatz enthält über 9000 häufig gebrauchte, thematisch geordnete Wörter.

- Der Wortschatz enthält die am häufigsten benutzten Wörter
- Eignet sich als Ergänzung zu jedem Sprachkurs
- Erfüllt die Bedürfnisse von Anfängern und fortgeschrittenen Lernenden von Fremdsprachen
- Praktisch für den täglichen Gebrauch, zur Wiederholung und um sich selbst zu testen
- Ermöglicht es, Ihren Wortschatz einzuschätzen

Besondere Merkmale des Wortschatzes:

- Wörter sind entsprechend ihrer Bedeutung und nicht alphabetisch organisiert
- Wörter werden in drei Spalten präsentiert, um das Wiederholen und den Selbstüberprüfungsprozess zu erleichtern
- Wortgruppen werden in kleinere Einheiten aufgespalten, um den Lernprozess zu fördern
- Der Wortschatz bietet eine praktische und einfache Lautschrift jedes Wortes der Fremdsprache

Der Wortschatz hat 256 Themen, einschließlich:

Grundbegriffe, Zahlen, Farben, Monate, Jahreszeiten, Maßeinheiten, Kleidung und Accessoires, Essen und Ernährung, Restaurant, Familienangehörige, Verwandte, Charaktereigenschaften, Empfindungen, Gefühle, Krankheiten, Großstadt, Kleinstadt, Sehenswürdigkeiten, Einkaufen, Geld, Haus, Zuhause, Büro, Import & Export, Marketing, Arbeitssuche, Sport, Ausbildung, Computer, Internet, Werkzeug, Natur, Länder, Nationalitäten und vieles mehr...

INHALT

LEITFADEN FÜR DIE AUSSPRACHE

Buchstabe	Tadschikisch Beispiel	T&P phonetisches Alphabet	Deutsch Beispiel
А а	Рахмат!	[a]	schwarz
Б б	бесохиб	[b]	Brille
В в	вафодорй	[v]	November
Г г	гулмохй	[g]	gelb
Ғ ғ	мурғобй	[ʁ]	uvulare Vibrant [R]
Д д	мадд	[d]	Detektiv
Е е	телескоп	[e:]	Wildleder
Ё ё	сайёра	[jɔ]	Jordanien
Ж ж	аждаҳо	[ʒ]	Regisseur
З з	сӯзанда	[z]	sein
И и	шифт	[i]	ihr, finden
Й й	обчакорй	[i:]	Wieviel
Й й	ҳайкал	[j]	Jacke
К к	коргардон	[k]	Kalender
Қ қ	нуқта	[q]	Kobra
Л л	пилла	[l]	Juli
М м	мусиқачй	[m]	Mitte
Н н	нонвой	[n]	Vorhang
О о	посбон	[o:]	groß
П п	папка	[p]	Polizei
Р р	чароғак	[r]	richtig
С с	суръат	[s]	sein
Т т	тарқиш	[t]	still
У у	муҳаррик	[u]	kurz
Ӯ ӯ	кӯшк	[œ]	Hölle
Ф ф	фурӯш	[f]	fünf
Х х	хушксолй	[x]	billig
Ҳ ҳ	чароғоҳ	[h]	brauchbar
Ч ч	чароғ	[tʃ]	Matsch
Ҷ ҷ	ҷанчол	[ʤ]	Kambodscha
Ш ш	нашриёт	[ʃ]	Chance
Ъ ъ [1]	таърихдон	[:], [']	stumme Buchstabe
Э э	эҳтимолй	[ɛ]	essen
Ю ю	юнонй	[ju]	Verzeihung
Я я	яхбурча	[ja]	Jacke

Anmerkungen

[1]   [:] - Verlängert die vorangehenden Vokals; nach Konsonanten als "hart Zeichen" verwendet

ABKÜRZUNGEN
die im Vokabular verwendet werden

Deutsch. Abkürzungen

Adj	-	Adjektiv
Adv	-	Adverb
Amtsspr.	-	Amtssprache
f	-	Femininum
f, n	-	Femininum, Neutrum
Fem.	-	Femininum
m	-	Maskulinum
m, f	-	Maskulinum, Femininum
m, n	-	Maskulinum, Neutrum
Mask.	-	Maskulinum
n	-	Neutrum
pl	-	Plural
Sg.	-	Singular
ugs.	-	umgangssprachlich
unzähl.	-	unzählbar
usw.	-	und so weiter
v mod	-	Modalverb
vi	-	intransitives Verb
vi, vt	-	intransitives, transitives Verb
vt	-	transitives Verb
zähl.	-	zählbar
z.B.	-	zum Beispiel

GRUNDBEGRIFFE

Grundbegriffe. Teil 1

1. Pronomen

ich	ман	[man]
du	ту	[tu]
er	ӯ, вай	[œ], [vaj]
sie	ӯ, вай	[œ], [vaj]
es	он	[on]
wir	мо	[mo]
ihr	шумо	[ʃumo]
Sie (Sg.)	Шумо	[ʃumo]
Sie (pl)	Шумо	[ʃumo]
sie (die Bäume)	онон	[onon]
sie (die Menschen)	онхо, вайхо	[onho], [vajho]

2. Grüße. Begrüßungen. Verabschiedungen

Hallo! (ugs.)	Салом!	[salom]
Hallo! (Amtsspr.)	Ассалом!	[assalom]
Guten Morgen!	Субхатон ба хайр!	[subhaton ba xajr]
Guten Tag!	Рӯз ба хайр!	[rœz ba xajr]
Guten Abend!	Шом ба хайр!	[ʃom ba xajr]
grüßen (vi, vt)	саломалейк кардан	[salomalejk kardan]
Hallo! (ugs.)	Ассалом! Салом!	[assalom salom]
Gruß (m)	вохӯрдй	[voxœrdi:]
begrüßen (vt)	вохӯрдй кардан	[voxœrdi: kardan]
Wie geht es Ihnen?	Корхоятон чй хел?	[korhojaton tʃi: xel]
Wie geht's dir?	Корхоят чй хел?	[korhojat tʃi: xel]
Was gibt es Neues?	Чй навигарй?	[tʃi: navigari:]
Auf Wiedersehen!	То дидан!	[to didan]
Wiedersehen! Tschüs!	Хайр!	[xajr]
Bis bald!	То вохӯрии наздик!	[to voxœri:i nazdik]
Lebe wohl!	Падруд!	[padrud]
Leben Sie wohl!	Хайрбод! Падруд!	[xajrbod padrud]
sich verabschieden	падруд гуфтан	[padrud guftan]
Tschüs!	Хайр!	[xajr]
Danke!	Рахмат!	[rahmat]
Dankeschön!	Бисёр рахмат!	[bisjor rahmat]

Bitte (Antwort)	Марҳамат!	[marhamat]
Keine Ursache.	Намеарзад	[namearzad]
Nichts zu danken.	Намеарзад	[namearzad]

Entschuldige!	Бубахш!	[bubaxʃ]
Entschuldigung!	Бубахшед!	[bubaxʃed]
entschuldigen (vt)	афв кардан	[afv kardan]

sich entschuldigen	узр пурсидан	[uzr pursidan]
Verzeihung!	Маро бубахшед	[maro bubaxʃed]
Es tut mir leid!	Бубахшед!	[bubaxʃed]
verzeihen (vt)	бахшидан	[baxʃidan]
Das macht nichts!	Ҳеч гап не	[hetʃ gap ne]
bitte (Die Rechnung, ~!)	илтимос	[iltimos]

Nicht vergessen!	Фаромӯш накунед!	[faromœʃ nakuned]
Natürlich!	Албатта!	[albatta]
Natürlich nicht!	Албатта не!	[albatta ne]
Gut! Okay!	Розй!	[rozi:]
Es ist genug!	Бас!	[bas]

3. Jemanden ansprechen

Entschuldigen Sie!	Мебахшед!	[mebaxʃed]
Herr	ҷаноб, оқо	[dʒanob], [oqo]
Frau	хонум, бону	[xonum], [bonu]
Frau (Fräulein)	ҷавондухтар	[dʒavonduxtar]
Junger Mann	ҷавон	[dʒavon]
Junge	писарбача	[pisarbatʃa]
Mädchen	духтарча, духтарак	[duxtartʃa], [duxtarak]

4. Grundzahlen. Teil 1

null	сифр	[sifr]
eins	як	[jak]
zwei	ду	[du]
drei	се	[se]
vier	чор, чаҳор	[tʃor], [tʃahor]

fünf	панҷ	[pandʒ]
sechs	шаш	[ʃaʃ]
sieben	ҳафт	[haft]
acht	ҳашт	[haʃt]
neun	нуҳ	[nuh]

zehn	даҳ	[dah]
elf	ёздаҳ	[jozdah]
zwölf	дувоздаҳ	[duvozdah]
dreizehn	сездаҳ	[sezdah]
vierzehn	чордаҳ	[tʃordah]
fünfzehn	понздаҳ	[ponzdah]
sechzehn	шонздаҳ	[ʃonzdah]

siebzehn	хафдаҳ	[hafdah]
achtzehn	ҳаждаҳ	[haʒdah]
neunzehn	нуздаҳ	[nuzdah]

zwanzig	бист	[bist]
einundzwanzig	бисту як	[bistu jak]
zweiundzwanzig	бисту ду	[bistu du]
dreiundzwanzig	бисту се	[bistu se]

dreißig	сй	[si:]
einunddreißig	сию як	[siju jak]
zweiunddreißig	сию ду	[siju du]
dreiunddreißig	сию се	[siju se]

vierzig	чил	[tʃil]
einundvierzig	чилу як	[tʃilu jak]
zweiundvierzig	чилу ду	[tʃilu du]
dreiundvierzig	чилу се	[tʃilu se]

fünfzig	панчоҳ	[pandʒoh]
einundfünfzig	панчоҳу як	[pandʒohu jak]
zweiundfünfzig	панчоҳу ду	[pandʒohu du]
dreiundfünfzig	панчоҳу се	[pandʒohu se]

sechzig	шаст	[ʃast]
einundsechzig	шасту як	[ʃastu jak]
zweiundsechzig	шасту ду	[ʃastu du]
dreiundsechzig	шасту се	[ʃastu se]

siebzig	ҳафтод	[haftod]
einundsiebzig	ҳафтоду як	[haftodu jak]
zweiundsiebzig	ҳафтоду ду	[haftodu du]
dreiundsiebzig	ҳафтоду се	[haftodu se]

achtzig	ҳаштод	[haʃtod]
einundachtzig	ҳаштоду як	[haʃtodu jak]
zweiundachtzig	ҳаштоду ду	[haʃtodu du]
dreiundachtzig	ҳаштоду се	[haʃtodu se]

neunzig	навад	[navad]
einundneunzig	наваду як	[navadu jak]
zweiundneunzig	наваду ду	[navadu du]
dreiundneunzig	наваду се	[navadu se]

5. Grundzahlen. Teil 2

einhundert	сад	[sad]
zweihundert	дусад	[dusad]
dreihundert	сесад	[sesad]
vierhundert	чорсад, чаҳорсад	[tʃorsad], [tʃahorsad]
fünfhundert	панчсад	[pandʒsad]

sechshundert	шашсад	[ʃaʃsad]
siebenhundert	ҳафтсад	[haftsad]

| achthundert | хаштсад | [haʃtsad] |
| neunhundert | нӯҳсадум | [nœhsadum] |

eintausend	ҳазор	[hazor]
zweitausend	ду ҳазор	[du hazor]
dreitausend	се ҳазор	[se hazor]
zehntausend	даҳ ҳазор	[dah hazor]
hunderttausend	сад ҳазор	[sad hazor]
Million (f)	миллион	[million]
Milliarde (f)	миллиард	[milliard]

6. Ordnungszahlen

der erste	якум	[jakum]
der zweite	дуюм	[dujum]
der dritte	сеюм	[sejum]
der vierte	чорум	[ʧorum]
der fünfte	панчум	[panʤum]

der sechste	шашум	[ʃaʃum]
der siebte	ҳафтум	[haftum]
der achte	ҳаштум	[haʃtum]
der neunte	нӯхум	[nœhum]
der zehnte	дахӯм	[dahœm]

7. Zahlen. Brüche

Bruch (m)	каср	[kasr]
Hälfte (f)	аз ду як ҳисса	[az du jak hissa]
Drittel (n)	аз се як ҳисса	[az se jak hissa]
Viertel (n)	аз чор як ҳисса	[az ʧor jak hissa]

Achtel (m, n)	аз ҳашт як ҳисса	[az haʃt jak hissa]
Zehntel (n)	аз даҳ як ҳисса	[az dah jak hissa]
zwei Drittel	аз се ду ҳисса	[az se du hissa]
drei Viertel	аз чор се ҳисса	[az ʧor se hissa]

8. Zahlen. Grundrechenarten

| Subtraktion (f) | тарҳ | [tarh] |
| subtrahieren (vt) | тарҳ кардан | [tarh kardan] |

| Division (f) | тақсим | [taqsim] |
| dividieren (vt) | тақсим кардан | [taqsim kardan] |

Addition (f)	чамъ кардани	[ʤam' kardani]
addieren (vt)	чамъ кардан	[ʤam' kardan]
hinzufügen (vt)	чамъ кардан	[ʤam' kardan]
Multiplikation (f)	зарб, зарбзани	[zarb], [zarbzani:]
multiplizieren (vt)	зарб задан	[zarb zadan]

9. Zahlen. Verschiedenes

Ziffer (f)	рақам	[raqam]
Zahl (f)	адад	[adad]
Zahlwort (n)	шумора	[ʃumora]
Minus (n)	тарҳ	[tarh]
Plus (n)	ҷамъ	[dʒam']
Formel (f)	формула	[formula]
Berechnung (f)	ҳисоб кардани	[hisob kardani]
zählen (vt)	шумурдан	[ʃumurdan]
berechnen (vt)	ҳисоб кардан	[hisob kardan]
vergleichen (vt)	муқоиса кардан	[muqoisa kardan]
Wie viel?	Чй қадар?	[tʃi: qadar]
Wie viele?	Чанд-то?	[tʃand-to]
Summe (f)	ҳосили ҷамъ	[hosili dʒam']
Ergebnis (n)	натиҷа	[natidʒa]
Rest (m)	бақия	[baqija]
einige (~ Tage)	якчанд	[jaktʃand]
wenig (Adv)	чанд	[tʃand]
Übrige (n)	боқимонда	[boqimonda]
anderthalb	якуним	[jakunim]
entzwei (Adv)	ним	[nim]
zu gleichen Teilen	баробар	[barobar]
Hälfte (f)	нисф	[nisf]
Mal (n)	бор	[bor]

10. Die wichtigsten Verben. Teil 1

abbiegen (nach links ~)	гардонидан	[gardonidan]
abschicken (vt)	ирсол кардан	[irsol kardan]
ändern (vt)	иваз кардан	[ivaz kardan]
andeuten (vt)	луқма додан	[luqma dodan]
Angst haben	тарсидан	[tarsidan]
ankommen (vi)	расидан	[rasidan]
antworten (vi)	ҷавоб додан	[dʒavob dodan]
arbeiten (vi)	кор кардан	[kor kardan]
auf ... zählen	умед бастан	[umed bastan]
aufbewahren (vt)	нигоҳ доштан	[nigoh doʃtan]
aufschreiben (vt)	навиштан	[naviʃtan]
ausgehen (vi)	баромадан	[baromadan]
aussprechen (vt)	талаффуз кардан	[talaffuz kardan]
bedauern (vt)	таассуф хӯрдан	[taassuf xœrdan]
bedeuten (vt)	маъно доштан	[ma'no doʃtan]
beenden (vt)	тамом кардан	[tamom kardan]
befehlen (Milit.)	фармон додан	[farmon dodan]
befreien (Stadt usw.)	озод кардан	[ozod kardan]

beginnen (vt)	сар кардан	[sar kardan]
bemerken (vt)	дида мондан	[dida mondan]
beobachten (vt)	назорат кардан	[nazorat kardan]
berühren (vt)	даст расондан	[dast rasondan]
besitzen (vt)	соҳиб будан	[sohib budan]
besprechen (vt)	муҳокима кардан	[muhokima kardan]
bestehen auf	сахт истодан	[saχt istodan]
bestellen (im Restaurant)	супоридан	[suporidan]
bestrafen (vt)	ҷазо додан	[dʒazo dodan]
beten (vi)	намоз хондан	[namoz χondan]
bitten (vt)	пурсидан	[pursidan]
brechen (vt)	шикастан	[ʃikastan]
denken (vi, vt)	фикр кардан	[fikr kardan]
drohen (vi)	дӯғ задан	[dœʁ zadan]
Durst haben	об хостан	[ob χostan]
einladen (vt)	даъват кардан	[da'vat kardan]
einstellen (vt)	бас кардан	[bas kardan]
einwenden (vt)	зид баромадан	[zid baromadan]
empfehlen (vt)	маслиҳат додан	[maslihat dodan]
erklären (vt)	шарҳ додан	[ʃarh dodan]
erlauben (vt)	иҷозат додан	[idʒozat dodan]
ermorden (vt)	куштан	[kuʃtan]
erwähnen (vt)	гуфта гузаштан	[gufta guzaʃtan]
existieren (vi)	зиндагӣ кардан	[zindagi: kardan]

11. Die wichtigsten Verben. Teil 2

fallen (vi)	афтодан	[aftodan]
fallen lassen	афтондан	[aftondan]
fangen (vt)	доштан	[doʃtan]
finden (vt)	ёфтан	[joftan]
fliegen (vi)	паридан	[paridan]
folgen (Folge mir!)	рафтан	[raftan]
fortsetzen (vt)	давомат кардан	[davomat kardan]
fragen (vt)	пурсидан	[pursidan]
frühstücken (vi)	ноништа кардан	[noniʃta kardan]
geben (vt)	додан	[dodan]
gefallen (vi)	форидан	[foridan]
gehen (zu Fuß gehen)	рафтан	[raftan]
gehören (vi)	таалуқ доштан	[taaluq doʃtan]
graben (vt)	кофтан	[koftan]
haben (vt)	доштан	[doʃtan]
helfen (vi)	кумак кардан	[kumak kardan]
herabsteigen (vi)	фуромадан	[furomadan]
hereinkommen (vi)	даромадан	[daromadan]
hoffen (vi)	умед доштан	[umed doʃtan]
hören (vt)	шунидан	[ʃunidan]

hungrig sein	хӯрок хостан	[xœrok xostan]
informieren (vt)	ахборот додан	[axborot dodan]
jagen (vi)	шикор кардан	[ʃikor kardan]

kennen (vt)	донистан	[donistan]
klagen (vi)	шикоят кардан	[ʃikojat kardan]
können (v mod)	тавонистан	[tavonistan]
kontrollieren (vt)	назорат кардан	[nazorat kardan]
kosten (vt)	арзидан	[arzidan]

kränken (vt)	таҳқир кардан	[tahqir kardan]
lächeln (vi)	табассум кардан	[tabassum kardan]
lachen (vi)	хандидан	[xandidan]
laufen (vi)	давидан	[davidan]
leiten (Betrieb usw.)	сардорӣ кардан	[sardori: kardan]

lernen (vt)	омӯхтан	[omœxtan]
lesen (vi, vt)	хондан	[xondan]
lieben (vt)	дӯст доштан	[dœst doʃtan]
machen (vt)	кардан	[kardan]

mieten (Haus usw.)	ба иҷора гирифтан	[ba idʒora giriftan]
nehmen (vt)	гирифтан	[giriftan]
noch einmal sagen	такрор кардан	[takror kardan]
nötig sein	даркор будан	[darkor budan]
öffnen (vt)	кушодан	[kuʃodan]

12. Die wichtigsten Verben. Teil 3

planen (vt)	нақша кашидан	[naqʃa kaʃidan]
prahlen (vi)	худситоӣ кардан	[xudsitoi: kardan]
raten (vt)	маслиҳат додан	[maslihat dodan]
rechnen (vt)	ҳисоб кардан	[hisob kardan]
reservieren (vt)	нигоҳ доштан	[nigoh doʃtan]

retten (vt)	наҷот додан	[nadʒot dodan]
richtig raten (vt)	ёфтан	[joftan]
rufen (um Hilfe ~)	чеғ задан	[dʒeʁ zadan]
sagen (vt)	гуфтан	[guftan]
schaffen (Etwas Neues zu ~)	офаридан	[ofaridan]

schelten (vt)	дашном додан	[daʃnom dodan]
schießen (vi)	тир задан	[tir zadan]
schmücken (vt)	оростан	[orostan]
schreiben (vi, vt)	навиштан	[naviʃtan]
schreien (vi)	дод задан	[dod zadan]

schweigen (vi)	хомӯш будан	[xomœʃ budan]
schwimmen (vi)	шино кардан	[ʃino kardan]
schwimmen gehen	оббозӣ кардан	[obbozi: kardan]
sehen (vi, vt)	дидан	[didan]

| sein (vi) | будан | [budan] |
| sich beeilen | шитоб кардан | [ʃitob kardan] |

sich entschuldigen	узр пурсидан	[uzr pursidan]
sich interessieren	ҳавас кардан	[havas kardan]
sich irren	хато кардан	[χato kardan]
sich setzen	нишастан	[niʃastan]
sich weigern	рад кардан	[rad kardan]
spielen (vi, vt)	бозй кардан	[bozi: kardan]

sprechen (vi)	гап задан	[gap zadan]
staunen (vi)	ба ҳайрат афтодан	[ba hajrat aftodan]
stehlen (vt)	дуздидан	[duzdidan]
stoppen (vt)	истодан	[istodan]
suchen (vt)	ҷустан	[ʤustan]

13. Die wichtigsten Verben. Teil 4

täuschen (vt)	фирефтан	[fireftan]
teilnehmen (vi)	иштирок кардан	[iʃtirok kardan]
übersetzen (Buch usw.)	тарҷума кардан	[tarʤuma kardan]
unterschätzen (vt)	хунукназарй кардан	[χunuknazari: kardan]
unterschreiben (vt)	имзо кардан	[imzo kardan]

vereinigen (vt)	якҷоя кардан	[jakʤoja kardan]
vergessen (vt)	фаромӯш кардан	[faromœʃ kardan]
vergleichen (vt)	муқоиса кардан	[muqoisa kardan]
verkaufen (vt)	фурӯхтан	[furœχtan]
verlangen (vt)	талаб кардан	[talab kardan]

versäumen (vt)	набудан	[nabudan]
versprechen (vt)	ваъда додан	[va'da dodan]
verstecken (vt)	пинҳон кардан	[pinhon kardan]
verstehen (vt)	фаҳмидан	[fahmidan]
versuchen (vt)	озмоиш кардан	[ozmoiʃ kardan]

verteidigen (vt)	муҳофиза кардан	[muhofiza kardan]
vertrauen (vi)	бовар кардан	[bovar kardan]
verwechseln (vt)	иштибоҳ кардан	[iʃtiboh kardan]
verzeihen (vi, vt)	афв кардан	[afv kardan]
verzeihen (vt)	бахшидан	[baχʃidan]
voraussehen (vt)	пешбинй кардан	[peʃbini: kardan]

vorschlagen (vt)	таклиф кардан	[taklif kardan]
vorziehen (vt)	бехтар донистан	[beχtar donistan]
wählen (vt)	интихоб кардан	[intiχob kardan]
warnen (vt)	танбеҳ додан	[tanbeh dodan]
warten (vi)	поидан	[poidan]
weinen (vi)	гиря кардан	[girja kardan]

wissen (vt)	донистан	[donistan]
Witz machen	шӯхй кардан	[ʃœχi: kardan]
wollen (vt)	хостан	[χostan]
zahlen (vt)	пул додан	[pul dodan]
zeigen (jemandem etwas)	нишон додан	[niʃon dodan]
zu Abend essen	хӯроки шом хӯрдан	[χœroki ʃom χœrdan]
zu Mittag essen	хӯроки пешин хӯрдан	[χœroki peʃin χœrdan]

zubereiten (vt)	пухтан	[puxtan]
zustimmen (vi)	розигй додан	[rozigi: dodan]
zweifeln (vi)	шак доштан	[ʃak doʃtan]

14. Farben

Farbe (f)	ранг	[rang]
Schattierung (f)	тобиш	[tobiʃ]
Farbton (m)	тобиш, лавн	[tobiʃ], [lavn]
Regenbogen (m)	рангинкамон	[ranginkamon]

weiß	сафед	[safed]
schwarz	сиёх	[sijɔh]
grau	адкан	[adkan]

grün	сабз, кабуд	[sabz], [kabud]
gelb	зард	[zard]
rot	сурх, арғувонй	[surχ], [arʁuvoni:]

blau	кабуд	[kabud]
hellblau	осмонй	[osmoni:]
rosa	гулобй	[gulobi:]
orange	норанчй	[norandʒi:]
violett	бунафш	[bunafʃ]
braun	қаҳвагй	[qahvagi:]

| golden | тиллоранг | [tillorang] |
| silbrig | нуқрафом | [nuqrafom] |

beige	каҳваранг	[kahvarang]
cremefarben	зардтоб	[zardtob]
türkis	фирӯзаранг	[firœzarang]
kirschrot	олубологй	[olubologi:]
lila	бунафш, нофармон	[bunafʃ], [nofarmon]
himbeerrot	сурхи сиехтоб	[surχi siehtob]

hell	кушод	[kuʃod]
dunkel	торик	[torik]
grell	тоза	[toza]

Farb- (z.B. -stifte)	ранга	[ranga]
Farb- (z.B. -film)	ранга	[ranga]
schwarz-weiß	сиёху сафед	[sijɔhu safed]
einfarbig	якранга	[jakranga]
bunt	рангоранг	[rangorang]

15. Fragen

Wer?	Кй?	[ki:]
Was?	Чй?	[ʧi:]
Wo?	Дар кучо?	[dar kudʒo]
Wohin?	Кучо?	[kudʒo]

Woher?	Аз кучо?	[az kudʒo]
Wann?	Кай?	[kaj]
Wozu?	Барои чй?	[baroi tʃi:]
Warum?	Барои чй?	[baroi tʃi:]

Wofür?	Барои чй?	[baroi tʃi:]
Wie?	Чй хел?	[tʃi: χel]
Welcher?	Кадом?	[kadom]

Wem?	Ба кй?	[ba ki:]
Über wen?	Дар бораи кй?	[dar borai ki:]
Wovon? (~ sprichst du?)	Дар бораи чй?	[dar borai tʃi:]
Mit wem?	Бо кй?	[bo ki:]

Wie viele?	Чанд-то?	[tʃand-to]
Wie viel?	Чй қадар?	[tʃi: qadar]
Wessen?	Аз они кй?	[az oni ki:]

16. Präpositionen

mit (Frau ~ Katzen)	бо, ҳамроҳи	[bo], [hamrohi]
ohne (~ Dich)	бе	[be]
nach (~ London)	ба	[ba]
über (~ Geschäfte sprechen)	дар бораи	[dar borai]
vor (z.B. ~ acht Uhr)	пеш аз	[peʃ az]
vor (z.B. ~ dem Haus)	дар пеши	[dar peʃi]

unter (~ dem Schirm)	таги	[tagi]
über (~ dem Meeresspiegel)	дар болои	[dar boloi]
auf (~ dem Tisch)	ба болои	[ba boloi]
aus (z.B. ~ München)	аз	[az]
aus (z.B. ~ Porzellan)	аз	[az]

| in (~ zwei Tagen) | баъд аз | [ba'd az] |
| über (~ zaun) | аз болои ... | [az boloi] |

17. Funktionswörter. Adverbien. Teil 1

Wo?	Дар кучо?	[dar kudʒo]
hier	ин чо	[in dʒo]
dort	он чо	[on dʒo]

| irgendwo | дар кучое | [dar kudʒoe] |
| nirgends | дар ҳеч чо | [dar hedʒ dʒo] |

| an (bei) | дар назди ... | [dar nazdi] |
| am Fenster | дар назди тиреза | [dar nazdi tireza] |

Wohin?	Кучо?	[kudʒo]
hierher	ин чо	[in tʃo]
dahin	ба он чо	[ba on dʒo]
von hier	аз ин чо	[az in dʒo]

von da	аз он ҷо	[az on ʤo]
nah (Adv)	наздик	[nazdik]
weit, fern (Adv)	дур	[dur]
in der Nähe von …	дар бари	[dar bari]
in der Nähe	бисёр наздик	[bisjor nazdik]
unweit (~ unseres Hotels)	наздик	[nazdik]
link (Adj)	чап	[ʧap]
links (Adv)	аз чап	[az ʧap]
nach links	ба тарафи чап	[ba tarafi ʧap]
recht (Adj)	рост	[rost]
rechts (Adv)	аз рост	[az rost]
nach rechts	ба тарафи рост	[ba tarafi rost]
vorne (Adv)	аз пеш	[az peʃ]
Vorder-	пешин	[peʃin]
vorwärts	ба пеш	[ba peʃ]
hinten (Adv)	дар қафои	[dar qafoi]
von hinten	аз қафо	[az qafo]
rückwärts (Adv)	ақиб	[aqib]
Mitte (f)	миёна	[mijɔna]
in der Mitte	дар миёна	[dar mijɔna]
seitlich (Adv)	аз паҳлу	[az pahlu]
überall (Adv)	дар ҳар ҷо	[dar har ʤo]
ringsherum (Adv)	гирду атроф	[girdu atrof]
von innen (Adv)	аз дарун	[az darun]
irgendwohin (Adv)	ба ким-куҷо	[ba kim-kuʤo]
geradeaus (Adv)	миёнбур карда	[mijɔnbur karda]
zurück (Adv)	ба ақиб	[ba aqib]
irgendwoher (Adv)	аз ягон ҷо	[az jagon ʤo]
von irgendwo (Adv)	аз як ҷо	[az jak ʤo]
erstens	аввалан	[avvalan]
zweitens	дуюм	[dujum]
drittens	сеюм	[sejum]
plötzlich (Adv)	ногоҳ, баногоҳ	[nogoh], [banogoh]
zuerst (Adv)	дар аввал	[dar avval]
zum ersten Mal	якумин	[jakumin]
lange vor…	хеле пеш	[xele peʃ]
von Anfang an	аз нав	[az nav]
für immer	тамоман	[tamoman]
nie (Adv)	ҳеҷ гоҳ	[heʤ goh]
wieder (Adv)	боз, аз дигар	[boz], [az digar]
jetzt (Adv)	акнун	[aknun]
oft (Adv)	тез-тез	[tez-tez]
damals (Adv)	он вақт	[on vaqt]
dringend (Adv)	зуд, фавран	[zud], [favran]

gewöhnlich (Adv)	одатан	[odatan]
übrigens, ...	воқеан	[voqean]
möglicherweise (Adv)	шояд	[ʃojad]
wahrscheinlich (Adv)	эҳтимол	[ɛhtimol]
vielleicht (Adv)	эҳтимол, шояд	[ɛhtimol], [ʃojad]
außerdem ...	ғайр аз он	[ʁajr az on]
deshalb ...	бинобар ин	[binobar in]
trotz ...	ба ин нигоҳ накарда	[ba in nigoh nakarda]
dank ...	ба туфайли ...	[ba tufajli]
was (~ ist denn?)	чӣ	[ʧiː]
das (~ ist alles)	ки	[ki]
etwas	чизе	[ʧize]
irgendwas	ягон чиз	[jagon ʧiz]
nichts	ҳеҷ чиз	[heʤ ʧiz]
wer (~ ist ~?)	кӣ	[kiː]
jemand	ким-кӣ	[kim-kiː]
irgendwer	касе	[kase]
niemand	ҳеҷ кас	[heʤ kas]
nirgends	ба ҳеҷ куҷо	[ba heʤ kuʤo]
niemandes (~ Eigentum)	бесоҳиб	[besohib]
jemandes	аз они касе	[az oni kase]
so (derart)	чунон	[ʧunon]
auch	ҳам	[ham]
ebenfalls	низ, ҳам	[niz], [ham]

18. Funktionswörter. Adverbien. Teil 2

Warum?	Барои чӣ?	[baroi ʧiː]
aus irgendeinem Grund	бо ким-кадом сабаб	[bo kim-kadom sabab]
weil ...	зеро ки	[zero ki]
zu irgendeinem Zweck	барои чизе	[baroi ʧize]
und	ва, ... у, ... ю	[va], [u], [ju]
oder	ё	[jɔ]
aber	аммо, лекин	[ammo], [lekin]
für (präp)	барои	[baroi]
zu (~ viele)	аз меъёр зиёд	[az meʼjɔr zijɔd]
nur (~ einmal)	фақат	[faqat]
genau (Adv)	айнан	[ajnan]
etwa	тақрибан	[taqriban]
ungefähr (Adv)	тақрибан	[taqriban]
ungefähr (Adj)	тақрибӣ	[taqribiː]
fast	қариб	[qarib]
Übrige (n)	боқимонда	[boqimonda]
der andere	дигар	[digar]
andere	дигар	[digar]
jeder (~ Mann)	ҳар	[har]

beliebig (Adj)	хар	[har]
viel	бисёр, хеле	[bisjor], [xele]
viele Menschen	бисёрихо	[bisjoriho]
alle (wir ~)	хама	[hama]
im Austausch gegen …	ба ивази	[ba ivazi]
dafür (Adv)	ба ивазаш	[ba ivazaʃ]
mit der Hand (Hand-)	дастй	[dasti:]
schwerlich (Adv)	ба гумон	[ba gumon]
wahrscheinlich (Adv)	эхтимол, шояд	[ɛhtimol], [ʃojad]
absichtlich (Adv)	баркасд	[barqasd]
zufällig (Adv)	тасодуфан	[tasodufan]
sehr (Adv)	хеле	[xele]
zum Beispiel	масалан, чунончи	[masalan], [tʃunontʃi]
zwischen	дар байни	[dar bajni]
unter (Wir sind ~ Mördern)	дар байни …	[dar bajni]
so viele (~ Ideen)	ин кадар	[in qadar]
besonders (Adv)	хусусан	[xususan]

Grundbegriffe. Teil 2

19. Wochentage

Montag (m)	душанбе	[duʃanbe]
Dienstag (m)	сешанбе	[seʃanbe]
Mittwoch (m)	чоршанбе	[tʃorʃanbe]
Donnerstag (m)	панҷшанбе	[pandʒʃanbe]
Freitag (m)	ҷумъа	[dʒum'a]
Samstag (m)	шанбе	[ʃanbe]
Sonntag (m)	якшанбе	[jakʃanbe]
heute	имрӯз	[imrœz]
morgen	пагоҳ, фардо	[pagoh], [fardo]
übermorgen	пасфардо	[pasfardo]
gestern	дирӯз, дина	[dirœz], [dina]
vorgestern	парирӯз	[parirœz]
Tag (m)	рӯз	[rœz]
Arbeitstag (m)	рӯзи кор	[rœzi kor]
Feiertag (m)	рӯзи ид	[rœzi id]
freier Tag (m)	рӯзи истироҳат	[rœzi istirohat]
Wochenende (n)	рӯзҳои истироҳат	[rœzhoi istirohat]
den ganzen Tag	тамоми рӯз	[tamomi rœz]
am nächsten Tag	рӯзи дигар	[rœzi digar]
zwei Tage vorher	ду рӯз пеш	[du rœz peʃ]
am Vortag	як рӯз пеш	[jak rœz peʃ]
täglich (Adj)	ҳаррӯза	[harrœza]
täglich (Adv)	ҳар рӯз	[har rœz]
Woche (f)	ҳафта	[hafta]
letzte Woche	ҳафтаи гузашта	[haftai guzaʃta]
nächste Woche	ҳафтаи оянда	[haftai ojanda]
wöchentlich (Adj)	ҳафтаина	[haftaina]
wöchentlich (Adv)	ҳар ҳафта	[har hafta]
zweimal pro Woche	ҳафтае ду маротиба	[haftae du marotiba]
jeden Dienstag	ҳар сешанбе	[har seʃanbe]

20. Stunden. Tag und Nacht

Morgen (m)	пагоҳӣ	[pagohi:]
morgens	пагоҳирӯзӣ	[pagohirœzi:]
Mittag (m)	нисфи рӯз	[nisfi rœz]
nachmittags	баъди пешин	[ba'di peʃin]
Abend (m)	бегоҳ, бегоҳирӯз	[begoh], [begohirœez]
abends	бегоҳӣ, бегоҳирӯзӣ	[begohi:], [begohirœezi:]

Nacht (f)	шаб	[ʃab]
nachts	шабона	[ʃabona]
Mitternacht (f)	нисфи шаб	[nisfi ʃab]

Sekunde (f)	сония	[sonija]
Minute (f)	дақиқа	[daqiqa]
Stunde (f)	соат	[soat]
eine halbe Stunde	нимсоат	[nimsoat]
Viertelstunde (f)	чоряки соат	[tʃorjaki soat]
fünfzehn Minuten	понздаҳ дақиқа	[ponzdah daqiqa]
Tag und Nacht	шабонарӯз	[ʃabonarœz]

Sonnenaufgang (m)	тулӯъ	[tulœ']
Morgendämmerung (f)	субҳидам	[subhidam]
früher Morgen (m)	субҳи барвақт	[subhi barvaqt]
Sonnenuntergang (m)	ғуруби офтоб	[ʁurubi oftob]

früh am Morgen	субҳи барвақт	[subhi barvaqt]
heute Morgen	имрӯз пагоҳӣ	[imrœz pagohi:]
morgen früh	пагоҳ саҳарӣ	[pagoh sahari:]

heute Mittag	имрӯз	[imrœz]
nachmittags	баъди пешин	[ba'di peʃin]
morgen Nachmittag	пагоҳ баъди пешин	[pagoh ba'di peʃin]

| heute Abend | ҳамин бегоҳ | [hamin begoh] |
| morgen Abend | фардо бегоҳӣ | [fardo begohi:] |

Punkt drei Uhr	расо соати се	[raso soati se]
gegen vier Uhr	наздикии соати чор	[nazdiki:i soati tʃor]
um zwölf Uhr	соатҳои дувоздаҳ	[soathoi duvozdah]

in zwanzig Minuten	баъд аз бист дақиқа	[ba'd az bist daqiqa]
in einer Stunde	баъд аз як соат	[ba'd az jak soat]
rechtzeitig (Adv)	дар вақташ	[dar vaqtaʃ]

Viertel vor …	понздаҳто кам	[ponzdahto kam]
innerhalb einer Stunde	дар давоми як соат	[dar davomi jak soat]
alle fünfzehn Minuten	ҳар понздаҳ дақиқа	[har ponzdah daqiqa]
Tag und Nacht	шабу рӯз	[ʃabu rœz]

21. Monate. Jahreszeiten

Januar (m)	январ	[janvar]
Februar (m)	феврал	[fevral]
März (m)	март	[mart]
April (m)	апрел	[aprel]
Mai (m)	май	[maj]
Juni (m)	июн	[ijun]

Juli (m)	июл	[ijul]
August (m)	август	[avgust]
September (m)	сентябр	[sentjabr]
Oktober (m)	октябр	[oktjabr]

| November (m) | ноябр | [nojabr] |
| Dezember (m) | декабр | [dekabr] |

Frühling (m)	баҳор, баҳорон	[bahor], [bahoron]
im Frühling	дар фасли баҳор	[dar fasli bahor]
Frühlings-	баҳорй	[bahori:]

Sommer (m)	тобистон	[tobiston]
im Sommer	дар тобистон	[dar tobiston]
Sommer-	тобистона	[tobistona]

Herbst (m)	тирамоҳ	[tiramoh]
im Herbst	дар тирамоҳ	[dar tiramoh]
Herbst-	... и тирамоҳ	[i tiramoh]

Winter (m)	зимистон	[zimiston]
im Winter	дар зимистон	[dar zimiston]
Winter-	зимистонй, ... и зимистон	[zimistoni:], [i zimiston]

Monat (m)	моҳ	[moh]
in diesem Monat	ҳамин моҳ	[hamin moh]
nächsten Monat	дар моҳи оянда	[dar mohi ojanda]
letzten Monat	дар моҳи гузашта	[dar mohi guzaʃta]
vor einem Monat	як моҳ пеш	[jak moh peʃ]
über eine Monat	баъд аз як моҳ	[ba'd az jak moh]
in zwei Monaten	баъд аз ду моҳ	[ba'd az du moh]
den ganzen Monat	тамоми моҳ	[tamomi moh]

monatlich (Adj)	ҳармоҳа	[harmoha]
monatlich (Adv)	ҳар моҳ	[har moh]
jeden Monat	ҳар моҳ	[har moh]
zweimal pro Monat	ду маротиба дар як моҳ	[du marotiba dar jak moh]

Jahr (n)	сол	[sol]
dieses Jahr	ҳамин сол	[hamin sol]
nächstes Jahr	соли оянда	[soli ojanda]
voriges Jahr	соли гузашта	[soli guzaʃta]

vor einem Jahr	як сол пеш	[jak sol peʃ]
in einem Jahr	баъд аз як сол	[ba'd az jak sol]
in zwei Jahren	баъд аз ду сол	[ba'd az du sol]
das ganze Jahr	як соли пурра	[jak soli purra]

jedes Jahr	ҳар сол	[har sol]
jährlich (Adj)	ҳарсола	[harsola]
jährlich (Adv)	ҳар сол	[har sol]
viermal pro Jahr	чор маротиба дар як сол	[ʧor marotiba dar jak sol]

Datum (heutige ~)	таърих, рӯз	[ta'rix], [rœz]
Datum (Geburts-)	сана	[sana]
Kalender (m)	тақвим, солнома	[taqvim], [solnoma]

ein halbes Jahr	ним сол	[nim sol]
Halbjahr (n)	нимсола	[nimsola]
Saison (f)	фасл	[fasl]
Jahrhundert (n)	аср	[asr]

22. Zeit. Verschiedenes

Zeit (f)	вақт	[vaqt]
Augenblick (m)	лаҳза, дам	[lahza], [dam]
Moment (m)	лаҳза	[lahza]
augenblicklich (Adj)	яклаҳзай	[jaklahzai:]
Zeitspanne (f)	муддати муайян	[muddati muajjan]
Leben (n)	ҳаёт	[hajɔt]
Ewigkeit (f)	абад, абадият	[abad], [abadijat]
Epoche (f)	давр, давра	[davr], [davra]
Ära (f)	эра, давра	[ɛra], [davra]
Zyklus (m)	доира	[doira]
Periode (f)	давр	[davr]
Frist (äußerste ~)	муддат	[muddat]
Zukunft (f)	оянда	[ojanda]
zukünftig (Adj)	оянда	[ojanda]
nächstes Mal	бори дигар	[bori digar]
Vergangenheit (f)	гузашта	[guzaʃta]
vorig (Adj)	гузашта	[guzaʃta]
letztes Mal	бори гузашта	[bori guzaʃta]
später (Adv)	баъдтар	[ba'dtar]
danach	баъди	[ba'di]
zur Zeit	ҳамин замон	[hamin zamon]
jetzt	ҳозир	[hozir]
sofort	фавран	[favran]
bald	ба зудӣ ... мешавад	[ba zudi: meʃavad]
im Voraus	пешакӣ	[peʃaki:]
lange her	кайҳо	[kajho]
vor kurzem	ба наздикӣ	[ba nazdiki:]
Schicksal (n)	тақдир	[taqdir]
Erinnerungen (pl)	хотира	[xotira]
Archiv (n)	архив	[arxiv]
während ...	дар вақти ...	[dar vaqti]
lange (Adv)	дуру дароз	[duru daroz]
nicht lange (Adv)	кӯтоҳ	[kœtoh]
früh (~ am Morgen)	барвақт	[barvaqt]
spät (Adv)	дер	[der]
für immer	ҳамешагӣ	[hameʃagi:]
beginnen (vt)	сар кардан	[sar kardan]
verschieben (vt)	ба вақти дигар мондан	[ba vaqti digar mondan]
gleichzeitig	дар як вақт	[dar jak vaqt]
ständig (Adv)	доимо, ҳамеша	[doimo], [hameʃa]
konstant (Adj)	доимӣ, ҳамешагӣ	[doimi:], [hameʃagi:]
zeitweilig (Adj)	муваққатӣ	[muvaqqati:]
manchmal	баъзан	[ba'zan]
selten (Adv)	кам, аҳёнан	[kam], [ahjɔnan]
oft	тез-тез	[tez-tez]

23. Gegenteile

reich (Adj)	бой, давлатманд	[boj], [davlatmand]
arm (Adj)	камбағал	[kambaʁal]
krank (Adj)	касал, бемор	[kasal], [bemor]
gesund (Adj)	тандуруст	[tandurust]
groß (Adj)	калон, бузург	[kalon], [buzurg]
klein (Adj)	хурд	[χurd]
schnell (Adv)	босуръат	[bosur'at]
langsam (Adv)	оҳиста	[ohista]
schnell (Adj)	босуръат	[bosur'at]
langsam (Adj)	оҳиста	[ohista]
froh (Adj)	хушхол	[χuʃhol]
traurig (Adj)	ғамгинона	[ʁamginona]
zusammen	дар як чо	[dar jak dʒo]
getrennt (Adv)	алоҳида	[alohida]
laut (~ lesen)	бо овози баланд	[bo ovozi baland]
still (~ lesen)	ба дили худ	[ba dili χud]
hoch (Adj)	баланд	[baland]
niedrig (Adj)	паст	[past]
tief (Adj)	чукур	[tʃuqur]
flach (Adj)	пастоб	[pastob]
ja	ҳа	[ha]
nein	не	[ne]
fern (Adj)	дур	[dur]
nah (Adj)	наздик	[nazdik]
weit (Adv)	дур	[dur]
nebenan (Adv)	бисёр наздик	[bisjor nazdik]
lang (Adj)	дароз, дур	[daroz], [dur]
kurz (Adj)	кӯтоҳ	[kœtoh]
gut (gütig)	нек	[nek]
böse (der ~ Geist)	бад	[bad]
verheiratet (Ehemann)	зандор	[zandor]
ledig (Adj)	муҷаррад	[mudʒarrad]
verbieten (vt)	манъ кардан	[man' kardan]
erlauben (vt)	иҷозат додан	[idʒozat dodan]
Ende (n)	охир	[oχir]
Anfang (m)	сар	[sar]

link (Adj)	чап	[tʃap]
recht (Adj)	рост	[rost]
der erste	якум	[jakum]
der letzte	охирин	[oxirin]
Verbrechen (n)	чиноят	[dʒinojat]
Bestrafung (f)	чазо	[dʒazo]
befehlen (vt)	фармон додан	[farmon dodan]
gehorchen (vi)	зердаст шудан	[zerdast ʃudan]
gerade (Adj)	рост	[rost]
krumm (Adj)	кач	[kadʒ]
Paradies (n)	бихишт	[bihiʃt]
Hölle (f)	дӯзах, чаҳаннам	[dœzax], [dʒahannam]
geboren sein	таваллуд шудан	[tavallud ʃudan]
sterben (vi)	мурдан	[murdan]
stark (Adj)	зӯр	[zœr]
schwach (Adj)	заиф	[zaif]
alt	пир	[pir]
jung (Adj)	чавон	[dʒavon]
alt (Adj)	кӯхна	[kœhna]
neu (Adj)	нав	[nav]
hart (Adj)	сахт	[saxt]
weich (Adj)	нарм, мулоим	[narm], [muloim]
warm (Adj)	гарм	[garm]
kalt (Adj)	хунук	[xunuk]
dick (Adj)	фарбех	[farbeh]
mager (Adj)	логар	[loʁar]
eng (Adj)	танг	[tang]
breit (Adj)	васеъ	[vase']
gut (Adj)	хуб	[xub]
schlecht (Adj)	бад	[bad]
tapfer (Adj)	нотарс	[notars]
feige (Adj)	тарсончак	[tarsontʃak]

24. Linien und Formen

Quadrat (n)	квадрат, мураббаъ	[kvadrat], [murabba']
quadratisch	... и квадрат	[i kvadrat]
Kreis (m)	давра	[davra]
rund	даврашакл	[davraʃakl]

| Dreieck (n) | сегӯша, секунҷа | [segœʃa], [sekundʒa] |
| dreieckig | сегӯша, секунҷа | [segœʃa], [sekundʒa] |

Oval (n)	байзӣ	[bajzi:]
oval	байзӣ	[bajzi:]
Rechteck (n)	росткунҷа	[rostkundʒa]
rechteckig	росткунҷа	[rostkundʒa]

Pyramide (f)	пирамида	[piramida]
Rhombus (m)	ромб	[romb]
Trapez (n)	трапетсия	[trapetsija]
Würfel (m)	мукааб	[mukaab]
Prisma (n)	призма	[prizma]

Kreis (m)	давра	[davra]
Sphäre (f)	кура	[kura]
Kugel (f)	кура	[kura]
Durchmesser (m)	диаметр, қутр	[diametr], [qutr]
Radius (m)	радиус	[radius]
Umfang (m)	периметр	[perimetr]
Zentrum (n)	марказ	[markaz]

waagerecht (Adj)	уфуқӣ	[ufuqi:]
senkrecht (Adj)	амуди, шоқулӣ	[amudi], [ʃoquli:]
Parallele (f)	параллел	[parallel]
parallel (Adj)	мувозӣ	[muvozi:]

Linie (f)	хат	[xat]
Strich (m)	хат, рах	[xat], [rax]
Gerade (f)	хати рост	[xati rost]
Kurve (f)	хати каҷ	[xati kadʒ]
dünn (schmal)	борик	[borik]
Kontur (f)	контур, суроб	[kontur], [surob]

Schnittpunkt (m)	бурида гузаштан	[burida guzaʃtan]
rechter Winkel (m)	кунҷи рост	[kundʒi rost]
Segment (n)	сегмент	[segment]
Sektor (m)	сектор	[sektor]
Seite (f)	пахлу	[paxlu]
Winkel (m)	кунҷ	[kundʒ]

25. Maßeinheiten

Gewicht (n)	вазн	[vazn]
Länge (f)	дарозӣ	[darozi:]
Breite (f)	арз	[arz]
Höhe (f)	баландӣ	[balandi:]
Tiefe (f)	чуқурӣ	[tʃuquri:]
Volumen (n)	ҳаҷм	[hadʒm]
Fläche (f)	масоҳат	[masohat]

Gramm (n)	грам	[gram]
Milligramm (n)	миллиграмм	[milligramm]
Kilo (n)	килограмм	[kilogramm]

Tonne (f)	тонна	[tonna]
Pfund (n)	қадоқ	[qadoq]
Unze (f)	вақия	[vaqija]

Meter (m)	метр	[metr]
Millimeter (m)	миллиметр	[millimetr]
Zentimeter (m)	сантиметр	[santimetr]
Kilometer (m)	километр	[kilometr]
Meile (f)	мил	[mil]

| Fuß (m) | фут | [fut] |
| Yard (n) | ярд | [jard] |

| Quadratmeter (m) | метри квадратӣ | [metri kvadrati:] |
| Hektar (n) | гектар | [gektar] |

Liter (m)	литр	[litr]
Grad (m)	дараҷа	[daradʒa]
Volt (n)	волт	[volt]
Ampere (n)	ампер	[amper]
Pferdestärke (f)	қувваи асп	[quvvai asp]

Anzahl (f)	миқдор	[miqdor]
etwas ...	камтар	[kamtar]
Hälfte (f)	нисф	[nisf]
Stück (n)	дона	[dona]

| Größe (f) | ҳаҷм | [hadʒm] |
| Maßstab (m) | масштаб | [masʃtab] |

minimal (Adj)	камтарин	[kamtarin]
der kleinste	хурдтарин	[xurdtarin]
mittler, mittel-	миёна	[mijɔna]
maximal (Adj)	ниҳоят калон	[nihojat kalon]
der größte	калонтарин	[kalontarin]

26. Behälter

Glas (Einmachglas)	банкаи шишагӣ	[bankai ʃiʃagi:]
Dose (z.B. Bierdose)	банкаи тунукагӣ	[bankai tunukagi:]
Eimer (m)	сатил	[satil]
Fass (n), Tonne (f)	бочка, чалак	[botʃka], [tʃalak]

Waschschüssel (n)	тағора	[taʁora]
Tank (m)	бак, чалак	[bak], [tʃalak]
Flachmann (m)	обдон	[obdon]
Kanister (m)	канистра	[kanistra]
Zisterne (f)	систерна	[sisterna]

Kaffeebecher (m)	кружка, дӯлча	[kruʒka], [dœltʃa]
Tasse (f)	косача	[kosatʃa]
Untertasse (f)	тақсимӣ, тақсимича	[taqsimi:], [taqsimitʃa]
Wasserglas (n)	стакан	[stakan]
Weinglas (n)	бокал	[bokal]

Kochtopf (m)	дегча	[degʧa]
Flasche (f)	шиша, сурохӣ	[ʃiʃa], [surohi:]
Flaschenhals (m)	даҳани шиша	[dahani ʃiʃa]

Karaffe (f)	сурохӣ	[surohi:]
Tonkrug (m)	кӯза	[kœza]
Gefäß (n)	зарф	[zarf]
Tontopf (m)	хурмача	[χurmaʧa]
Vase (f)	гулдон	[guldon]

Flakon (n)	шиша	[ʃiʃa]
Fläschchen (n)	хубобча	[hubobʧa]
Tube (z.B. Zahnpasta)	лӯлача	[lœlaʧa]

Sack (~ Kartoffeln)	халта	[χalta]
Tüte (z.B. Plastiktüte)	халта	[χalta]
Schachtel (f) (z.B. Zigaretten~)	қуттӣ	[qutti:]

Karton (z.B. Schuhkarton)	қуттӣ	[qutti:]
Kiste (z.B. Bananenkiste)	қуттӣ	[qutti:]
Korb (m)	сабад	[sabad]

27. Werkstoffe

Stoff (z.B. Baustoffe)	материал, масолеҳ	[material], [masoleh]
Holz (n)	дарахт	[daraχt]
hölzern	чӯбин	[ʧœbin]

| Glas (n) | шиша | [ʃiʃa] |
| gläsern, Glas- | шишагӣ | [ʃiʃagi:] |

| Stein (m) | санг | [sang] |
| steinern | сангин | [sangin] |

| Kunststoff (m) | пластмас | [plassmas] |
| Kunststoff- | пластмасӣ | [plassmasi:] |

| Gummi (n) | резин | [rezin] |
| Gummi- | резинӣ | [rezini:] |

| Stoff (m) | матоъ | [mato'] |
| aus Stoff | аз матоъ | [az mato'] |

| Papier (n) | қоғаз | [qoʁaz] |
| Papier- | қоғазӣ | [qoʁazi:] |

| Pappe (f) | картон | [karton] |
| Pappen- | картони, ... и картон | [kartoni], [i karton] |

Polyäthylen (n)	полуэтилен	[poluɛtilen]
Zellophan (n)	селлофан	[sellofan]
Linoleum (n)	линолеум	[linoleum]
Furnier (n)	фанер	[faner]

Porzellan (n)	фахфур	[faχfur]
aus Porzellan	фахфурӣ	[faχfuri:]
Ton (m)	гил	[gil]
Ton-	гилӣ, сафолӣ	[gili:], [safoli:]
Keramik (f)	сафолот	[safolot]
keramisch	сафолӣ, ... и сафол	[safoli:], [i safol]

28. Metalle

Metall (n)	металл, фулуз	[metall], [fuluz]
metallisch, Metall-	металлӣ, ... и металл	[metalli:], [i metall]
Legierung (f)	хӯла	[χœla]

Gold (n)	зар, тилло	[zar], [tillo]
golden	... и тилло	[i tillo]
Silber (n)	нуқра	[nuqra]
silbern, Silber-	нуқрагин	[nuqragin]

Eisen (n)	оҳан	[ohan]
eisern, Eisen-	оҳанин, ... и оҳан	[ohanin], [i ohan]
Stahl (m)	пӯлод	[pœlod]
stählern	пӯлодин	[pœlodin]
Kupfer (n)	мис	[mis]
kupfern, Kupfer-	мисин	[misin]

Aluminium (n)	алюминий	[aljuminij]
Aluminium-	алюминӣ	[aljumini:]
Bronze (f)	биринҷӣ, хӯла	[birindʒi:], [χœla]
bronzen	биринҷӣ, хӯлагӣ	[birindʒi:], [χœlagi:]

Messing (n)	латун, биринҷӣ	[latun], [birindʒi:]
Nickel (n)	никел	[nikel]
Platin (n)	платина	[platina]
Quecksilber (n)	симоб	[simob]
Zinn (n)	қалъагӣ	[qal'agi:]
Blei (n)	сурб	[surb]
Zink (n)	рух	[ruh]

DER MENSCH

Der Mensch. Körper

29. Menschen. Grundbegriffe

Mensch (m)	одам, инсон	[odam], [inson]
Mann (m)	мард	[mard]
Frau (f)	зан, занак	[zan], [zanak]
Kind (n)	кӯдак	[kœdak]
Mädchen (n)	духтарча, духтарак	[duχtartʃa], [duχtarak]
Junge (m)	писарбача	[pisarbatʃa]
Teenager (m)	наврас	[navras]
Greis (m)	пир	[pir]
alte Frau (f)	пиразан	[pirazan]

30. Anatomie des Menschen

Organismus (m)	организм	[organizm]
Herz (n)	дил	[dil]
Blut (n)	хун	[χun]
Arterie (f)	раг	[rag]
Vene (f)	раги варид	[ragi varid]
Gehirn (n)	мағз	[maʁz]
Nerv (m)	асаб	[asab]
Nerven (pl)	асабхо	[asabχo]
Wirbel (m)	мӯхра	[mœhra]
Wirbelsäule (f)	сутунмӯхра	[sutunmœhra]
Magen (m)	меъда	[me'da]
Gedärm (n)	рӯдахо	[rœdaho]
Darm (z.B. Dickdarm)	рӯда	[rœda]
Leber (f)	ҷигар	[dʒigar]
Niere (f)	гурда	[gurda]
Knochen (m)	устухон	[ustuχon]
Skelett (n)	устухонбандӣ	[ustuχonbandi:]
Rippe (f)	қабурға	[kaburʁa]
Schädel (m)	косаи сар	[kosai sar]
Muskel (m)	мушак	[muʃak]
Bizeps (m)	битсепс	[bitseps]
Trizeps (m)	тритсепс	[tritseps]
Sehne (f)	пай	[paj]
Gelenk (n)	банду буғум	[bandu buʁum]

Lungen (pl)	шуш	[ʃuʃ]
Geschlechtsorgane (pl)	узвхои таносул	[uzvhoi tanosul]
Haut (f)	пӯст	[pœst]

31. Kopf

Kopf (m)	сар	[sar]
Gesicht (n)	рӯй	[rœj]
Nase (f)	бинӣ	[bini:]
Mund (m)	даҳон	[dahon]

Auge (n)	чашм, дида	[tʃaʃm], [dida]
Augen (pl)	чашмон	[tʃaʃmon]
Pupille (f)	гавхараки чашм	[gavharaki tʃaʃm]
Augenbraue (f)	абрӯ, қош	[abrœ], [qoʃ]
Wimper (f)	мижа	[miʒa]
Augenlid (n)	пилкҳои чашм	[pilkhoi tʃaʃm]

Zunge (f)	забон	[zabon]
Zahn (m)	дандон	[dandon]
Lippen (pl)	лабҳо	[labho]
Backenknochen (pl)	устухони рухсора	[ustuχoni ruχsora]
Zahnfleisch (n)	зираи дандон	[zirai dandon]
Gaumen (m)	ком	[kom]

Nasenlöcher (pl)	сурохии бинӣ	[suroχi:i bini:]
Kinn (n)	манаҳ	[manah]
Kiefer (m)	ҷоғ	[dʒoʁ]
Wange (f)	рухсор	[ruχsor]

Stirn (f)	пешона	[peʃona]
Schläfe (f)	чакка	[tʃakka]
Ohr (n)	гӯш	[gœʃ]
Nacken (m)	пушти сар	[puʃti sar]
Hals (m)	гардан	[gardan]
Kehle (f)	гулӯ	[gulœ]

Haare (pl)	мӯйи сар	[mœji sar]
Frisur (f)	ороиши мӯйсар	[oroiʃi mœjsar]
Haarschnitt (m)	ороиши мӯйсар	[oroiʃi mœjsar]
Perücke (f)	мӯи ориятӣ	[mœi orijati:]

Schnurrbart (m)	муйлаб, бурут	[mujlab], [burut]
Bart (m)	риш	[riʃ]
haben (einen Bart ~)	мондан, доштан	[mondan], [doʃtan]
Zopf (m)	кокул	[kokul]
Backenbart (m)	риши бари рӯй	[riʃi bari rœj]

rothaarig	сурхмуй	[surχmuj]
grau	сафед	[safed]
kahl	одамсар	[odamsar]
Glatze (f)	тосии сар	[tosi:i sar]
Pferdeschwanz (m)	думча	[dumtʃa]
Pony (Ponyfrisur)	пича	[pitʃa]

32. Menschlicher Körper

Hand (f)	панҷаи даст	[pandʒai dast]
Arm (m)	даст	[dast]
Finger (m)	ангушт	[anguʃt]
Zehe (f)	чилик, ангушт	[tʃilik], [anguʃt]
Daumen (m)	нарангушт	[naranguʃt]
kleiner Finger (m)	ангушти хурд	[anguʃti xurd]
Nagel (m)	нохун	[noxun]
Faust (f)	кулак, мушт	[kulak], [muʃt]
Handfläche (f)	каф	[kaf]
Handgelenk (n)	банди даст	[bandi dast]
Unterarm (m)	бозу	[bozu]
Ellbogen (m)	оринҷ	[orindʒ]
Schulter (f)	китф	[kitf]
Bein (n)	по	[po]
Fuß (m)	панҷаи пой	[pandʒai poj]
Knie (n)	зону	[zonu]
Wade (f)	соқи по	[soqi po]
Hüfte (f)	миён	[mijɔn]
Ferse (f)	пошна	[poʃna]
Körper (m)	бадан	[badan]
Bauch (m)	шикам	[ʃikam]
Brust (f)	сина	[sina]
Busen (m)	сина, пистон	[sina], [piston]
Seite (f), Flanke (f)	паҳлу	[pahlu]
Rücken (m)	пушт	[puʃt]
Kreuz (n)	камаргоҳ	[kamargoh]
Taille (f)	миён	[mijɔn]
Nabel (m)	ноф	[nof]
Gesäßbacken (pl)	сурин	[surin]
Hinterteil (n)	сурин	[surin]
Leberfleck (m)	хол	[xol]
Muttermal (n)	хол	[xol]
Tätowierung (f)	вашм	[vaʃm]
Narbe (f)	доғи захм	[doʁi zaxm]

Kleidung & Accessoires

33. Oberbekleidung. Mäntel

Kleidung (f)	либос	[libos]
Oberkleidung (f)	либоси боло	[libosi bolo]
Winterkleidung (f)	либоси зимистонй	[libosi zimistoni:]
Mantel (m)	палто	[palto]
Pelzmantel (m)	пӯстин	[pœstin]
Pelzjacke (f)	нимпӯстин	[nimpœstin]
Daunenjacke (f)	пуховик	[puχovik]
Jacke (z.B. Lederjacke)	куртка	[kurtka]
Regenmantel (m)	боронй	[boroni:]
wasserdicht	обногузар	[obnoguzar]

34. Herren- & Damenbekleidung

Hemd (n)	курта	[kurta]
Hose (f)	шим, шалвор	[ʃim], [ʃalvor]
Jeans (pl)	шими чинс	[ʃimi dʒins]
Jackett (n)	пичак	[pidʒak]
Anzug (m)	костюм	[kostjum]
Damenkleid (n)	куртаи заннона	[kurtai zannona]
Rock (m)	юбка	[jubka]
Bluse (f)	блузка	[bluzka]
Strickjacke (f)	кофтаи бофта	[koftai bofta]
Jacke (Damen Kostüm)	жакет	[ʒaket]
T-Shirt (n)	футболка	[futbolka]
Shorts (pl)	шортик	[ʃortik]
Sportanzug (m)	либоси варзишй	[libosi varziʃi:]
Bademantel (m)	халат	[χalat]
Schlafanzug (m)	пижама	[piʒama]
Sweater (m)	свитер	[sviter]
Pullover (m)	пуловер	[pulover]
Weste (f)	камзӯл	[kamzœl]
Frack (m)	фрак	[frak]
Smoking (m)	смокинг	[smoking]
Uniform (f)	либоси расмй	[libosi rasmi:]
Arbeitskleidung (f)	либоси корй	[libosi kori:]
Overall (m)	комбинезон	[kombinezon]
Kittel (z.B. Arztkittel)	халат	[χalat]

35. Kleidung. Unterwäsche

Unterwäsche (f)	либоси таг	[libosi tag]
Herrenslip (m)	турсуки мардона	[tursuki mardona]
Damenslip (m)	турсуки занона	[tursuki zanona]
Unterhemd (n)	майка	[majka]
Socken (pl)	пайпоқ	[pajpoq]
Nachthemd (n)	куртаи хоб	[kurtai χob]
Büstenhalter (m)	синабанд	[sinaband]
Kniestrümpfe (pl)	ҷуроби кутоҳ	[dʒurobi kutoh]
Strumpfhose (f)	колготка	[kolgotka]
Strümpfe (pl)	ҷуроби дароз	[tʃurobi daroz]
Badeanzug (m)	либоси оббозй	[libosi obbozi:]

36. Kopfbekleidung

Mütze (f)	кулоҳ, телпак	[kuloh], [telpak]
Filzhut (m)	шляпаи моҳутй	[ʃljapai mohuti:]
Baseballkappe (f)	бейсболка	[bejsbolka]
Schiebermütze (f)	кепка	[kepka]
Baskenmütze (f)	берет	[beret]
Kapuze (f)	либоси кулоҳдор	[libosi kulohdor]
Panamahut (m)	панамка	[panamka]
Strickmütze (f)	шапкаи бофтагй	[ʃapkai boftagi:]
Kopftuch (n)	рӯймол	[rœjmol]
Damenhut (m)	кулоҳча	[kulohtʃa]
Schutzhelm (m)	тоскулоҳ	[toskuloh]
Feldmütze (f)	пилотка	[pilotka]
Helm (z.B. Motorradhelm)	хӯд	[χœd]
Melone (f)	дегчакулох	[degtʃakuloχ]
Zylinder (m)	силиндр	[silindr]

37. Schuhwerk

Schuhe (pl)	пойафзол	[pojafzol]
Stiefeletten (pl)	патинка	[patinka]
Halbschuhe (pl)	кафш, туфли	[kafʃ], [tufli]
Stiefel (pl)	мӯза	[mœza]
Hausschuhe (pl)	шиппак	[ʃippak]
Tennisschuhe (pl)	крассовка	[krassovka]
Leinenschuhe (pl)	кетй	[keti:]
Sandalen (pl)	сандал	[sandal]
Schuster (m)	мӯзадӯз	[mœzadœz]
Absatz (m)	пошна	[poʃna]

Paar (n)	чуфт	[dʒuft]
Schnürsenkel (m)	бандак	[bandak]
schnüren (vt)	бандак гузарондан	[bandak guzarondan]
Schuhlöffel (m)	кафчаи кафшпӯшй	[kaftʃai kafʃpœʃi:]
Schuhcreme (f)	креми пойафзол	[kremi pojafzol]

38. Textilien. Stoffe

Baumwolle (f)	пахта	[paχta]
Baumwolle-	пахтагин	[paχtagin]
Leinen (m)	катон	[katon]
Leinen-	аз зағирпоя	[az zaʁirpoja]

Seide (f)	абрешим	[abreʃim]
Seiden-	абрешимин	[abreʃimin]
Wolle (f)	пашм	[paʃm]
Woll-	пашмин	[paʃmin]

Samt (m)	бахмал, махмал	[baχmal], [maχmal]
Wildleder (n)	замша, чир	[zamʃa], [dʒir]
Cord (m)	пилтабахмал	[piltabaχmal]

Nylon (n)	нейлон	[nejlon]
Nylon-	аз нейлон	[az nejlon]
Polyester (m)	полиэстер	[poliɛster]
Polyester-	полуэстерй	[poluɛsteri:]

Leder (n)	чарм	[tʃarm]
Leder-	чармин	[tʃarmin]
Pelz (m)	мӯина, пӯст	[mœina], [pœst]
Pelz-	мӯинагй	[mœinagi:]

39. Persönliche Accessoires

Handschuhe (pl)	дастпӯшак	[dastpœʃak]
Fausthandschuhe (pl)	дастпӯшаки бепанча	[dastpœʃaki bepandʒa]
Schal (Kaschmir-)	гарданпеч	[gardanpetʃ]

Brille (f)	айнак	[ajnak]
Brillengestell (n)	чанбарак	[tʃanbarak]
Regenschirm (m)	соябон, чатр	[sojabon], [tʃatr]
Spazierstock (m)	чӯб	[tʃœb]
Haarbürste (f)	чӯткаи мӯйсар	[tʃœtkai mœjsar]
Fächer (m)	бодбезак	[bodbezak]

Krawatte (f)	галстук	[galstuk]
Fliege (f)	галстук-шапарак	[galstuk-ʃaparak]
Hosenträger (pl)	шалворбанди китфй	[ʃalvorbandi kitfi:]
Taschentuch (n)	дастрӯймол	[dastrœjmol]

Kamm (m)	шона	[ʃona]
Haarspange (f)	сарсӯзан, бандак	[sarsœzan], [bandak]

| Haarnadel (f) | санчак | [sandʒak] |
| Schnalle (f) | сагаки тасма | [sagaki tasma] |

| Gürtel (m) | тасма | [tasma] |
| Umhängegurt (m) | тасма | [tasma] |

Tasche (f)	сумка	[sumka]
Handtasche (f)	сумка	[sumka]
Rucksack (m)	борхалта	[borχalta]

40. Kleidung. Verschiedenes

Mode (f)	мод	[mod]
modisch	модшуда	[modʃuda]
Modedesigner (m)	тархсоз	[tarhsoz]

Kragen (m)	гиребон, ёка	[girebon], [jɔqa]
Tasche (f)	киса	[kisa]
Taschen-	... и киса	[i kisa]
Ärmel (m)	остин	[ostin]
Aufhänger (m)	банди либос	[bandi libos]
Hosenschlitz (m)	чоки пеши шим	[ʧoki peʃi ʃim]

Reißverschluss (m)	занчирак	[zandʒirak]
Verschluss (m)	гирехбанд	[girehband]
Knopf (m)	тугма	[tugma]
Knopfloch (n)	банди тугма	[bandi tugma]
abgehen (Knopf usw.)	канда шудан	[kanda ʃudan]

nähen (vi, vt)	дӯхтан	[dœχtan]
sticken (vt)	гулдӯзй кардан	[guldœzi: kardan]
Stickerei (f)	гулдӯзй	[guldœzi:]
Nadel (f)	сӯзани чокдӯзи	[sœzani ʧokdœzi]
Faden (m)	ресмон	[resmon]
Naht (f)	чок	[ʧok]

sich beschmutzen	олуда шудан	[oluda ʃudan]
Fleck (m)	доғ, лакка	[doʁ], [lakka]
sich knittern	ғичим шудан	[ʁidʒim ʃudan]
zerreißen (vt)	даррондан	[darrondan]
Motte (f)	куя	[kuja]

41. Kosmetikartikel. Kosmetik

Zahnpasta (f)	хамираи дандон	[χamirai dandon]
Zahnbürste (f)	чӯткаи дандоншӯй	[ʧœtkai dandonʃœi:]
Zähne putzen	дандон шустан	[dandon ʃustan]

Rasierer (m)	ришгирак	[riʃgirak]
Rasiercreme (f)	креми ришгирй	[kremi riʃgiri:]
sich rasieren	риш гирифтан	[riʃ giriftan]
Seife (f)	собун	[sobun]

Shampoo (n)	шампун	[ʃampun]
Schere (f)	кайчӣ	[kajtʃi:]
Nagelfeile (f)	тарошаи нохунхо	[taroʃai noχunho]
Nagelzange (f)	анбӯрча барои нохунхо	[anbœrtʃa baroi noχunho]
Pinzette (f)	мӯйчинак	[mœjtʃinak]

Kosmetik (f)	косметика	[kosmetika]
Gesichtsmaske (f)	ниқоби косметикӣ	[niqobi kosmetiki:]
Maniküre (f)	нохунорой	[noχunoroi:]
Maniküre machen	нохун оростан	[noχun orostan]
Pediküre (f)	ороиши нохунхои пой	[oroiʃi noχunhoi poj]

Kosmetiktasche (f)	косметичка	[kosmetitʃka]
Puder (m)	сафеда	[safeda]
Puderdose (f)	қуттии упо	[qutti:i upo]
Rouge (n)	сурхӣ	[surχi:]

Duftwasser (n)	атр	[atr]
Lotion (f)	оби мушкин	[obi muʃkin]
Kölnischwasser (n)	атр	[atr]

Lidschatten (m)	тен барои пилкхои чашм	[ten baroi pilkhoi tʃaʃm]
Kajalstift (m)	қалами чашм	[qalami tʃaʃm]
Wimperntusche (f)	туш барои мижахо	[tuʃ baroi miʒaho]

Lippenstift (m)	лабсурхкунак	[labsurχkunak]
Nagellack (m)	лаки нохун	[laki noχun]
Haarlack (m)	лаки мӯйсар	[laki mœjsar]
Deodorant (n)	дезодорант	[dezodorant]

Creme (f)	крем, равғани рӯй	[krem], [ravʁani rœj]
Gesichtscreme (f)	креми рӯй	[kremi rœj]
Handcreme (f)	креми даст	[kremi dast]
Anti-Falten-Creme (f)	креми зиддиожанг	[kremi ziddioʒang]
Tagescreme (f)	креми рӯзона	[kremi rœzona]
Nachtcreme (f)	креми шабона	[kremi ʃabona]
Tages-	рӯзона, ~и рӯз	[rœzona], [~i rœz]
Nacht-	шабона, ... и шаб	[ʃabona], [i ʃab]

Tampon (m)	тампон	[tampon]
Toilettenpapier (n)	коғази хоҷатхона	[koʁazi χodʒatχona]
Föhn (m)	мӯхушккунак	[mœχuʃkkunak]

42. Schmuck

Schmuck (m)	ҷавохирот	[dʒavohirot]
Edel- (stein)	қиматбахо	[qimatbaho]
Repunze (f)	иёр	[ijɔr]

Ring (m)	ангуштарин	[anguʃtarin]
Ehering (m)	ангуштарини никох	[anguʃtarini nikoh]
Armband (n)	дастпона	[dastpona]
Ohrringe (pl)	гӯшвора	[gœʃvora]
Kette (f)	гарданбанд	[gardanband]

| Krone (f) | точ | [toʤ] |
| Halskette (f) | шадда | [ʃadda] |

Brillant (m)	бриллиант	[brilliant]
Smaragd (m)	зумуррад	[zumurrad]
Rubin (m)	лаъл	[la'l]
Saphir (m)	ёкути кабуд	[jɔquti kabud]
Perle (f)	марворид	[marvorid]
Bernstein (m)	кахрабо	[kahrabo]

43. Armbanduhren Uhren

Armbanduhr (f)	соати дастй	[soati dasti:]
Zifferblatt (n)	лавхаи соат	[lavhai soat]
Zeiger (m)	акрабак	[akrabak]
Metallarmband (n)	дастпона	[dastpona]
Uhrenarmband (n)	банди соат	[bandi soat]

Batterie (f)	батареяча, батарейка	[batarejatʃa], [batarejka]
verbraucht sein	холй шудааст	[χoli: ʃudaast]
die Batterie wechseln	иваз кардани батаре	[ivaz kardani batare]
vorgehen (vi)	пеш меравад	[peʃ meravad]
nachgehen (vi)	акиб мондан	[aqib mondan]

Wanduhr (f)	соати деворй	[soati devori:]
Sanduhr (f)	соати регй	[soati regi:]
Sonnenuhr (f)	соати офтобй	[soati oftobi:]
Wecker (m)	соати руимизии зангдор	[soati rœimizi:i zangdor]
Uhrmacher (m)	соатсоз	[soatsoz]
reparieren (vt)	таъмир кардан	[ta'mir kardan]

Essen. Ernährung

44. Essen

Deutsch	Tadschikisch	Lautschrift
Fleisch (n)	гӯшт	[gœʃt]
Hühnerfleisch (n)	мурғ	[murʁ]
Küken (n)	чӯча	[ʧœʤa]
Ente (f)	мурғобӣ	[murʁobi:]
Gans (f)	қоз, ғоз	[qoz], [ʁoz]
Wild (n)	сайди шикор	[sajdi ʃikor]
Pute (f)	мурғи марчон	[murʁi marʤon]
Schweinefleisch (n)	гӯшти хук	[gœʃti χuk]
Kalbfleisch (n)	гӯшти гӯсола	[gœʃti gœsola]
Hammelfleisch (n)	гӯшти гӯсфанд	[gœʃti gœsfand]
Rindfleisch (n)	гӯшти гов	[gœʃti gov]
Kaninchenfleisch (n)	харгӯш	[χargœʃ]
Wurst (f)	ҳасиб	[hasib]
Würstchen (n)	ҳасибча	[hasibʧa]
Schinkenspeck (m)	бекон	[bekon]
Schinken (m)	ветчина	[vetʧina]
Räucherschinken (m)	рон	[ron]
Pastete (f)	паштет	[paʃtet]
Leber (f)	чигар	[ʤigar]
Hackfleisch (n)	гӯшти кӯфта	[gœʃti kœfta]
Zunge (f)	забон	[zabon]
Ei (n)	тухм	[tuχm]
Eier (pl)	тухм	[tuχm]
Eiweiß (n)	сафедии тухм	[safedi:i tuχm]
Eigelb (n)	зардии тухм	[zardi:i tuχm]
Fisch (m)	моҳӣ	[mohi:]
Meeresfrüchte (pl)	маҳсулоти баҳрӣ	[mahsuloti bahri:]
Krebstiere (pl)	буғумпойҳо	[buʁumpojho]
Kaviar (m)	тухми моҳӣ	[tuχmi mohi:]
Krabbe (f)	харчанг	[χarʧang]
Garnele (f)	креветка	[krevetka]
Auster (f)	садафак	[sadafak]
Languste (f)	лангуст	[langust]
Krake (m)	ҳаштпо	[haʃtpo]
Kalmar (m)	калмар	[kalmar]
Störfleisch (n)	гӯшти тосмоҳӣ	[gœʃti tosmohi:]
Lachs (m)	озодмоҳӣ	[ozodmohi:]
Heilbutt (m)	палтус	[paltus]
Dorsch (m)	равғанмоҳӣ	[ravʁanmohi:]

Makrele (f)	зағӯтамохӣ	[zaʁœtamohi:]
Tunfisch (m)	самак	[samak]
Aal (m)	мормохӣ	[mormohi:]

Forelle (f)	гулмохӣ	[gulmohi:]
Sardine (f)	саморис	[samoris]
Hecht (m)	шӯртан	[ʃœrtan]
Hering (m)	шӯрмохӣ	[ʃœrmohi:]

Brot (n)	нон	[non]
Käse (m)	панир	[panir]
Zucker (m)	шакар	[ʃakar]
Salz (n)	намак	[namak]

Reis (m)	биринҷ	[birindʒ]
Teigwaren (pl)	макарон	[makaron]
Nudeln (pl)	угро	[ugro]

Butter (f)	равғани маска	[ravʁani maska]
Pflanzenöl (n)	равғани пок	[ravʁani pok]
Sonnenblumenöl (n)	равғани офтобпараст	[ravʁani oftobparast]
Margarine (f)	маргарин	[margarin]

| Oliven (pl) | зайтун | [zajtun] |
| Olivenöl (n) | равғани зайтун | [ravʁani zajtun] |

Milch (f)	шир	[ʃir]
Kondensmilch (f)	ширқиём	[ʃirqijɔm]
Joghurt (m)	йогурт	[jɔgurt]
saure Sahne (f)	қаймок	[qajmok]
Sahne (f)	қаймоқ	[qajmoq]

| Mayonnaise (f) | майонез | [majɔnez] |
| Buttercreme (f) | крем | [krem] |

Grütze (f)	ярма	[jarma]
Mehl (n)	орд	[ord]
Konserven (pl)	консерв	[konserv]

Maisflocken (pl)	бадроқи ҷуворимакка	[badroqi dʒuvorimakka]
Honig (m)	асал	[asal]
Marmelade (f)	чем	[dʒem]
Kaugummi (m, n)	сақич, илқ	[saqitʃ], [ilq]

45. Getränke

Wasser (n)	об	[ob]
Trinkwasser (n)	оби нӯшиданӣ	[obi nœʃidani:]
Mineralwasser (n)	оби минералӣ	[obi minerali:]

still	бе газ	[be gaz]
mit Kohlensäure	газнок	[gaznok]
mit Gas	газдор	[gazdor]
Eis (n)	ях	[jaχ]

mit Eis	бо ях, яхдор	[bo jaχ], [jaχdor]
alkoholfrei (Adj)	беалкогол	[bealkogol]
alkoholfreies Getränk (n)	нӯшокии беалкогол	[nœʃoki:i bealkogol]
Erfrischungsgetränk (n)	нӯшокии хунук	[nœʃoki:i χunuk]
Limonade (f)	лимонад	[limonad]

Spirituosen (pl)	нӯшокиҳои спиртӣ	[nœʃokihoi spirti:]
Wein (m)	шароб, май	[ʃarob], [maj]
Weißwein (m)	маи ангури сафед	[mai anguri safed]
Rotwein (m)	маи арғувонӣ	[mai arʁuvoni:]

Likör (m)	ликёр	[likjɔr]
Champagner (m)	шампан	[ʃampan]
Wermut (m)	вермут	[vermut]

Whisky (m)	виски	[viski]
Wodka (m)	арақ, водка	[araq], [vodka]
Gin (m)	ҷин	[ʤin]
Kognak (m)	коняк	[konjak]
Rum (m)	ром	[rom]

Kaffee (m)	қаҳва	[qahva]
schwarzer Kaffee (m)	қаҳваи сиёҳ	[qahvai sijɔh]
Milchkaffee (m)	ширқаҳва	[ʃirqahva]
Cappuccino (m)	капучино	[kaputʃino]
Pulverkaffee (m)	қаҳваи кӯфта	[qahvai kœfta]

Milch (f)	шир	[ʃir]
Cocktail (m)	коктейл	[koktejl]
Milchcocktail (m)	коктейли ширӣ	[koktejli ʃiri:]

Saft (m)	шарбат	[ʃarbat]
Tomatensaft (m)	шираи помидор	[ʃirai pomidor]
Orangensaft (m)	афшураи афлесун	[afʃurai aflesun]
frisch gepresster Saft (m)	афшураи тоза тайёршуда	[afʃurai toza tajjɔrʃuda]

Bier (n)	пиво	[pivo]
Helles (n)	оби ҷави шафоф	[obi ʤavi ʃafoʃ]
Dunkelbier (n)	оби ҷави торик	[obi ʤavi torik]

Tee (m)	чой	[tʃoj]
schwarzer Tee (m)	чойи сиёҳ	[tʃoji sijɔh]
grüner Tee (m)	чои кабуд	[tʃoi kabud]

46. Gemüse

| Gemüse (n) | сабзавот | [sabzavot] |
| grünes Gemüse (pl) | сабзавот | [sabzavot] |

Tomate (f)	помидор	[pomidor]
Gurke (f)	бодиринг	[bodiring]
Karotte (f)	сабзӣ	[sabzi:]
Kartoffel (f)	картошка	[kartoʃka]
Zwiebel (f)	пиёз	[pijɔz]

Knoblauch (m)	сир	[sir]
Kohl (m)	карам	[karam]
Blumenkohl (m)	гулкарам	[gulkaram]
Rosenkohl (m)	карами брусселй	[karami brusseli:]
Brokkoli (m)	карами брокколй	[karami brokkoli:]

Rote Bete (f)	лаблабу	[lablabu]
Aubergine (f)	бодинҷон	[bodindʒon]
Zucchini (f)	таррак	[tarrak]
Kürbis (m)	каду	[kadu]
Rübe (f)	шалғам	[ʃalʁam]

Petersilie (f)	чаъфарй	[dʒa'fari:]
Dill (m)	шибит	[ʃibit]
Kopf Salat (m)	коху	[kohu]
Sellerie (m)	карафс	[karafs]
Spargel (m)	морчуба	[mortʃœba]
Spinat (m)	испаноқ	[ispanoq]

Erbse (f)	нахуд	[naχœd]
Bohnen (pl)	лубиё	[lœbijɔ]
Mais (m)	чуворимакка	[dʒuvorimakka]
weiße Bohne (f)	лубиё	[lœbijɔ]

Paprika (m)	қаламфур	[qalamfur]
Radieschen (n)	шалғамча	[ʃalʁamtʃa]
Artischocke (f)	анганор	[anganor]

47. Obst. Nüsse

Frucht (f)	мева	[meva]
Apfel (m)	себ	[seb]
Birne (f)	муруд, нок	[murœd], [nok]
Zitrone (f)	лиму	[limu]
Apfelsine (f)	афлесун, пуртахол	[aflesun], [pœrtaχol]
Erdbeere (f)	қулфинай	[qulfinaj]

Mandarine (f)	норанг	[norang]
Pflaume (f)	олу	[olu]
Pfirsich (m)	шафтолу	[ʃaftolu]
Aprikose (f)	дарахти зардолу	[daraχti zardolu]
Himbeere (f)	тамашк	[tamaʃk]
Ananas (f)	ананас	[ananas]

Banane (f)	банан	[banan]
Wassermelone (f)	тарбуз	[tarbuz]
Weintrauben (pl)	ангур	[angur]
Sauerkirsche (f)	олуболу	[olubolu]
Süßkirsche (f)	гелос	[gelos]

Grapefruit (f)	норинч	[norindʒ]
Avocado (f)	авокадо	[avokado]
Papaya (f)	папайя	[papajja]
Mango (f)	анбах	[anbah]

Granatapfel (m)	анор	[anor]
rote Johannisbeere (f)	коти сурх	[koti surχ]
schwarze Johannisbeere (f)	қоти сиёх	[qoti sijoh]
Stachelbeere (f)	бектошй	[bektoʃi:]
Heidelbeere (f)	черника	[tʃernika]
Brombeere (f)	марминчон	[marmindʒon]

Rosinen (pl)	мавиз	[maviz]
Feige (f)	анчир	[andʒir]
Dattel (f)	хурмо	[χurmo]

Erdnuss (f)	финдуки заминй	[finduki zamini:]
Mandel (f)	бодом	[bodom]
Walnuss (f)	чормағз	[tʃormaʁz]
Haselnuss (f)	финдиқ	[findiq]
Kokosnuss (f)	норгил	[norgil]
Pistazien (pl)	писта	[pista]

48. Brot. Süßigkeiten

Konditorwaren (pl)	махсулоти қанноди	[mahsuloti qannodi]
Brot (n)	нон	[non]
Keks (m, n)	кулчақанд	[kultʃaqand]

Schokolade (f)	шоколад	[ʃokolad]
Schokoladen-	... и шоколад, шоколадй	[i ʃokolad], [ʃokoladi:]
Bonbon (m, n)	конфет	[konfet]
Kuchen (m)	пирожни	[piroʒni]
Torte (f)	торт	[tort]

| Kuchen (Apfel-) | пирог | [pirog] |
| Füllung (f) | пур кардани, андохтани | [pur kardani], [andoχtani] |

Konfitüre (f)	мураббо	[murabbo]
Marmelade (f)	мармалод	[marmalod]
Waffeln (pl)	вафлй	[vafli:]
Eis (n)	яхмос	[jaχmos]
Pudding (m)	пудинг	[puding]

49. Gerichte

Gericht (n)	таом	[taom]
Küche (f)	таомхо	[taomho]
Rezept (n)	ретсепт	[retsept]
Portion (f)	навола	[navola]

| Salat (m) | салат | [salat] |
| Suppe (f) | шӯрбо | [ʃœrbo] |

Brühe (f), Bouillon (f)	булён	[buljon]
belegtes Brot (n)	бутерброд	[buterbrod]
Spiegelei (n)	тухмбирён	[tuχmbirjon]

| Hamburger (m) | гамбургер | [gamburger] |
| Beefsteak (n) | бифштекс | [bifʃteks] |

Beilage (f)	хӯриши таом	[χœriʃi taom]
Spaghetti (pl)	спагеттй	[spagetti:]
Kartoffelpüree (n)	пюре	[pjure]
Pizza (f)	питса	[pitsa]
Brei (m)	шӯла	[ʃœla]
Omelett (n)	омлет, тухмбирён	[omlet], [tuχmbirjɔn]

gekocht	чӯшондашуда	[ʤœʃondaʃuda]
geräuchert	дудхӯрда	[dudχœrda]
gebraten	бирён	[birjɔn]
getrocknet	хушк	[χuʃk]
tiefgekühlt	яхкарда	[jaχkarda]
mariniert	дар сирко хобондашуда	[dar sirko χobondaʃuda]

süß	ширин	[ʃirin]
salzig	шӯр	[ʃœr]
kalt	хунук	[χunuk]
heiß	гарм	[garm]
bitter	талх	[talχ]
lecker	бомаза	[bomaza]

kochen (vt)	пухтан, чӯшондан	[puχtan], [ʤœʃondan]
zubereiten (vt)	пухтан	[puχtan]
braten (vt)	бирён кардан	[birjɔn kardan]
aufwärmen (vt)	гарм кардан	[garm kardan]

salzen (vt)	намак андохтан	[namak andoχtan]
pfeffern (vt)	қаламфур андохтан	[qalamfur andoχtan]
reiben (vt)	тарошидан	[taroʃidan]
Schale (f)	пӯст	[pœst]
schälen (vt)	пӯст кандан	[pœst kandan]

50. Gewürze

Salz (n)	намак	[namak]
salzig (Adj)	шӯр	[ʃœr]
salzen (vt)	намак андохтан	[namak andoχtan]

schwarzer Pfeffer (m)	мурчи сиёҳ	[murʧi sijɔh]
roter Pfeffer (m)	мурчи сурх	[murʧi surχ]
Senf (m)	хардал	[χardal]
Meerrettich (m)	қаҳзак	[qahzak]

Gewürz (n)	хӯриш	[χœriʃ]
Gewürz (n)	дорувор	[doruvor]
Soße (f)	қайла	[qajla]
Essig (m)	сирко	[sirko]

Anis (m)	тухми бодиён	[tuχmi bodijɔn]
Basilikum (n)	нозбӯй, райҳон	[nozbœj], [rajhon]
Nelke (f)	қаланфури гардан	[qalanfuri gardan]

Ingwer (m)	занҷабил	[zandʒabil]
Koriander (m)	кашнич	[kaʃnidʒ]
Zimt (m)	дорчин, долчин	[dortʃin], [doltʃin]

Sesam (m)	кунҷид	[kundʒid]
Lorbeerblatt (n)	барги ғор	[bargi ʁor]
Paprika (m)	қаламфур	[qalamfur]
Kümmel (m)	зира	[zira]
Safran (m)	заъфарон	[zaʼfaron]

51. Mahlzeiten

Essen (n)	хӯрок, таом	[χœrok], [taom]
essen (vi, vt)	хӯрдан	[χœrdan]

Frühstück (n)	ноништа	[noniʃta]
frühstücken (vi)	ноништа кардан	[noniʃta kardan]
Mittagessen (n)	хӯроки пешин	[χœroki peʃin]
zu Mittag essen	хӯроки пешин хӯрдан	[χœroki peʃin χœrdan]
Abendessen (n)	шом	[ʃom]
zu Abend essen	хӯроки шом хӯрдан	[χœroki ʃom χœrdan]

Appetit (m)	иштиҳо	[iʃtiho]
Guten Appetit!	ош шавад!	[oʃ ʃavad]

öffnen (vt)	кушодан	[kuʃodan]
verschütten (vt)	резондан	[rezondan]
verschüttet werden	рехтан	[reχtan]

kochen (vi)	ҷӯшидан	[dʒœʃidan]
kochen (Wasser ~)	ҷӯшондан	[dʒœʃondan]
gekocht (Adj)	ҷӯшомада	[dʒœʃomada]

kühlen (vt)	хунук кардан	[χunuk kardan]
abkühlen (vi)	хунук шудан	[χunuk ʃudan]

Geschmack (m)	маза, таъм	[maza], [taʼm]
Beigeschmack (m)	таъм	[taʼm]

auf Diät sein	хароб шудан	[χarob ʃudan]
Diät (f)	диета	[dieta]
Vitamin (n)	витамин	[vitamin]
Kalorie (f)	калория	[kalorija]

Vegetarier (m)	гӯштнахӯранда	[gœʃtnaχœranda]
vegetarisch (Adj)	бегӯшт	[begœʃt]

Fett (n)	равған	[ravʁan]
Protein (n)	сафедаҳо	[safedaho]
Kohlenhydrat (n)	карбогидратҳо	[karbogidratho]

Scheibchen (n)	тилим, порча	[tilim], [portʃa]
Stück (ein ~ Kuchen)	порча	[portʃa]
Krümel (m)	резгӣ	[rezgi:]

52. Gedeck

Löffel (m)	қошуқ	[qoʃuq]
Messer (n)	корд	[kord]
Gabel (f)	чангча, чангол	[tʃangtʃa], [tʃangol]

Tasse (eine ~ Tee)	косача	[kosatʃa]
Teller (m)	тақсимча	[taqsimtʃa]
Untertasse (f)	тақсимй, тақсимича	[taqsimi:], [taqsimitʃa]
Serviette (f)	салфетка	[salfetka]
Zahnstocher (m)	дандонковак	[dandonkovak]

53. Restaurant

Restaurant (n)	тарабхона	[tarabχona]
Kaffeehaus (n)	қаҳвахона	[qahvaχona]
Bar (f)	бар	[bar]
Teesalon (m)	чойхона	[tʃojχona]

Kellner (m)	пешхизмат	[peʃχizmat]
Kellnerin (f)	пешхизмат	[peʃχizmat]
Barmixer (m)	бармен	[barmen]

Speisekarte (f)	меню	[menju]
Weinkarte (f)	рӯйхати шаробҳо	[rœjχati ʃarobho]
einen Tisch reservieren	банд кардани миз	[band kardani miz]

Gericht (n)	таом	[taom]
bestellen (vt)	супориш додан	[suporiʃ dodan]
eine Bestellung aufgeben	фармоиш додан	[farmoiʃ dodan]
Aperitif (m)	аперитив	[aperitiv]
Vorspeise (f)	хӯриш, газак	[χœriʃ], [gazak]
Nachtisch (m)	десерт	[desert]

Rechnung (f)	ҳисоб	[hisob]
Rechnung bezahlen	пардохт кардан	[pardoχt kardan]
das Wechselgeld geben	бақия додан	[baqija dodan]
Trinkgeld (n)	чойпулй	[tʃojpuli:]

Familie, Verwandte und Freunde

54. Persönliche Informationen. Formulare

Vorname (m)	ном	[nom]
Name (m)	фамилия	[familija]
Geburtsdatum (n)	рӯзи таваллуд	[rœzi tavallud]
Geburtsort (m)	ҷойи таваллуд	[dʒoji tavallud]
Nationalität (f)	миллият	[millijat]
Wohnort (m)	ҷои истиқомат	[dʒoi istiqomat]
Land (n)	кишвар	[kiʃvar]
Beruf (m)	касб	[kasb]
Geschlecht (n)	ҷинс	[dʒins]
Größe (f)	қад	[qad]
Gewicht (n)	вазн	[vazn]

55. Familienmitglieder. Verwandte

Mutter (f)	модар	[modar]
Vater (m)	падар	[padar]
Sohn (m)	писар	[pisar]
Tochter (f)	духтар	[duχtar]
jüngste Tochter (f)	духтари хурдӣ	[duχtari χurdi:]
jüngste Sohn (m)	писари хурдӣ	[pisari χurdi:]
ältere Tochter (f)	духтари калонӣ	[duχtari kaloni:]
älterer Sohn (m)	писари калонӣ	[pisari kaloni:]
Bruder (m)	бародар	[barodar]
älterer Bruder (m)	ака	[aka]
jüngerer Bruder (m)	додар	[dodar]
Schwester (f)	хоҳар	[χohar]
ältere Schwester (f)	апа	[apa]
jüngere Schwester (f)	хоҳари хурд	[χohari χurd]
Cousin (m)	амакписар (ама-, тағо-, хола-)	[amakpisar] ([ama], [taʁo], [χola])
Cousine (f)	амакдухтар (ама-, тағо-, хола-)	[amakduχtar] ([ama], [taʁo], [χola])
Mama (f)	модар, оча	[modar], [otʃa]
Papa (m)	дада	[dada]
Eltern (pl)	волидайн	[volidajn]
Kind (n)	кӯдак	[kœdak]
Kinder (pl)	бачагон, кӯдакон	[batʃagon], [kœdakon]
Großmutter (f)	модаркалон, онакалон	[modarkalon], [onakalon]

Großvater (m)	бобо	[bobo]
Enkel (m)	набера	[nabera]
Enkelin (f)	набера	[nabera]
Enkelkinder (pl)	набераҳо	[naberaho]

Onkel (m)	тағо, амак	[taʁo], [amak]
Tante (f)	хола, амма	[χola], [amma]
Neffe (m)	чиян	[dʒijan]
Nichte (f)	чиян	[dʒijan]

Schwiegermutter (f)	модарарӯс	[modararœs]
Schwiegervater (m)	падаршӯй	[padarʃœj]
Schwiegersohn (m)	почо, язна	[potʃo], [jazna]
Stiefmutter (f)	модарандар	[modarandar]
Stiefvater (m)	падарандар	[padarandar]

Säugling (m)	бачаи ширмак	[batʃai ʃirmak]
Kleinkind (n)	кӯдаки ширмак	[kœdaki ʃirmak]
Kleine (m)	писарча, кӯдак	[pisartʃa], [kœdak]

Frau (f)	зан	[zan]
Mann (m)	шавҳар, шӯй	[ʃavhar], [ʃœj]
Ehemann (m)	завҷ	[zavdʒ]
Gemahlin (f)	завҷа	[zavdʒa]

verheiratet (Ehemann)	зандор	[zandor]
verheiratet (Ehefrau)	шавҳардор	[ʃavhardor]
ledig	безан	[bezan]
Junggeselle (m)	безан	[bezan]
geschieden (Adj)	чудошудагӣ	[dʒudoʃudagi:]
Witwe (f)	бева, бевазан	[beva], [bevazan]
Witwer (m)	бева, занмурда	[beva], [zanmurda]

Verwandte (m)	хеш	[χeʃ]
naher Verwandter (m)	хеши наздик	[χeʃi nazdik]
entfernter Verwandter (m)	хеши дур	[χeʃi dur]
Verwandte (pl)	хешу табор	[χeʃu tabor]

Waisenjunge (m)	ятимбача	[jatimbatʃa]
Waisenmädchen (f)	ятимдухтар	[jatimduχtar]
Vormund (m)	васӣ	[vasi:]
adoptieren (einen Jungen)	писар хондан	[pisar χondan]
adoptieren (ein Mädchen)	духтархонд кардан	[duχtarχond kardan]

56. Freunde. Arbeitskollegen

Freund (m)	дӯст, чӯра	[dœst], [dʒœra]
Freundin (f)	дугона	[dugona]
Freundschaft (f)	дӯстӣ, чӯрагӣ	[dœsti:], [dʒœragi:]
befreundet sein	дӯстӣ кардан	[dœsti: kardan]

Freund (m)	дуст, рафик	[dust], [rafik]
Freundin (f)	шинос	[ʃinos]
Partner (m)	шарик	[ʃarik]

Chef (m)	сардор	[sardor]
Vorgesetzte (m)	сардор	[sardor]
Besitzer (m)	соҳиб	[sohib]
Untergeordnete (m)	зердаст	[zerdast]
Kollege (m), Kollegin (f)	ҳамкор	[hamkor]

Bekannte (m)	шинос, ошно	[ʃinos], [oʃno]
Reisegefährte (m)	ҳамроҳ	[hamroh]
Mitschüler (m)	ҳамсинф	[hamsinf]

Nachbar (m)	ҳамсоя	[hamsoja]
Nachbarin (f)	ҳамсоязан	[hamsojazan]
Nachbarn (pl)	ҳамсояҳо	[hamsojaho]

57. Mann. Frau

Frau (f)	зан, занак	[zan], [zanak]
Mädchen (n)	ҷавондухтар	[dʒavonduxtar]
Braut (f)	арӯс	[arœs]

schöne	зебо	[zebo]
große	зани қадбаланд	[zani qadbaland]
schlanke	мавзун	[mavzun]
kleine (~ Frau)	начандон баланд	[natʃandon baland]

| Blondine (f) | духтари малламӯй | [duxtari mallamœj] |
| Brünette (f) | зани сиёхмӯй | [zani sijohmœj] |

Damen-	занона	[zanona]
Jungfrau (f)	бокира, афифа	[bokira], [afifa]
schwangere	ҳомила	[homila]
Mann (m)	мард	[mard]
Blonde (m)	марди малламӯй	[mardi mallamœj]
Brünette (m)	марди сиёхмӯй	[mardi sijohmœj]
hoch	қадбаланд	[qadbaland]
klein	начандон баланд	[natʃandon baland]

grob	дағал	[daʁal]
untersetzt	ғалча	[ʁaltʃa]
robust	боқувват	[boquvvat]
stark	зӯр	[zœr]
Kraft (f)	зӯр, қувва	[zœr], [quvva]

dick	фарбеҳ, пурра	[farbeh], [purra]
dunkelhäutig	сабзина	[sabzina]
schlank	мавзун	[mavzun]
elegant	босалиқа	[bosaliqa]

58. Alter

| Alter (n) | син | [sin] |
| Jugend (f) | ҷавонӣ | [dʒavoni:] |

jung	чавон	[dʒavon]
jünger (~ als Sie)	хурд, хурдӣ	[xurd], [xurdi:]
älter (~ als ich)	калон	[kalon]

Junge (m)	чавон	[dʒavon]
Teenager (m)	наврас	[navras]
Bursche (m)	чавон	[dʒavon]

| Greis (m) | пир | [pir] |
| alte Frau (f) | пиразан | [pirazan] |

Erwachsene (m)	калонсол	[kalonsol]
in mittleren Jahren	солдида	[soldida]
älterer (Adj)	пир, солхӯрда	[pir], [solxœrda]
alt (Adj)	пир	[pir]

Ruhestand (m)	нафақа	[nafaqa]
in Rente gehen	ба нафақа баромадан	[ba nafaqa baromadan]
Rentner (m)	нафақахӯр	[nafaqaxœr]

59. Kinder

Kind (n)	кӯдак	[kœdak]
Kinder (pl)	бачагон, кӯдакон	[batʃagon], [kœdakon]
Zwillinge (pl)	дугоник	[dugonik]

Wiege (f)	гаҳвора	[gahvora]
Rassel (f)	шақилдоқ	[ʃaqildoq]
Windel (f)	уребча	[urebtʃa]

Schnuller (m)	чочак	[tʃotʃak]
Kinderwagen (m)	аробачаи бачагона	[arobatʃai batʃagona]
Kindergarten (m)	боғчаи бачагон	[boʁtʃai batʃagon]
Kinderfrau (f)	бачабардор	[batʃabardor]

Kindheit (f)	бачагӣ, кӯдакӣ	[batʃagi:], [kœdaki:]
Puppe (f)	лӯхтак	[lœxtak]
Spielzeug (n)	бозича	[bozitʃa]
Baukasten (m)	конструктор	[konstruktor]
wohlerzogen	тарбиядида	[tarbijadida]
ungezogen	беодоб	[beodob]
verwöhnt	эрка	[ɛrka]

unartig sein	шӯхӣ кардан	[ʃœxi: kardan]
unartig	шӯх	[ʃœx]
Unart (f)	шӯхӣ	[ʃœxi:]
Schelm (m)	шӯх	[ʃœx]

| gehorsam | ҳалим | [halim] |
| ungehorsam | саркаш | [sarkaʃ] |

fügsam	ҳалим	[halim]
klug	оқил	[oqil]
Wunderkind (n)	вундеркинд	[vunderkind]

60. Ehepaare. Familienleben

küssen (vt)	бӯсидан	[bœsidan]
sich küssen	бӯсобӯсӣ кардан	[bœsobœsi: kardan]
Familie (f)	оила	[oila]
Familien-	оилавӣ	[oilavi:]
Paar (n)	чуфт, зану шавҳар	[dʒuft], [zanu ʃavhar]
Ehe (f)	никоҳ	[nikoh]
Heim (n)	хонавода	[xonavoda]
Dynastie (f)	сулола	[sulola]
Rendezvous (n)	вохӯрӣ	[voxœri:]
Kuss (m)	бӯса	[bœsa]
Liebe (f)	муҳаббат, ишқ	[muhabbat], [iʃq]
lieben (vt)	дӯст доштан	[dœst doʃtan]
geliebt	азиз, маҳбуб	[aziz], [mahbub]
Zärtlichkeit (f)	меҳрубонӣ	[mehruboni:]
zärtlich	меҳрубон	[mehrubon]
Treue (f)	вафодорӣ	[vafodori:]
treu (Adj)	вафодор	[vafodor]
Fürsorge (f)	ғамхорӣ	[ʁamxori:]
sorgsam	ғамхор	[ʁamxor]
Frischvermählte (pl)	навхонадор	[navxonador]
Flitterwochen (pl)	моҳи асал	[mohi asal]
heiraten (einen Mann ~)	шавҳар кардан	[ʃavhar kardan]
heiraten (ein Frau ~)	зан гирифтан	[zan giriftan]
Hochzeit (f)	тӯй, тӯйи арӯсӣ	[tœj], [tœji arœsi:]
goldene Hochzeit (f)	панҷоҳсолагии тӯйи арӯсӣ	[pandʒohsolagi:i tœji arœsi:]
Jahrestag (m)	солгард, солагӣ	[solgard], [solagi:]
Geliebte (m)	ошиқ	[oʃiq]
Geliebte (f)	маъшуқа	[ma'ʃuqa]
Ehebruch (m)	бевафой	[bevafoi:]
Ehebruch begehen	бевафой кардан	[bevafoi: kardan]
eifersüchtig	бадрашк	[badraʃk]
eifersüchtig sein	рашк кардан	[raʃk kardan]
Scheidung (f)	талоқ	[taloq]
sich scheiden lassen	талоқ гирифтан	[taloq giriftan]
streiten (vi)	ҷанҷол кардан	[dʒandʒol kardan]
sich versöhnen	оштӣ шудан	[oʃti: ʃudan]
zusammen (Adv)	дар як ҷо	[dar jak dʒo]
Sex (m)	шаҳват	[ʃahvat]
Glück (n)	бахт	[baxt]
glücklich	хушбахт	[xuʃbaxt]
Unglück (n)	бадбахтӣ	[badbaxti:]
unglücklich	бадбахт	[badbaxt]

Charakter. Empfindungen. Gefühle

61. Empfindungen. Gefühle

Gefühl (n)	хис	[his]
Gefühle (pl)	хиссиёт	[hissijɔt]
fühlen (vt)	хис кардан	[his kardan]
Hunger (m)	гуруснагӣ	[gurusnagi:]
hungrig sein	хӯрок хостан	[xœrok xostan]
Durst (m)	ташнагӣ	[taʃnagi:]
Durst haben	об хостан	[ob xostan]
Schläfrigkeit (f)	хоболудӣ	[xoboludi:]
schlafen wollen	хоб рафтан хостан	[xob raftan xostan]
Müdigkeit (f)	мондашавӣ	[mondaʃavi:]
müde	мондашуда	[mondaʃuda]
müde werden	монда шудан	[monda ʃudan]
Laune (f)	рӯхия, кайфият	[rœhija], [kajfijat]
Langeweile (f)	дилтангӣ, зиқӣ	[diltangi:], [ziqi:]
sich langweilen	дилтанг шудан	[diltang ʃudan]
Zurückgezogenheit (n)	танхой	[tanhoi:]
sich zurückziehen	танхо мондан	[tanho mondan]
beunruhigen (vt)	ташвиш додан	[taʃviʃ dodan]
sorgen (vi)	норохат шудан	[norohat ʃudan]
Besorgnis (f)	норохатӣ	[norohati:]
Angst (~ um ...)	хаячон	[hajadʒon]
besorgt (Adj)	мушавваш	[muʃavvaʃ]
nervös sein	асабони шудан	[asaboni ʃudan]
in Panik verfallen (vi)	вохима кардан	[vohima kardan]
Hoffnung (f)	умед	[umed]
hoffen (vi)	умед доштан	[umed doʃtan]
Sicherheit (f)	дилпурӣ	[dilpuri:]
sicher	дилпур	[dilpur]
Unsicherheit (f)	эътимод надоштани	[ɛ'timod nadoʃtani]
unsicher	эътимоднадошта	[ɛ'timodnadoʃta]
betrunken	маст	[mast]
nüchtern	хушёр	[huʃjor]
schwach	заиф	[zaif]
glücklich	хушбахт	[xuʃbaxt]
erschrecken (vt)	тарсондан	[tarsondan]
Wut (f)	газабнокӣ	[ʁazabnoki:]
Rage (f)	бадхашмӣ	[badxaʃmi:]
Depression (f)	рӯхафтодагӣ	[rœhaftodagi:]
Unbehagen (n)	норохат	[norohat]

Komfort (m)	ҳузуру ҳаловат	[huzuru halovat]
bedauern (vt)	таассуф хӯрдан	[taassuf xœrdan]
Bedauern (n)	таассуф	[taassuf]
Missgeschick (n)	нобарорӣ, нокомӣ	[nobarori:], [nokomi:]
Kummer (m)	ранҷиш, озор	[randʒiʃ], [ozor]

Scham (f)	шарм	[ʃarm]
Freude (f)	шодӣ, хурсандӣ	[ʃodi:], [xursandi:]
Begeisterung (f)	ғайрат	[ʁajrat]
Enthusiast (m)	одами боғаират	[odami boʁairat]
Begeisterung zeigen	ғайрат кардан	[ʁajrat kardan]

62. Charakter. Persönlichkeit

Charakter (m)	феъл, табиат	[fe'l], [tabiat]
Charakterfehler (m)	камбудӣ	[kambudi:]
Verstand (m)	ақл	[aql]
Vernunft (f)	фаҳм	[fahm]

Gewissen (n)	виҷдон	[vidʒdon]
Gewohnheit (f)	одат	[odat]
Fähigkeit (f)	қобилият	[qobilijat]
können (v mod)	тавонистан	[tavonistan]

geduldig	бурдбор	[burdbor]
ungeduldig	бетоқат	[betoqat]
neugierig	кунҷков	[kundʒkov]
Neugier (f)	кунҷковӣ	[kundʒkovi:]

Bescheidenheit (f)	хоксорӣ	[xoksori:]
bescheiden	хоксор	[xoksor]
unbescheiden	густохона	[gustoxona]

Faulheit (f)	танбалӣ	[tanbali:]
faul	танбал	[tanbal]
Faulenzer (m)	танбал	[tanbal]

Listigkeit (f)	ҳилагарӣ	[hilagari:]
listig	ҳилагар	[hilagar]
Misstrauen (n)	нобоварӣ	[nobovari:]
misstrauisch	нобовар	[nobovar]

Freigebigkeit (f)	саховат	[saxovat]
freigebig	сахӣ	[saxi:]
talentiert	боистеъдод	[boiste'dod]
Talent (n)	истеъдод	[iste'dod]

tapfer	нотарс, ҷасур	[notars], [dʒasur]
Tapferkeit (f)	нотарсӣ, ҷасурӣ	[notarsi:], [dʒasuri:]
ehrlich	бовиҷдон	[bovidʒdon]
Ehrlichkeit (f)	бовиҷдонӣ	[bovidʒdoni:]

| vorsichtig | эҳтиёткор | [ɛhtijɔtkor] |
| tapfer | диловар | [dilovar] |

ernst	мулоҳизакор	[mulohizakor]
streng	сахтгир	[saxtgir]
entschlossen	собитқадам	[sobitqadam]
unentschlossen	сабукмизоҷ	[sabukmizoʤ]
schüchtern	беҷуръат	[beʤur'at]
Schüchternheit (f)	беҷуръатй	[beʤur'ati:]
Vertrauen (n)	бовар	[bovar]
vertrauen (vi)	бовар кардан	[bovar kardan]
vertrauensvoll	зудбовар	[zudbovar]
aufrichtig (Adv)	самимона	[samimona]
aufrichtig (Adj)	самимй	[samimi:]
Aufrichtigkeit (f)	самимият	[samimijat]
offen	кушод	[kuʃod]
still (Adj)	ором	[orom]
freimütig	фошофош	[foʃofoʃ]
naiv	соддадил	[soddadil]
zerstreut	хаёлпарешон	[xajɔlpareʃon]
drollig, komisch	хандаовар	[xandaovar]
Gier (f)	хасисй	[xasisi:]
habgierig	хасис	[xasis]
geizig	хасис	[xasis]
böse	бад, шарир	[bad], [ʃarir]
hartnäckig	якрав	[jakrav]
unangenehm	дилнокаш	[dilnokaʃ]
Egoist (m)	худпараст	[xudparast]
egoistisch	худпарастона	[xudparastona]
Feigling (m)	тарсончак	[tarsontʃak]
feige	тарсончак	[tarsontʃak]

63. Schlaf. Träume

schlafen (vi)	хобидан	[xobidan]
Schlaf (m)	хоб	[xob]
Traum (m)	хоб	[xob]
träumen (im Schlaf)	хоб дидан	[xob didan]
verschlafen	хоболуд	[xobolud]
Bett (n)	кат	[kat]
Matratze (f)	матрас, бистар	[matras], [bistar]
Decke (f)	кӯрпа	[kœrpa]
Kissen (n)	болишт	[boliʃt]
Laken (n)	ҷойпӯш	[ʤojpœʃ]
Schlaflosigkeit (f)	бехобй	[bexobi:]
schlaflos	бехоб	[bexob]
Schlafmittel (n)	доруи хоб	[dorui xob]
Schlafmittel nehmen	доруи хоб нӯшидан	[dorui xob nœʃidan]
schlafen wollen	хоб рафтан хостан	[xob raftan xostan]

gähnen (vi)	хамёза кашидан	[χamjɔza kaʃidan]
schlafen gehen	хобравй рафтан	[χɔbravi: raftan]
das Bett machen	ҷогаҳ андохтан	[dʒogah andoχtan]
einschlafen (vi)	хоб рафтан	[χob raftan]

Alptraum (m)	сиёҳй	[sijɔhi:]
Schnarchen (n)	хуррок	[χurrok]
schnarchen (vi)	хуррок кашидан	[χurrok kaʃidan]

Wecker (m)	соати рӯимизии зангдор	[soati rœimizi:i zangdor]
aufwecken (vt)	бедор кардан	[bedor kardan]
erwachen (vi)	аз хоб бедор шудан	[az χob bedor ʃudan]
aufstehen (vi)	саҳар хестан	[sahar χestan]
sich waschen	дасту рӯй шустан	[dastu rœj ʃustan]

64. Humor. Lachen. Freude

Humor (m)	ҳачв	[hadʒv]
Sinn (m) für Humor	шӯхтабъй	[ʃœχtab'i:]
sich amüsieren	хурсандй кардан	[χursandi: kardan]
froh (Adj)	хушҳол	[χuʃhol]
Fröhlichkeit (f)	шодй, хурсандй	[ʃodi:], [χursandi:]

Lächeln (n)	табассум	[tabassum]
lächeln (vi)	табассум кардан	[tabassum kardan]
auflachen (vi)	хандидан	[χandidan]
lachen (vi)	хандидан	[χandidan]
Lachen (n)	ханда	[χanda]

Anekdote, Witz (m)	латифа, ҳикояти мазҳакавй	[latifa], [hikojati mazhakavi:]
lächerlich	хандаовар	[χandaovar]
komisch	хандаовар	[χandaovar]

Witz machen	шӯхӣ кардан	[ʃœχi: kardan]
Spaß (m)	шӯхӣ	[ʃœχi:]
Freude (f)	шодй	[ʃodi:]
sich freuen	шодй кардан	[ʃodi: kardan]
froh (Adj)	хурсанд	[χursand]

65. Diskussion, Unterhaltung. Teil 1

| Kommunikation (f) | алоқа, робита | [aloqa], [robita] |
| kommunizieren (vi) | алоқа доштан | [aloqa doʃtan] |

Konversation (f)	сӯхбат	[sœhbat]
Dialog (m)	муколима	[mukolima]
Diskussion (f)	мубоҳиса	[mubohisa]
Streitgespräch (n)	баҳс	[bahs]
streiten (vi)	баҳс кардан	[bahs kardan]
Gesprächspartner (m)	ҳамсӯхбат	[hamsœhbat]
Thema (n)	мавзӯъ	[mavzœ']

Gesichtspunkt (m)	нуқтаи назар	[nuqtai nazar]
Meinung (f)	фикр	[fikr]
Rede (f)	нутқ	[nutq]

Besprechung (f)	мухокима	[muhokima]
besprechen (vt)	мухокима кардан	[muhokima kardan]
Gespräch (n)	сӯхбат	[sœhbat]
Gespräche führen	сӯхбат кардан	[sœhbat kardan]
Treffen (n)	мулоқот	[muloqot]
sich treffen	мулоқот кардан	[muloqot kardan]

Sprichwort (n)	зарбулмасал	[zarbulmasal]
Redensart (f)	мақол	[maqol]
Rätsel (n)	чистон	[ʧiston]
ein Rätsel aufgeben	чистон гуфтан	[ʧiston guftan]
Parole (f)	рамз	[ramz]
Geheimnis (n)	сир, роз	[sir], [roz]

Eid (m), Schwur (m)	қасам	[qasam]
schwören (vi, vt)	қасам хурдан	[qasam χurdan]
Versprechen (n)	ваъда	[va'da]
versprechen (vt)	ваъда додан	[va'da dodan]

Rat (m)	маслихат	[maslihat]
raten (vt)	маслихат додан	[maslihat dodan]
einen Rat befolgen	аз рӯи маслихат рафтор кардан	[az rœi maslihat raftor kardan]
gehorchen (jemandem ~)	ба маслихат гӯш додан	[ba maslihat gœʃ dodan]

Neuigkeit (f)	навй, навигарй	[navi:], [navigari:]
Sensation (f)	хангома	[hangoma]
Informationen (pl)	маълумот	[ma'lumot]
Schlussfolgerung (f)	хулоса	[χulosa]
Stimme (f)	овоз	[ovoz]
Kompliment (n)	таъриф	[ta'rif]
freundlich	мехрубон	[mehrubon]

Wort (n)	калима	[kalima]
Phrase (f)	ибора	[ibora]
Antwort (f)	чавоб	[dʒavob]

| Wahrheit (f) | хақиқат | [haqiqat] |
| Lüge (f) | дурӯғ | [durœʁ] |

Gedanke (m)	фикр, ақл	[fikr], [aql]
Idee (f)	фикр	[fikr]
Phantasie (f)	сайри хаёлот	[sajri χajɔlot]

66. Diskussion, Unterhaltung. Teil 2

angesehen (Adj)	мӯхтарам	[mœhtaram]
respektieren (vt)	хурмат кардан	[hurmat kardan]
Respekt (m)	хурмат	[hurmat]
Sehr geehrter ...	Мӯхтарам ...	[mœhtaram]

bekannt machen	ошно кардан	[oʃno kardan]
kennenlernen (vt)	ошно шудан	[oʃno ʃudan]
Absicht (f)	ният	[nijat]
beabsichtigen (vt)	ният доштан	[nijat doʃtan]
Wunsch (m)	орзу, хоҳиш	[orzu], [χohiʃ]
wünschen (vt)	орзу кардан	[orzu kardan]
Staunen (n)	тааҷҷуб, ҳайрат	[taadʒdʒub], [hajrat]
erstaunen (vt)	ба ҳайрат андохтан	[ba hajrat andoχtan]
staunen (vi)	ба ҳайрат афтодан	[ba hajrat aftodan]
geben (vt)	додан	[dodan]
nehmen (vt)	гирифтан	[giriftan]
herausgeben (vt)	баргардондан	[bargardondan]
zurückgeben (vt)	баргардондан	[bargardondan]
sich entschuldigen	узр пурсидан	[uzr pursidan]
Entschuldigung (f)	узр, афв	[uzr], [afv]
verzeihen (vt)	бахшидан	[baχʃidan]
sprechen (vi)	гап задан	[gap zadan]
hören (vt), zuhören (vi)	гӯш кардан	[gœʃ kardan]
sich anhören	гӯш кардан	[gœʃ kardan]
verstehen (vt)	фаҳмидан	[fahmidan]
zeigen (vt)	нишон додан	[niʃon dodan]
ansehen (vt)	нигоҳ кардан ба ...	[nigoh kardan ba]
rufen (vt)	чеғ задан	[dʒeʁ zadan]
belästigen (vt)	халал расондан	[χalal rasondan]
stören (vt)	халал расондан	[χalal rasondan]
übergeben (vt)	расонидан	[rasonidan]
Bitte (f)	пурсиш	[pursiʃ]
bitten (vt)	пурсидан	[pursidan]
Verlangen (n)	талаб	[talab]
verlangen (vt)	талаб кардан	[talab kardan]
necken (vt)	шӯронидан	[ʃœronidan]
spotten (vi)	масхара кардан	[masχara kardan]
Spott (m)	масхара	[masχara]
Spitzname (m)	лақаб	[laqab]
Andeutung (f)	ишора	[iʃora]
andeuten (vt)	ишора кардан	[iʃora kardan]
meinen (vt)	тахмин кардан	[taχmin kardan]
Beschreibung (f)	тасвир	[tasvir]
beschreiben (vt)	тасвир кардан	[tasvir kardan]
Lob (n)	таъриф	[ta'rif]
loben (vt)	таъриф кардан	[ta'rif kardan]
Enttäuschung (f)	ноумедй	[noumedi:]
enttäuschen (vt)	ноумед кардан	[noumed kardan]
enttäuscht sein	ноумед шудан	[noumed ʃudan]
Vermutung (f)	гумон	[gumon]

vermuten (vt)	гумон доштан	[gumon doʃtan]
Warnung (f)	огоҳӣ	[ogohi:]
warnen (vt)	огоҳонидан	[ogohonidan]

67. Diskussion, Unterhaltung. Teil 3

überreden (vt)	розӣ кардан	[rozi: kardan]
beruhigen (vt)	ором кардан	[orom kardan]

Schweigen (n)	хомӯшӣ	[χomœʃi:]
schweigen (vi)	хомӯш будан	[χomœʃ budan]
flüstern (vt)	пичиррос задан	[pitʃirros zadan]
Flüstern (n)	пичиррос	[pitʃirros]

offen (Adv)	фошофош	[foʃofoʃ]
meiner Meinung nach …	ба фикри ман …	[ba fikri man]

Detail (n)	муфассалӣ	[mufassali:]
ausführlich (Adj)	муфассал	[mufassal]
ausführlich (Adv)	муфассал	[mufassal]

Tipp (m)	луқма додан	[luqma dodan]
einen Tipp geben	луқма додан	[luqma dodan]

Blick (m)	нигоҳ	[nigoh]
anblicken (vt)	нигоҳ кардан	[nigoh kardan]
starr (z.B. -en Blick)	карахт	[karaχt]
blinzeln (mit den Augen)	мижа задан	[miʒa zadan]
zwinkern (mit den Augen)	чашмакӣ задан	[tʃaʃmaki: zadan]
nicken (vi)	сар ҷунбондан	[sar dʒunbondan]

Seufzer (m)	нафас	[nafas]
aufseufzen (vi)	нафас рост кардан	[nafas rost kardan]
zusammenzucken (vi)	як қад ларидан	[jak qad laridan]
Geste (f)	имову ишора	[imovu iʃora]
berühren (vt)	даст задан	[dast zadan]
ergreifen (vt)	гирифтан	[giriftan]
klopfen (vt)	тап-тап задан	[tap-tap zadan]

Vorsicht!	Эҳтиёт шавед!	[ɛhtijot ʃaved]
Wirklich?	Наход?	[naχod]
Sind Sie sicher?	Ту дилпурӣ?	[tu dilpuri:]
Viel Glück!	Барори кор!	[barori kor]
Klar!	Фаҳмо!	[fahmo]
Schade!	Афсӯс!	[afsœs]

68. Zustimmung. Ablehnung

Einverständnis (n)	розигӣ	[rozigi:]
zustimmen (vi)	розигӣ додан	[rozigi: dodan]
Billigung (f)	розигӣ	[rozigi:]
billigen (vt)	розигӣ додан	[rozigi: dodan]

| Absage (f) | рад | [rad] |
| sich weigern | рад кардан | [rad kardan] |

Ausgezeichnet!	Олӣ!	[oli:]
Ganz recht!	Хуб!	[χub]
Gut! Okay!	Майлаш!	[majlaʃ]

verboten (Adj)	мамнӯъ	[mamnœ']
Es ist verboten	мумкин нест	[mumkin nest]
Es ist unmöglich	номумкин	[nomumkin]
falsch	нодуруст	[nodurust]

ablehnen (vt)	рад кардан	[rad kardan]
unterstützen (vt)	тарафдорӣ кардан	[tarafdori: kardan]
akzeptieren (vt)	баргирифтан	[bargiriftan]

bestätigen (vt)	тасдиқ кардан	[tasdiq kardan]
Bestätigung (f)	тасдиқ	[tasdiq]
Erlaubnis (f)	иҷозат	[idʒozat]
erlauben (vt)	иҷозат додан	[idʒozat dodan]
Entscheidung (f)	қарор	[qaror]
schweigen (nicht antworten)	хомӯш мондан	[χomœʃ mondan]

Bedingung (f)	шарт	[ʃart]
Ausrede (f)	баҳона	[bahona]
Lob (n)	таъриф	[ta'rif]
loben (vt)	таъриф кардан	[ta'rif kardan]

69. Erfolg. Alles Gute. Misserfolg

Erfolg (m)	муваффақият	[muvaffaqijat]
erfolgreich (Adv)	бо муваффақият	[bo muvaffaqijat]
erfolgreich (Adj)	бомуваффақият	[bomuvaffaqijat]

Glück (Glücksfall)	барор	[baror]
Viel Glück!	Барори кор!	[barori kor]
Glücks- (z.B. -tag)	бобарор	[bobaror]
glücklich (Adj)	бахтбедор	[baχtbedor]
Misserfolg (m)	бемуваффақиятӣ	[bemuvaffaqijati:]
Missgeschick (n)	нобарорӣ	[nobarori:]
Unglück (n)	нобарорӣ, нокомӣ	[nobarori:], [nokomi:]
missglückt (Adj)	бемуваффақият	[bemuvaffaqijat]
Katastrophe (f)	шикаст	[ʃikast]

Stolz (m)	ифтихор	[iftiχor]
stolz	боифтихор	[boiftiχor]
stolz sein	ифтихор доштан	[iftiχor doʃtan]

Sieger (m)	ғолиб	[ʁolib]
siegen (vi)	ғалаба кардан	[ʁalaba kardan]
verlieren (Spiel usw.)	бохтан	[boχtan]
Versuch (m)	кӯшиш	[kœʃiʃ]
versuchen (vt)	кӯшидан	[kœʃidan]
Chance (f)	имконият	[imkonijat]

70. Streit. Negative Gefühle

Schrei (m)	дод, фарёд	[dod], [farjod]
schreien (vi)	дод задан	[dod zadan]
beginnen zu schreien	фарёд кардан	[farjod kardan]
Zank (m)	ҷанҷол	[dʒandʒol]
sich zanken	ҷанҷол кардан	[dʒandʒol kardan]
Riesenkrach (m)	ғавғо	[ʁavʁo]
Krach haben	ғавғо бардоштан	[ʁavʁo bardoʃtan]
Konflikt (m)	ҷанҷол, низоъ	[dʒandʒol], [nizo']
Missverständnis (n)	нофаҳмӣ	[nofahmi:]
Kränkung (f)	таҳқир	[tahqir]
kränken (vt)	таҳқир кардан	[tahqir kardan]
gekränkt (Adj)	ранҷида, озурда	[randʒida], [ozurda]
Beleidigung (f)	озор, озурдаги	[ozor], [ozurdagi]
beleidigen (vt)	озурда кардан	[ozurda kardan]
sich beleidigt fühlen	озурда шудан	[ozurda ʃudan]
Empörung (f)	ғазаб	[ʁazab]
sich empören	ба ғазаб омадан	[ba ʁazab omadan]
Klage (f)	шикоят	[ʃikojat]
klagen (vi)	шикоят кардан	[ʃikojat kardan]
Entschuldigung (f)	узр, афв	[uzr], [afv]
sich entschuldigen	узр пурсидан	[uzr pursidan]
um Entschuldigung bitten	узр пурсидан	[uzr pursidan]
Kritik (f)	танқид	[tanqid]
kritisieren (vt)	танқид кардан	[tanqid kardan]
Anklage (f)	айбдоркунӣ	[ajbdorkuni:]
anklagen (vt)	айбдор кардан	[ajbdor kardan]
Rache (f)	интиқом	[intiqom]
rächen (vt)	интиқом гирифтан	[intiqom giriftan]
sich rächen	қасос гирифтан	[qasos giriftan]
Verachtung (f)	ҳақорат	[haqorat]
verachten (vt)	ҳақорат кардан	[haqorat kardan]
Hass (m)	нафрат	[nafrat]
hassen (vt)	нафрат кардан	[nafrat kardan]
nervös	асабонӣ	[asaboni:]
nervös sein	асабони шудан	[asaboni ʃudan]
verärgert	бадқаҳр	[badqahr]
ärgern (vt)	ранҷондан	[randʒondan]
Erniedrigung (f)	таҳқиркунӣ	[tahqirkuni:]
erniedrigen (vt)	таҳқир кардан	[tahqir kardan]
sich erniedrigen	таҳқир шудан	[tahqir ʃudan]
Schock (m)	садама, садамот	[sadama], [sadamot]
schockieren (vt)	хиҷил кардан	[χidʒil kardan]
Ärger (m)	нохушӣ	[noχuʃi:]

unangenehm	дилнокаш	[dilnokaʃ]
Angst (f)	тарс	[tars]
furchtbar (z.B. -e Sturm)	сахт	[saχt]
schrecklich	даҳшатангез	[dahʃatangez]
Entsetzen (n)	даҳшат	[dahʃat]
entsetzlich	даҳшатнок	[dahʃatnok]

zittern (vi)	ба ларзиш омадан	[ba larziʃ omadan]
weinen (vi)	гиря кардан	[girja kardan]
anfangen zu weinen	гиря сар кардан	[girja sar kardan]
Träne (f)	ашк	[aʃk]

Schuld (f)	гуноҳ	[gunoh]
Schuldgefühl (n)	айб	[ajb]
Schmach (f)	беобрӯй	[beobrœi:]
Protest (m)	эътироз	[ɛ'tiroz]
Stress (m)	стресс	[stress]

stören (vt)	ташвиш додан	[taʃviʃ dodan]
sich ärgern	ғазабнок шудан	[ʁazabnok ʃudan]
ärgerlich	ғазаболуд	[ʁazabolud]
abbrechen (vi)	бас кардан	[bas kardan]
schelten (vi)	дашном додан	[daʃnom dodan]

erschrecken (vi)	тарс хӯрдан	[tars χœrdan]
schlagen (vt)	задан	[zadan]
sich prügeln	занозанӣ кардан	[zanozani: kardan]

beilegen (Konflikt usw.)	ба роҳ мондан	[ba roh mondan]
unzufrieden	норозй	[norozi:]
wütend	пурхашм	[purχaʃm]

Das ist nicht gut!	Ин хуб не!	[in χub ne]
Das ist schlecht!	Ин бад!	[in bad]

Medizin

71. Krankheiten

Krankheit (f)	касалӣ, беморӣ	[kasali:], [bemori:]
krank sein	бемор будан	[bemor budan]
Gesundheit (f)	тандурустӣ, саломатӣ	[tandurusti:], [salomati:]
Schnupfen (m)	зуком	[zukom]
Angina (f)	дарди гулӯ	[dardi gulœ]
Erkältung (f)	шамол хӯрдани	[ʃamol xœrdani]
sich erkälten	шамол хӯрдан	[ʃamol xœrdan]
Bronchitis (f)	бронхит	[bronxit]
Lungenentzündung (f)	варами шуш	[varami ʃuʃ]
Grippe (f)	грипп	[gripp]
kurzsichtig	наздикбин	[nazdikbin]
weitsichtig	дурбин	[durbin]
Schielen (n)	олусӣ	[olusi:]
schielend (Adj)	олус	[olus]
grauer Star (m)	катаракта	[katarakta]
Glaukom (n)	глаукома	[glaukoma]
Schlaganfall (m)	сактаи майна	[saktai majna]
Infarkt (m)	инфаркт, сактаи дил	[infarkt], [saktai dil]
Herzinfarkt (m)	инфаркти миокард	[infarkti miokard]
Lähmung (f)	фалаҷ	[faladʒ]
lähmen (vt)	фалаҷ шудан	[faladʒ ʃudan]
Allergie (f)	аллергия	[allergija]
Asthma (n)	астма, зиққи нафас	[astma], [ziqqi nafas]
Diabetes (m)	диабет	[diabet]
Zahnschmerz (m)	дарди дандон	[dardi dandon]
Karies (f)	кариес	[karies]
Durchfall (m)	шикамрав	[ʃikamrav]
Verstopfung (f)	қабзият	[qabzijat]
Magenverstimmung (f)	вайроншавии меъда	[vajronʃavi:i me'da]
Vergiftung (f)	заҳролудшавӣ	[zahroludʃavi:]
Vergiftung bekommen	заҳролуд шудан	[zahrolud ʃudan]
Arthritis (f)	артрит	[artrit]
Rachitis (f)	рахит, чиллаашӯр	[raxit], [tʃillaaʃœr]
Rheumatismus (m)	тарбод	[tarbod]
Atherosklerose (f)	атеросклероз	[ateroskleroz]
Gastritis (f)	гастрит	[gastrit]
Blinddarmentzündung (f)	варами кӯррӯда	[varami kœrrœda]

Cholezystitis (f)	холетсистит	[xoletsistit]
Geschwür (n)	захм	[zaxm]
Masern (pl)	сурхча, сурхак	[surxtʃa], [surxak]
Röteln (pl)	сурхакон	[surxakon]
Gelbsucht (f)	зардча, заъфарма	[zardtʃa], [za'farma]
Hepatitis (f)	гепатит, қубод	[gepatit], [qubod]
Schizophrenie (f)	маҷзубият	[madʒzubijat]
Tollwut (f)	ҳорӣ	[hori:]
Neurose (f)	невроз, чунун	[nevroz], [tʃunun]
Gehirnerschütterung (f)	зарб хӯрдани майна	[zarb xœrdani majna]
Krebs (m)	саратон	[saraton]
Sklerose (f)	склероз	[skleroz]
multiple Sklerose (f)	склерози густаришёфта	[sklerozi gustariʃʃɔfta]
Alkoholismus (m)	майзадагӣ	[majzadagi:]
Alkoholiker (m)	майзада	[majzada]
Syphilis (f)	оташак	[otaʃak]
AIDS	СПИД	[spid]
Tumor (m)	варам	[varam]
bösartig	ганда	[ganda]
gutartig	безарар	[bezarar]
Fieber (n)	табларза, варача	[tablarza], [varadʒa]
Malaria (f)	варача	[varadʒa]
Gangrän (f, n)	гангрена	[gangrena]
Seekrankheit (f)	касалии баҳр	[kasali:i bahr]
Epilepsie (f)	саръ	[sar']
Epidemie (f)	эпидемия	[ɛpidemija]
Typhus (m)	арақа, домана	[araqa], [domana]
Tuberkulose (f)	сил	[sil]
Cholera (f)	вабо	[vabo]
Pest (f)	тоун	[toun]

72. Symptome. Behandlungen. Teil 1

Symptom (n)	аломат	[alomat]
Temperatur (f)	ҳарорат, таб	[harorat], [tab]
Fieber (n)	ҳарорати баланд	[harorati baland]
Puls (m)	набз	[nabz]
Schwindel (m)	саргардӣ	[sargardi:]
heiß (Stirne usw.)	гарм	[garm]
Schüttelfrost (m)	ларза, варача	[larza], [varadʒa]
blass (z.B. -es Gesicht)	рангпарида	[rangparida]
Husten (m)	сулфа	[sulfa]
husten (vi)	сулфидан	[sulfidan]
niesen (vi)	атса задан	[atsa zadan]
Ohnmacht (f)	беҳушӣ	[behuʃi:]

ohnmächtig werden	беҳуш шудан	[behuʃ ʃudan]
blauer Fleck (m)	доғи кабуд, кабудӣ	[doɣi kabud], [kabudi:]
Beule (f)	ғуррӣ	[ʁurri:]
sich stoßen	зада шудан	[zada ʃudan]
Prellung (f)	лат	[lat]
sich stoßen	лату кӯб хӯрдан	[latu kœb xœrdan]

hinken (vi)	лангидан	[langidan]
Verrenkung (f)	баромадан	[baromadan]
ausrenken (vt)	баровардан	[barovardan]
Fraktur (f)	шикасти устухон	[ʃikasti ustuxon]
brechen (Arm usw.)	устухон шикастан	[ustuxon ʃikastan]

Schnittwunde (f)	буриш	[buriʃ]
sich schneiden	буридан	[buridan]
Blutung (f)	хунравӣ	[xunravi:]

Verbrennung (f)	сӯхта	[sœxta]
sich verbrennen	сӯзондан	[sœzondan]

stechen (vt)	халондан	[xalondan]
sich stechen	халидан	[xalidan]
verletzen (vt)	осеб дидан	[oseb didan]
Verletzung (f)	захм	[zaxm]
Wunde (f)	захм, реш	[zaxm], [reʃ]
Trauma (n)	захм	[zaxm]

irrereden (vi)	алой гуфтан	[aloi: guftan]
stottern (vi)	тутила шудан	[tutila ʃudan]
Sonnenstich (m)	офтобзанӣ	[oftobzani:]

73. Symptome. Behandlungen. Teil 2

Schmerz (m)	дард	[dard]
Splitter (m)	хор, зиреба	[xor], [zireba]

Schweiß (m)	арақ	[araq]
schwitzen (vi)	арақ кардан	[araq kardan]
Erbrechen (n)	қайкунӣ	[qajkuni:]
Krämpfe (pl)	рагкашӣ	[ragkaʃi:]

schwanger	ҳомила	[homila]
geboren sein	таваллуд шудан	[tavallud ʃudan]
Geburt (f)	зоиш	[zoiʃ]
gebären (vt)	зоидан	[zoidan]
Abtreibung (f)	аборт, бачапартой	[abort], [batʃapartoi:]

Atemzug (m)	нафасгирӣ	[nafasgiri:]
Ausatmung (f)	нафасбарорӣ	[nafasbarori:]
ausatmen (vt)	нафас баровардаи	[nafas barovardai]
einatmen (vt)	нафас кашидан	[nafas kaʃidan]

Invalide (m)	инвалид	[invalid]
Krüppel (m)	маъюб	[ma'jub]

Drogenabhängiger (m)	нашъаманд	[naʃamand]
taub	кар, гӯшкар	[kar], [gœʃkar]
stumm	гунг	[gung]
taubstumm	кару гунг	[karu gung]

verrückt (Adj)	девона	[devona]
Irre (m)	девона	[devona]
Irre (f)	девона	[devona]
den Verstand verlieren	аз ақл бегона шудан	[az aql begona ʃudan]

Gen (n)	ген	[gen]
Immunität (f)	сироятнопазирӣ	[sirojatnopaziri:]
erblich	меросӣ, ирсӣ	[merosi:], [irsi:]
angeboren	модарзод	[modarzod]

Virus (m, n)	вирус	[virus]
Mikrobe (f)	микроб	[mikrob]
Bakterie (f)	бактерия	[bakterija]
Infektion (f)	сироят	[sirojat]

74. Symptome. Behandlungen. Teil 3

Krankenhaus (n)	касалхона	[kasalχona]
Patient (m)	бемор	[bemor]

Diagnose (f)	ташхиси касалӣ	[taʃχisi kasali:]
Heilung (f)	муолича	[muolidʒa]
Behandlung (f)	табобат	[tabobat]
Behandlung bekommen	табобат гирифтан	[tabobat giriftan]
behandeln (vt)	табобат кардан	[tabobat kardan]
pflegen (Kranke)	нигоҳубин кардан	[nigohubin kardan]
Pflege (f)	нигоҳубин	[nigohubin]

Operation (f)	ҷарроҳи	[dʒarrohi]
verbinden (vt)	бо бандина бастан	[bo bandina bastan]
Verband (m)	ҷароҳатбандӣ	[dʒarohatbandi:]

Impfung (f)	доругузаронӣ	[doruguzaroni:]
impfen (vt)	эмгузаронӣ кардан	[ɛmguzaroni: kardan]
Spritze (f)	сӯзанзанӣ	[sœzanzani:]
eine Spritze geben	сӯзандору кардан	[sœzandoru kardan]

Anfall (m)	хуруҷ	[χurudʒ]
Amputation (f)	ампутатсия	[amputatsija]
amputieren (vt)	ампутатсия кардан	[amputatsija kardan]
Koma (n)	кома, игмо	[koma], [igmo]
im Koma liegen	дар кома будан	[dar koma budan]
Reanimation (f)	шӯъбаи эҳё	[ʃœ'bai ɛhjɔ]

genesen von … (vi)	сиҳат шудан	[sihat ʃudan]
Zustand (m)	аҳвол	[ahvol]
Bewusstsein (n)	хуш	[huʃ]
Gedächtnis (n)	хофиза	[hofiza]
ziehen (einen Zahn ~)	кандан	[kandan]

| Plombe (f) | пломба | [plomba] |
| plombieren (vt) | пломба занондан | [plomba zanondan] |

| Hypnose (f) | гипноз | [gipnoz] |
| hypnotisieren (vt) | гипноз кардан | [gipnoz kardan] |

75. Ärzte

Arzt (m)	духтур	[duxtur]
Krankenschwester (f)	ҳамшираи тиббӣ	[hamʃirai tibbi:]
Privatarzt (m)	духтури шахсӣ	[duxturi ʃaxsi:]

Zahnarzt (m)	духтури дандон	[duxturi dandon]
Augenarzt (m)	духтури чашм	[duxturi tʃaʃm]
Internist (m)	терапевт	[terapevt]
Chirurg (m)	ҷаррох	[dʒarroh]

Psychiater (m)	равонпизишк	[ravonpiziʃk]
Kinderarzt (m)	духтури касалиҳои кӯдакона	[duxturi kasalihoi kœdakona]
Psychologe (m)	равоншинос	[ravonʃinos]
Frauenarzt (m)	гинеколог	[ginekolog]
Kardiologe (m)	кардиолог	[kardiolog]

76. Medizin. Medikamente. Accessoires

Arznei (f)	дору	[doru]
Heilmittel (n)	дору	[doru]
verschreiben (vt)	таъйин кардан	[ta'jin kardan]
Rezept (n)	нусхаи даво	[nusxai davo]

Tablette (f)	ҳаб	[hab]
Salbe (f)	марҳам	[marham]
Ampulle (f)	ампул	[ampul]
Mixtur (f)	доруи обакӣ	[dorui obaki:]
Sirup (m)	сироп	[sirop]
Pille (f)	ҳаб	[hab]
Pulver (n)	хока	[xoka]

Verband (m)	дока	[doka]
Watte (f)	пахта	[paxta]
Jod (n)	йод	[jod]

Pflaster (n)	лейкопластир	[lejkoplastir]
Pipette (f)	қатрачакон	[qatratʃakon]
Thermometer (n)	ҳароратсанҷ	[haroratsandʒ]
Spritze (f)	обдуздак	[obduzdak]

Rollstuhl (m)	аробачаи маъюбӣ	[arobatʃai ma'jubi:]
Krücken (pl)	бағаласо	[baʁalaso]
Betäubungsmittel (n)	доруи дард	[dorui dard]
Abführmittel (n)	мусҳил	[mushil]

Spiritus (m)	спирт	[spirt]
Heilkraut (n)	растаниҳои доругӣ	[rastanihoi dorugi:]
Kräuter- (z.B. Kräutertee)	... и алаф	[i alaf]

77. Rauchen. Tabakwaren

Tabak (m)	тамоку	[tamoku]
Zigarette (f)	сигарета	[sigareta]
Zigarre (f)	сигара	[sigara]
Pfeife (f)	чилим, чубук	[tʃilim], [tʃubuk]
Packung (f)	қуттӣ	[qutti:]
Streichhölzer (pl)	гӯгирд	[gœgird]
Streichholzschachtel (f)	қуттии гӯгирд	[qutti:i gœgird]
Feuerzeug (n)	оташафрӯзак	[otaʃafrœzak]
Aschenbecher (m)	хокистардон	[χokistardon]
Zigarettenetui (n)	папиросдон	[papirosdon]
Mundstück (n)	найча	[najtʃa]
Filter (n)	филтр	[filtr]
rauchen (vi, vt)	сигоркашидан	[sigorkaʃidan]
anrauchen (vt)	даргирондан	[dargirondan]
Rauchen (n)	сигоркашӣ	[sigorkaʃi:]
Raucher (m)	сигоркаш	[sigorkaʃ]
Stummel (m)	пасмондаи сигор	[pasmondai sigor]
Asche (f)	хокистар	[χokistar]

LEBENSRAUM DES MENSCHEN

Stadt

78. Stadt. Leben in der Stadt

Stadt (f)	шаҳр	[ʃahr]
Hauptstadt (f)	пойтахт	[pojtaxt]
Dorf (n)	деҳа, деҳ	[deha], [deh]
Stadtplan (m)	нақшаи шаҳр	[naqʃai ʃahr]
Stadtzentrum (n)	маркази шаҳр	[markazi ʃahr]
Vorort (m)	шаҳрча	[ʃahrʧa]
Vorort-	наздишаҳрӣ	[nazdiʃahri:]
Stadtrand (m)	атроф, канор	[atrof], [kanor]
Umgebung (f)	атрофи шаҳр	[atrofi ʃahr]
Stadtviertel (n)	квартал, маҳалла	[kvartal], [mahalla]
Wohnblock (m)	маҳаллаи истиқоматӣ	[mahallai istiqomati:]
Straßenverkehr (m)	ҳаракат дар кӯча	[harakat dar kœʧa]
Ampel (f)	чароги раҳнамо	[ʧaroɐi rahnamo]
Stadtverkehr (m)	нақлиёти шаҳрӣ	[naqlijoti ʃahri:]
Straßenkreuzung (f)	чорраҳа	[ʧorraha]
Übergang (m)	гузаргоҳи пиёдагардон	[guzargohi pijodagardon]
Fußgängerunterführung (f)	гузаргоҳи зеризаминӣ	[guzargohi zerizamini:]
überqueren (vt)	гузаштан	[guzaʃtan]
Fußgänger (m)	пиёдагард	[pijodagard]
Gehweg (m)	пиёдараҳа	[pijodaraha]
Brücke (f)	пул, кӯпрук	[pul], [kœpruk]
Kai (m)	соҳил	[sohil]
Springbrunnen (m)	фаввора	[favvora]
Allee (f)	кӯчабоғ	[kœʧaboʁ]
Park (m)	боғ	[boʁ]
Boulevard (m)	кӯчабоғ, гулгашт	[kœʧaboʁ], [gulgaʃt]
Platz (m)	майдон	[majdon]
Avenue (f)	хиёбон	[xijobon]
Straße (f)	кӯча	[kœʧa]
Gasse (f)	тангкӯча	[tangkœʧa]
Sackgasse (f)	кӯчаи бумбаста	[kœʧai bumbasta]
Haus (n)	хона	[xona]
Gebäude (n)	бино	[bino]
Wolkenkratzer (m)	иmorати осмонхарош	[imorati osmonxaroʃ]
Fassade (f)	намо	[namo]
Dach (n)	бом	[bom]

Fenster (n)	тиреза	[tireza]
Bogen (m)	равоҚ, тоҚ	[ravoq], [toq]
Säule (f)	сутун	[sutun]
Ecke (f)	бурчак	[burʧak]

Schaufenster (n)	витрина	[vitrina]
Firmenschild (n)	лавҳа	[lavha]
Anschlag (m)	эълоннома	[ɛ'lonnoma]
Werbeposter (m)	плакати реклама	[plakati reklama]
Werbeschild (n)	лавҳаи эълонхо	[lavhai ɛ'lonho]

Müll (m)	ахлот, хокрӯба	[aχlot], [χokrœba]
Mülleimer (m)	ахлотқуттӣ	[aχlotqutti:]
Abfall wegwerfen	ифлос кардан	[iflos kardan]
Mülldeponie (f)	партовгоҳ	[partovgoh]

Telefonzelle (f)	будкаи телефон	[budkai telefon]
Straßenlaterne (f)	сутуни фонус	[sutuni fonus]
Bank (Park-)	нимкат	[nimkat]

Polizist (m)	полис	[polis]
Polizei (f)	полис	[polis]
Bettler (m)	гадо	[gado]
Obdachlose (m)	бехона	[beχona]

79. Innerstädtische Einrichtungen

Laden (m)	магазин	[magazin]
Apotheke (f)	дорухона	[doruχona]
Optik (f)	оптика	[optika]
Einkaufszentrum (n)	маркази савдо	[markazi savdo]
Supermarkt (m)	супермаркет	[supermarket]

Bäckerei (f)	дӯкони нонфурӯшӣ	[dœkoni nonfurœʃi:]
Bäcker (m)	нонвой	[nonvoj]
Konditorei (f)	қаннодӣ	[qannodi:]
Lebensmittelladen (m)	дӯкони баққолӣ	[dœkoni baqqoli:]
Metzgerei (f)	дӯкони гӯштфурӯшӣ	[dœkoni gœʃtfurœʃi:]

| Gemüseladen (m) | дӯкони сабзавот | [dœkoni sabzavot] |
| Markt (m) | бозор | [bozor] |

Kaffeehaus (n)	қаҳвахона	[qahvaχona]
Restaurant (n)	тарабхона	[tarabχona]
Bierstube (f)	пивохона	[pivoχona]
Pizzeria (f)	питсерия	[pitserija]

Friseursalon (m)	сартарошхона	[sartaroʃχona]
Post (f)	пӯшта	[pœʃta]
chemische Reinigung (f)	козургарии химиявӣ	[kozurgari:i χimijavi:]

| Fotostudio (n) | суратгирхона | [suratgirχona] |
| Schuhgeschäft (n) | магазини пойафзолфурӯшӣ | [magazini pojafzolfurœʃi:] |

Buchhandlung (f)	мағозаи китоб	[maʁozai kitob]
Sportgeschäft (n)	мағозаи варзишй	[maʁozai varziʃi:]
Kleiderreparatur (f)	таъмири либос	[ta'miri libos]
Bekleidungsverleih (m)	кирояи либос	[kirojai libos]
Videothek (f)	кирояи филмхо	[kirojai filmho]
Zirkus (m)	сирк	[sirk]
Zoo (m)	боғи ҳайвонот	[boʁi hajvonot]
Kino (n)	кинотеатр	[kinoteatr]
Museum (n)	осорхона	[osorχona]
Bibliothek (f)	китобхона	[kitobχona]
Theater (n)	театр	[teatr]
Opernhaus (n)	опера	[opera]
Nachtklub (m)	клуби шабона	[klubi ʃabona]
Kasino (n)	казино	[kazino]
Moschee (f)	масҷид	[masdʒid]
Synagoge (f)	каниса	[kanisa]
Kathedrale (f)	собор	[sobor]
Tempel (m)	ибодатгоҳ	[ibodatgoh]
Kirche (f)	калисо	[kaliso]
Institut (n)	институт	[institut]
Universität (f)	университет	[universitet]
Schule (f)	мактаб	[maktab]
Präfektur (f)	префектура	[prefektura]
Rathaus (n)	мэрия	[mɛrija]
Hotel (n)	меҳмонхона	[mehmonχona]
Bank (f)	банк	[bank]
Botschaft (f)	сафорат	[saforat]
Reisebüro (n)	турагенство	[turagenstvo]
Informationsbüro (n)	бюрои справкадиҳӣ	[bjuroi spravkadihi:]
Wechselstube (f)	нуқтаи мубодила	[nuqtai mubodila]
U-Bahn (f)	метро	[metro]
Krankenhaus (n)	касалхона	[kasalχona]
Tankstelle (f)	нуқтаи фурӯши сӯзишворӣ	[nuqtai furœʃi sœziʃvori:]
Parkplatz (m)	истгоҳи мошинхо	[istgohi moʃinho]

80. Schilder

Firmenschild (n)	лавҳа	[lavha]
Aufschrift (f)	хат, навиштаҷот	[χat], [naviʃtadʒot]
Plakat (n)	плакат	[plakat]
Wegweiser (m)	аломат, нишона	[alomat], [niʃona]
Pfeil (m)	аломати тир	[alomati tir]
Vorsicht (f)	огоҳӣ	[ogohi:]
Warnung (f)	огоҳӣ	[ogohi:]

warnen (vt)	танбеҳ додан	[tanbeh dodan]
freier Tag (m)	рӯзи истироҳат	[rœzi istirohat]
Fahrplan (m)	чадвал	[dʒadval]
Öffnungszeiten (pl)	соати корӣ	[soati kori:]

HERZLICH WILLKOMMEN!	ХУШ ОМАДЕД!	[xuʃ omaded]
EINGANG	ДАРОМАД	[daromad]
AUSGANG	БАРОМАД	[baromad]

DRÜCKEN	АЗ ХУД	[az xud]
ZIEHEN	БА ХУД	[ba xud]
GEÖFFNET	КУШОДА	[kuʃoda]
GESCHLOSSEN	ПӮШИДА	[pœʃida]

DAMEN, FRAUEN	БАРОИ ЗАНОН	[baroi zanon]
HERREN, MÄNNER	БАРОИ МАРДОН	[baroi mardon]

AUSVERKAUF	ТАХФИФ	[taxfif]
REDUZIERT	АРЗОНФУРӮШӢ	[arzonfurœʃi:]
NEU!	МОЛИ НАВ!	[moli nav]
GRATIS	БЕПУЛ	[bepul]

ACHTUNG!	ДИҚҚАТ!	[diqqat]
ZIMMER BELEGT	ҶОЙ НЕСТ	[dʒoj nest]
RESERVIERT	БАНД АСТ	[band ast]

VERWALTUNG	МАЪМУРИЯТ	[ma'murijat]
NUR FÜR PERSONAL	ФАҚАТ БАРОИ КОРМАНДОН	[faqat baroi kormandon]

VORSICHT BISSIGER HUND	САГИ ГАЗАНДА	[sagi gazanda]
RAUCHEN VERBOTEN!	ТАМОКУ НАКАШЕД!	[tamoku nakaʃed]
BITTE NICHT BERÜHREN	ДАСТ НАРАСОНЕД!	[dast narasoned]

GEFÄHRLICH	ХАТАРНОК	[xatarnok]
VORSICHT!	ХАТАР	[xatar]
HOCHSPANNUNG	ШИДДАТИ БАЛАНД	[ʃiddati baland]
BADEN VERBOTEN	ОББОЗӢ КАРДАН МАНЪ АСТ	[obbozi: kardan man' ast]
AUßER BETRIEB	КОР НАМЕКУНАД	[kor namekunad]

LEICHTENTZÜNDLICH	ОТАШАНГЕЗ	[otaʃangez]
VERBOTEN	МАНЪ АСТ	[man' ast]
DURCHGANG VERBOTEN	ДАРОМАД МАНЪ АСТ	[daromad man' ast]
FRISCH GESTRICHEN	РАНГ КАРДА ШУДААСТ	[rang karda ʃudaast]

81. Innerstädtischer Transport

Bus (m)	автобус	[avtobus]
Straßenbahn (f)	трамвай	[tramvaj]
Obus (m)	троллейбус	[trollejbus]
Linie (f)	маршрут	[marʃrut]
Nummer (f)	рақам	[raqam]

mit ... fahren	савор будан	[savor budan]
einsteigen (vi)	савор шудан	[savor ʃudan]
aussteigen (aus dem Bus)	фуромадан	[furomadan]

Haltestelle (f)	истгоҳ	[istgoh]
nächste Haltestelle (f)	истгоҳи дигар	[istgohi digar]
Endhaltestelle (f)	истгоҳи охирон	[istgohi oҳiron]
Fahrplan (m)	ҷадвал	[dӡadval]
warten (vi, vt)	поидан	[poidan]

| Fahrkarte (f) | билет | [bilet] |
| Fahrpreis (m) | арзиши чипта | [arziʃi tʃipta] |

Kassierer (m)	кассир	[kassir]
Fahrkartenkontrolle (f)	назорат	[nazorat]
Fahrkartenkontrolleur (m)	нозир	[nozir]

sich verspäten	дер мондан	[der mondan]
versäumen (Zug usw.)	дер мондан	[der mondan]
sich beeilen	шитоб кардан	[ʃitob kardan]

Taxi (n)	такси	[taksi]
Taxifahrer (m)	таксичӣ	[taksitʃi:]
mit dem Taxi	дар такси	[dar taksi]
Taxistand (m)	истгоҳи таксӣ	[istgohi taksi:]
ein Taxi rufen	даъват кардани таксӣ	[da'vat kardani taksi:]
ein Taxi nehmen	такси гирифтан	[taksi giriftan]

Straßenverkehr (m)	ҳаракат дар кӯча	[harakat dar kœtʃa]
Stau (m)	пробка	[probka]
Hauptverkehrszeit (f)	час пик	[tʃas pik]
parken (vi)	ҷой кардан	[dӡoj kardan]
parken (vt)	ҷой кардан	[dӡoj kardan]
Parkplatz (m)	истгоҳ	[istgoh]

U-Bahn (f)	метро	[metro]
Station (f)	истгоҳ	[istgoh]
mit der U-Bahn fahren	бо метро рафтан	[bo metro raftan]
Zug (m)	поезд, қатор	[poezd], [qator]
Bahnhof (m)	вокзал	[vokzal]

82. Sehenswürdigkeiten

Denkmal (n)	ҳайкал	[hajkal]
Festung (f)	ҳисор	[hisor]
Palast (m)	қаср	[qasr]
Schloss (n)	кӯшк	[kœʃk]
Turm (m)	манора, бурҷ	[manora], [burdӡ]
Mausoleum (n)	мавзолей, мақбара	[mavzolej], [maqbara]

Architektur (f)	меъморӣ	[me'mori:]
mittelalterlich	асримиёнагӣ	[asrimijonagi:]
alt (antik)	қадим	[qadim]
national	миллӣ	[milli:]

berühmt	маъруф	[ma'ruf]
Tourist (m)	саёҳатчӣ	[sajohattʃi:]
Fremdenführer (m)	роҳбалад	[rohbalad]
Ausflug (m)	экскурсия	[ɛkskursija]
zeigen (vt)	нишон додан	[niʃon dodan]
erzählen (vt)	нақл кардан	[naql kardan]

finden (vt)	ёфтан	[jɔftan]
sich verlieren	роҳ гум кардан	[roh gum kardan]
Karte (U-Bahn ~)	нақша	[nakʃa]
Karte (Stadt-)	нақша	[naqʃa]

Souvenir (n)	тӯхфа	[tœhfa]
Souvenirladen (m)	мағозаи туҳфаҳо	[maʁozai tuhfaho]
fotografieren (vt)	сурат гирифтан	[surat giriftan]
sich fotografieren	сурати худро гирондан	[surati χudro girondan]

83. Shopping

kaufen (vt)	харидан	[χaridan]
Einkauf (m)	харид	[χarid]
einkaufen gehen	харид кардан	[χarid kardan]
Einkaufen (n)	шопинг	[ʃoping]

| offen sein (Laden) | кушода будан | [kuʃoda budan] |
| zu sein | маҳкам будан | [mahkam budan] |

Schuhe (pl)	пойафзол	[pojafzol]
Kleidung (f)	либос	[libos]
Kosmetik (f)	косметика	[kosmetika]
Lebensmittel (pl)	озуқаворӣ	[ozuqavori:]
Geschenk (n)	тӯхфа	[tœhfa]

| Verkäufer (m) | фурӯш | [furœʃ] |
| Verkäuferin (f) | фурӯш | [furœʃ] |

Kasse (f)	касса	[kassa]
Spiegel (m)	оина	[oina]
Ladentisch (m)	пешдӯкон	[peʃdœkon]
Umkleidekabine (f)	ҷои пӯшида дидани либос	[dʒoi pœʃida didani libos]

anprobieren (vt)	пӯшида дидан	[pœʃida didan]
passen (Schuhe, Kleid)	мувофиқ омадан	[muvofiq omadan]
gefallen (vi)	форидан	[foridan]

Preis (m)	нарх	[narχ]
Preisschild (n)	нархнома	[narχnoma]
kosten (vt)	арзидан	[arzidan]
Wie viel?	Чанд пул?	[tʃand pul]
Rabatt (m)	тахфиф	[taχfif]

preiswert	арзон	[arzon]
billig	арзон	[arzon]
teuer	қимат	[qimat]

Das ist teuer	Ин қимат аст	[in qimat ast]
Verleih (m)	кироя	[kiroja]
leihen, mieten (ein Auto usw.)	насия гирифтан	[nasija giriftan]
Kredit (m), Darlehen (n)	қарз	[qarz]
auf Kredit	кредит гирифтан	[kredit giriftan]

84. Geld

Geld (n)	пул	[pul]
Austausch (m)	мубодила, иваз	[mubodila], [ivaz]
Kurs (m)	қурб	[qurb]
Geldautomat (m)	банкомат	[bankomat]
Münze (f)	танга	[tanga]

Dollar (m)	доллар	[dollar]
Lira (f)	лираи италиявӣ	[lirai italijavi:]
Mark (f)	маркаи олмонӣ	[markai olmoni:]
Franken (m)	франк	[frank]
Pfund Sterling (n)	фунт стерлинг	[funt sterling]
Yen (m)	иена	[iena]

Schulden (pl)	қарз	[qarz]
Schuldner (m)	қарздор	[qarzdor]
leihen (vt)	қарз додан	[qarz dodan]
leihen, borgen (Geld usw.)	қарз гирифтан	[qarz giriftan]

Bank (f)	банк	[bank]
Konto (n)	ҳисоб	[hisob]
einzahlen (vt)	гузарондан	[guzarondan]
auf ein Konto einzahlen	ба суратҳисоб гузарондан	[ba surathisob guzarondan]
abheben (vt)	аз суратҳисоб гирифтан	[az surathisob giriftan]

Kreditkarte (f)	корти кредитӣ	[korti krediti:]
Bargeld (n)	пули нақд, нақдина	[puli naqd], [naqdina]
Scheck (m)	чек	[tʃek]
einen Scheck schreiben	чек навиштан	[tʃek naviʃtan]
Scheckbuch (n)	дафтарчаи чек	[daftartʃai tʃek]

Geldtasche (f)	ҳамён	[hamjɔn]
Geldbeutel (m)	ҳамён	[hamjɔn]
Safe (m)	сейф	[sejf]

Erbe (m)	меросхӯр	[merosxœr]
Erbschaft (f)	мерос	[meros]
Vermögen (n)	дорой	[doroi:]

Pacht (f)	иҷора	[idʒora]
Miete (f)	ҳаққи манзил	[haqqi manzil]
mieten (vt)	ба иҷора гирифтан	[ba idʒora giriftan]

Preis (m)	нарх	[narχ]
Kosten (pl)	арзиш	[arziʃ]
Summe (f)	маблағ	[mablaʁ]
ausgeben (vt)	сарф кардан	[sarf kardan]

Ausgaben (pl)	харҷ, ҳазина	[χardʒ], [hazina]
sparen (vt)	сарфа кардан	[sarfa kardan]
sparsam	сарфакор	[sarfakor]

zahlen (vt)	пул додан	[pul dodan]
Lohn (m)	пардохт	[pardoχt]
Wechselgeld (n)	бақияи пул	[baqijai pul]

Steuer (f)	налог, андоз	[nalog], [andoz]
Geldstrafe (f)	ҷарима	[dʒarima]
bestrafen (vt)	ҷарима андохтан	[dʒarima andoχtan]

85. Post. Postdienst

Post (Postamt)	почта	[potʃta]
Post (Postsendungen)	почта	[potʃta]
Briefträger (m)	хаткашон	[χatkaʃon]
Öffnungszeiten (pl)	соати корӣ	[soati kori:]

Brief (m)	мактуб	[maktub]
Einschreibebrief (m)	хати супоришӣ	[χati suporiʃi:]
Postkarte (f)	рукъа	[ruq'a]
Telegramm (n)	барқия	[barqija]
Postpaket (n)	равонак	[ravonak]
Geldanweisung (f)	пули фиристодашуда	[puli firistodaʃuda]

bekommen (vt)	гирифтан	[giriftan]
abschicken (vt)	ирсол кардан	[irsol kardan]
Absendung (f)	ирсол	[irsol]

Postanschrift (f)	адрес, унвон	[adres], [unvon]
Postleitzahl (f)	индекси почта	[indeksi potʃta]
Absender (m)	ирсолкунанда	[irsolkunanda]
Empfänger (m)	гиранда	[giranda]

| Vorname (m) | ном | [nom] |
| Nachname (m) | фамилия | [familija] |

Tarif (m)	таърифа	[ta'rifa]
Standard- (Tarif)	муқаррарӣ	[muqarrari:]
Spar- (-tarif)	камхарҷ	[kamχardʒ]

Gewicht (n)	вазн	[vazn]
abwiegen (vt)	баркашидан	[barkaʃidan]
Briefumschlag (m)	конверт	[konvert]
Briefmarke (f)	марка	[marka]
Briefmarke aufkleben	марка часпонидан	[marka tʃasponidan]

Wohnung. Haus. Zuhause

86. Haus. Wohnen

Haus (n)	хона	[χona]
zu Hause	дар хона	[dar χona]
Hof (m)	ҳавлй	[havli:]
Zaun (m)	панҷара	[pandʒara]

Ziegel (m)	хишт	[χiʃt]
Ziegel-	хиштӣ, … и хишт	[χiʃti:], [i χiʃt]
Stein (m)	санг	[sang]
Stein-	сангин	[sangin]
Beton (m)	бетон	[beton]
Beton-	бетонй	[betoni:]

neu	нав	[nav]
alt	кӯҳна	[kœhna]
baufällig	фарсуда	[farsuda]
modern	ҳамаср, муосир	[hamasr], [muosir]
mehrstöckig	серошёна	[seroʃɔna]
hoch	баланд	[baland]

Stock (m)	қабат, ошёна	[qabat], [oʃɔna]
einstöckig	якошёна	[jakoʃɔna]

Erdgeschoß (n)	ошёнаи поён	[oʃɔnai pojon]
oberster Stock (m)	ошёнаи боло	[oʃɔnai bolo]

Dach (n)	бом	[bom]
Schlot (m)	мӯрии дудкаш	[mœri:i dudkaʃ]

Dachziegel (m)	сафоли бомпӯшй	[safoli bompœʃi:]
Dachziegel-	… и сафоли бомпӯшй	[i safoli bompœʃi:]
Dachboden (m)	чердак	[tʃerdak]

Fenster (n)	тиреза	[tireza]
Glas (n)	шиша, оина	[ʃiʃa], [oina]

Fensterbrett (n)	зертахтаи тиреза	[zertaχtai tireza]
Fensterläden (pl)	дари пушти тиреза	[dari puʃti tireza]

Wand (f)	девор	[devor]
Balkon (m)	балкон	[balkon]
Regenfallrohr (n)	тарнов, новадон	[tarnov], [novadon]

nach oben	дар боло	[dar bolo]
hinaufgehen (vi)	баромадан	[baromadan]
herabsteigen (vi)	фуромадан	[furomadan]
umziehen (vi)	кӯчидан	[kœtʃidan]

87. Haus. Eingang. Lift

Eingang (m)	даромадгоҳ	[daromadgoh]
Treppe (f)	зина, зинапоя	[zina], [zinapoja]
Stufen (pl)	зинаҳо	[zinaho]
Geländer (n)	панҷара	[pandʒara]
Halle (f)	толор	[tolor]

Briefkasten (m)	қуттии почта	[qutti:i potʃta]
Müllkasten (m)	қуттии партов	[qutti:i partov]
Müllschlucker (m)	қубури ахлот	[quburi aχlot]

Aufzug (m)	лифт	[lift]
Lastenaufzug (m)	лифти боркаш	[lifti borkaʃ]
Aufzugkabine (f)	лифт	[lift]
Aufzug nehmen	ба лифт рафтан	[ba lift raftan]

Wohnung (f)	манзил	[manzil]
Mieter (pl)	истиқоматкунандагон	[istiqomatkunandagon]
Nachbar (m)	ҳамсоя	[hamsoja]
Nachbarin (f)	ҳамсоязан	[hamsojazan]
Nachbarn (pl)	ҳамсояҳо	[hamsojaho]

88. Haus. Elektrizität

Elektrizität (f)	барқ	[barq]
Glühbirne (f)	лампача, чароғча	[lampatʃa], [tʃaroʁtʃa]
Schalter (m)	калидак	[kalidak]
Sicherung (f)	пробка	[probka]

Draht (m)	сим	[sim]
Leitung (f)	сими барқ	[simi barq]
Stromzähler (m)	хисобкунаки электрикӣ	[χisobkunaki ɛlektriki:]
Zählerstand (m)	нишондод	[niʃondod]

89. Haus. Türen. Schlösser

Tür (f)	дар	[dar]
Tor (der Villa usw.)	дарвоза	[darvoza]
Griff (m)	дастак	[dastak]
aufschließen (vt)	кушодан	[kuʃodan]
öffnen (vt)	кушодан	[kuʃodan]
schließen (vt)	пӯшидан, бастан	[pœʃidan], [bastan]

Schlüssel (m)	калид	[kalid]
Bündel (n)	даста	[dasta]
knarren (vi)	ғичиррос задан	[ʁidʒirros zadan]
Knarren (n)	ғичиррос	[ʁidʒirros]
Türscharnier (n)	ошиқ-маъшуқ	[oʃiq-maʼʃuq]
Fußmatte (f)	пойандоз	[pojandoz]
Schloss (n)	қулф	[qulf]

Schlüsselloch (n)	сӯрохи қулф	[sœroχi qulf]
Türriegel (m)	ликаки дар	[likaki dar]
kleiner Türriegel (m)	ғалақаи дар	[ʁalaqai dar]
Vorhängeschloss (n)	қулфи овезон	[qulfi ovezon]

klingeln (vi)	занг задан	[zang zadan]
Klingel (Laut)	занг	[zang]
Türklingel (f)	занг	[zang]
Knopf (m)	кнопка	[knopka]
Klopfen (n)	тақ-тақ	[taq-taq]
anklopfen (vi)	тақ-тақ кардан	[taq-taq kardan]

Code (m)	рамз, код	[ramz], [kod]
Zahlenschloss (n)	қулфи коддор	[qulfi koddor]
Sprechanlage (f)	домофон	[domofon]
Nummer (f)	рақам	[raqam]
Türschild (n)	чадвалча	[dʒadvalʧa]
Türspion (m)	чашмаки дар	[ʧaʃmaki dar]

90. Landhaus

Dorf (n)	деҳа, деҳ	[deha], [deh]
Gemüsegarten (m)	обчакорӣ	[obʧakori:]
Zaun (m)	девор	[devor]
Lattenzaun (m)	панчара, деворча	[pandʒara], [devorʧa]
Zauntür (f)	дарича	[dariʧa]

Speicher (m)	анбор	[anbor]
Keller (m)	таҳхона	[tahχona]
Schuppen (m)	анбор	[anbor]
Brunnen (m)	чоҳ	[ʧoh]

Ofen (m)	оташдон	[otaʃdon]
heizen (Ofen ~)	ба печка алав мондан	[ba peʧka alav mondan]
Holz (n)	ҳезум	[hezum]
Holzscheit (n)	тароша	[taroʃa]

Veranda (f)	айвон, пешайвон	[ajvon], [peʃajvon]
Terrasse (f)	пешайвон	[peʃajvon]
Außentreppe (f)	айвон	[ajvon]
Schaukel (f)	арғунчак	[arʁunʧak]

91. Villa. Schloss

Landhaus (n)	хонаи берун аз шаҳр	[χonai berun az ʃahr]
Villa (f)	кӯшк, чорбоғ	[kœʃk], [ʧorboʁ]
Flügel (m)	қанот	[qanot]

Garten (m)	боғ	[boʁ]
Park (m)	боғ	[boʁ]
Orangerie (f)	гулхона	[gulχona]
pflegen (Garten usw.)	нигоҳубин кардан	[nigohubin kardan]

Schwimmbad (n)	ҳавз	[havz]
Kraftraum (m)	толори варзишй	[tolori varziʃi:]
Tennisplatz (m)	майдони теннис	[majdoni tennis]
Heimkinoraum (m)	кинотеатр	[kinoteatr]
Garage (f)	гараж	[garaʒ]
Privateigentum (n)	мулки хусусӣ	[mulki χususi:]
Privatgrundstück (n)	моликияти хусусй	[molikijati χususi:]
Warnung (f)	огоҳй	[ogohi:]
Warnschild (n)	хати огоҳй	[χati ogohi:]
Bewachung (f)	посбонй	[posboni:]
Wächter (m)	посбон	[posbon]
Alarmanlage (f)	сигналдиҳй	[signaldihi:]

92. Burg. Palast

Schloss (n)	кӯшк	[kœʃk]
Palast (m)	қаср	[qasr]
Festung (f)	ҳисор	[hisor]
Mauer (f)	девор	[devor]
Turm (m)	манора, бурҷ	[manora], [burdʒ]
Bergfried (m)	бурҷи асосй	[burdʒi asosi:]
Fallgatter (n)	панҷараи болошаванда	[pandʒarai boloʃavanda]
Tunnel (n)	роҳи зеризаминй	[rohi zerizamini:]
Graben (m)	хандақ	[χandaq]
Kette (f)	занҷир	[zandʒir]
Schießscharte (f)	почанг	[potʃang]
großartig, prächtig	бошукӯҳ, боҳашамат	[boʃukœh], [bohaʃamat]
majestätisch	боазамат, ҷалил	[boazamat], [dʒalil]
unnahbar	фатҳнопазир	[fathnopazir]
mittelalterlich	асримиёнагй	[asrimijɔnagi:]

93. Wohnung

Wohnung (f)	манзил	[manzil]
Zimmer (n)	хона, ӯтоқ	[χona], [œtoq]
Schlafzimmer (n)	хонаи хоб	[χonai χob]
Esszimmer (n)	хонаи хӯрокхӯрй	[χonai χœrokχœri:]
Wohnzimmer (n)	меҳмонхона	[mehmonχona]
Arbeitszimmer (n)	утоқ	[utoq]
Vorzimmer (n)	мадхал, даҳлез	[madχal], [dahlez]
Badezimmer (n)	ваннахона	[vannaχona]
Toilette (f)	ҳоҷатхона	[hodʒatχona]
Decke (f)	шифт	[ʃift]
Fußboden (m)	фарш	[farʃ]
Ecke (f)	кунҷ	[kundʒ]

94. Wohnung. Saubermachen

aufräumen (vt)	рӯбучин кардан	[rœbutʃin kardan]
weglegen (vt)	ғундошта гирифтан	[ʁundoʃta giriftan]
Staub (m)	чанг	[tʃang]
staubig	пурчанг	[purtʃang]
Staub abwischen	чанг гирифтан	[tʃang giriftan]
Staubsauger (m)	чангкашак	[tʃangkaʃak]
Staub saugen	чанг кашидан	[tʃang kaʃidan]
kehren, fegen (vt)	рӯфтан	[rœftan]
Kehricht (m, n)	ахлот	[aχlot]
Ordnung (f)	тартиб	[tartib]
Unordnung (f)	бетартибӣ	[betartibi:]
Schrubber (m)	пайкора	[pajkora]
Lappen (m)	латта	[latta]
Besen (m)	чорӯб	[dʒorœb]
Kehrichtschaufel (f)	хокандози ахлот	[χokandozi aχlot]

95. Möbel. Innenausstattung

Möbel (n)	мебел	[mebel]
Tisch (m)	миз	[miz]
Stuhl (m)	курсӣ	[kursi:]
Bett (n)	кат	[kat]
Sofa (n)	диван	[divan]
Sessel (m)	курсӣ	[kursi:]
Bücherschrank (m)	чевони китобмонӣ	[dʒevoni kitobmoni:]
Regal (n)	раф, рафча	[raf], [raftʃa]
Schrank (m)	чевони либос	[dʒevoni libos]
Hakenleiste (f)	либосовезак	[libosovezak]
Kleiderständer (m)	либосовезак	[libosovezak]
Kommode (f)	чевон	[dʒevon]
Couchtisch (m)	мизи қаҳва	[mizi qahva]
Spiegel (m)	оина	[oina]
Teppich (m)	гилем, қолин	[gilem], [qolin]
Matte (kleiner Teppich)	гилемча	[gilemtʃa]
Kamin (m)	оташдон	[otaʃdon]
Kerze (f)	шамъ	[ʃam']
Kerzenleuchter (m)	шамъдон	[ʃam'don]
Vorhänge (pl)	парда	[parda]
Tapete (f)	зардеворӣ	[zardevori:]
Jalousie (f)	жалюзи	[ʒaljuzi]
Tischlampe (f)	чароги мизӣ	[tʃaroʁi mizi:]
Leuchte (f)	чароғак	[tʃaroʁak]

| Stehlampe (f) | торшер | [torʃer] |
| Kronleuchter (m) | қандил | [qandil] |

Bein (Tischbein usw.)	поя	[poja]
Armlehne (f)	оринҷмонаки курсӣ	[orindʒmonaki kursi:]
Lehne (f)	пуштаки курсӣ	[puʃtaki kursi:]
Schublade (f)	ғаладон	[ʁaladon]

96. Bettwäsche

Bettwäsche (f)	чилдҳои болишту бистар	[dʒildhoi boliʃtu bistar]
Kissen (n)	болишт	[boliʃt]
Kissenbezug (m)	чилди болишт	[dʒildi boliʃt]
Bettdecke (f)	кӯрпа	[kœrpa]
Laken (n)	ҷойпӯш	[dʒojpœʃ]
Tagesdecke (f)	болопӯш	[bolopœʃ]

97. Küche

Küche (f)	ошхона	[oʃχona]
Gas (n)	газ	[gaz]
Gasherd (m)	плитаи газ	[plitai gaz]
Elektroherd (m)	плитаи электрикӣ	[plitai ɛlektriki:]
Mikrowellenherd (m)	микроволновка	[mikrovolnovka]

Kühlschrank (m)	яхдон	[jaχdon]
Tiefkühltruhe (f)	яхдон	[jaχdon]
Geschirrspülmaschine (f)	мошини зарфшӯй	[moʃini zarfʃœj]

Fleischwolf (m)	мошини гӯштқӯбӣ	[moʃini gœʃtkœbi:]
Saftpresse (f)	шарбатафшурак	[ʃarbatafʃurak]
Toaster (m)	тостер	[toster]
Mixer (m)	миксер	[mikser]

Kaffeemaschine (f)	қаҳвачӯшонак	[qahvadʒœʃonak]
Kaffeekanne (f)	зарфи қаҳвачӯшонӣ	[zarfi qahvadʒœʃoni:]
Kaffeemühle (f)	дастоси қаҳва	[dastosi qahva]

Wasserkessel (m)	чойник	[tʃojnik]
Teekanne (f)	чойник	[tʃojnik]
Deckel (m)	сарпӯш	[sarpœʃ]
Teesieb (n)	ғалберча	[ʁalbertʃa]

Löffel (m)	қошуқ	[qoʃuq]
Teelöffel (m)	чойкошук	[tʃojkoʃuk]
Esslöffel (m)	қошуқи ошхӯрӣ	[qoʃuqi oʃχœri:]
Gabel (f)	чангча, чангол	[tʃangtʃa], [tʃangol]
Messer (n)	корд	[kord]

Geschirr (n)	табақ	[tabaq]
Teller (m)	тақсимча	[taqsimtʃa]
Untertasse (f)	тақсимӣ, тақсимича	[taqsimi:], [taqsimitʃa]

Schnapsglas (n)	рюмка	[rjumka]
Glas (n)	стакан	[stakan]
Tasse (f)	косача	[kosatʃa]

Zuckerdose (f)	шакардон	[ʃakardon]
Salzstreuer (m)	намакдон	[namakdon]
Pfefferstreuer (m)	қаламфурдон	[qalamfurdon]
Butterdose (f)	равғандон	[ravʁandon]

Kochtopf (m)	дегча	[degtʃa]
Pfanne (f)	тоба	[toba]
Schöpflöffel (m)	кафлез, обгардон, сархумӣ	[kaflez], [obgardon], [sarχumi:]
Tablett (n)	лаълӣ	[la'li:]

Flasche (f)	шиша, сурохӣ	[ʃiʃa], [surohi:]
Glas (Einmachglas)	банкаи шишагӣ	[bankai ʃiʃagi:]
Dose (f)	банкаи тунукагӣ	[bankai tunukagi:]

Flaschenöffner (m)	саркушояк	[sarkuʃojak]
Dosenöffner (m)	саркушояк	[sarkuʃojak]
Korkenzieher (m)	пӯккашак	[pœkkaʃak]
Filter (n)	филтр	[filtr]
filtern (vt)	полоидан	[poloidan]

| Müll (m) | ахлот | [aχlot] |
| Mülleimer, Treteimer (m) | сатили ахлот | [satili aχlot] |

98. Bad

Badezimmer (n)	ваннахона	[vannaχona]
Wasser (n)	об	[ob]
Wasserhahn (m)	чуммак, мил	[dʒummak], [mil]
Warmwasser (n)	оби гарм	[obi garm]
Kaltwasser (n)	оби сард	[obi sard]

Zahnpasta (f)	хамираи дандон	[χamirai dandon]
Zähne putzen	дандон шустан	[dandon ʃustan]
Zahnbürste (f)	чӯткаи дандоншӯӣ	[tʃœtkai dandonʃœi:]

sich rasieren	риш гирифтан	[riʃ giriftan]
Rasierschaum (m)	кафки ришгирӣ	[kafki riʃgiri:]
Rasierer (m)	ришгирак	[riʃgirak]

waschen (vt)	шустан	[ʃustan]
sich waschen	шустушӯ кардан	[ʃustuʃœ kardan]
sich duschen	ба душ даромадан	[ba duʃ daromadan]

Badewanne (f)	ванна	[vanna]
Klosettbecken (n)	нишастгохи халочо	[niʃastgohi χalodʒo]
Waschbecken (n)	дастшӯяк	[dastʃœjak]

| Seife (f) | собун | [sobun] |
| Seifenschale (f) | собундон | [sobundon] |

Schwamm (m)	исфанҷ	[isfandʒ]
Shampoo (n)	шампун	[ʃampun]
Handtuch (n)	сачоқ	[satʃoq]
Bademantel (m)	халат	[χalat]

Wäsche (f)	ҷомашӯй	[dʒomaʃœi:]
Waschmaschine (f)	мошини ҷомашӯй	[moʃini dʒomaʃœi:]
waschen (vt)	ҷомашӯй кардан	[dʒomaʃœi: kardan]
Waschpulver (n)	хокаи ҷомашӯй	[χokai dʒomaʃœi:]

99. Haushaltsgeräte

Fernseher (m)	телевизор	[televizor]
Tonbandgerät (n)	магнитафон	[magnitafon]
Videorekorder (m)	видеомагнитафон	[videomagnitafon]
Empfänger (m)	радио	[radio]
Player (m)	плеер	[pleer]

Videoprojektor (m)	видеопроектор	[videoproektor]
Heimkino (n)	кинотеатри хонагӣ	[kinoteatri χonagi:]
DVD-Player (m)	DVD-монак	[ɛøɛ-monak]
Verstärker (m)	қувватафзо	[quvvatafzo]
Spielkonsole (f)	плейстейшн	[plejstejʃn]

Videokamera (f)	видеокамера	[videokamera]
Kamera (f)	фотоаппарат	[fotoapparat]
Digitalkamera (f)	суратгираки рақамӣ	[suratgiraki raqami:]

Staubsauger (m)	чангкашак	[tʃangkaʃak]
Bügeleisen (n)	дарзмол	[darzmol]
Bügelbrett (n)	тахтаи дарзмолкунӣ	[taχtai darzmolkuni:]

Telefon (n)	телефон	[telefon]
Mobiltelefon (n)	телефони мобилӣ	[telefoni mobili:]
Schreibmaschine (f)	мошинаи хатнависӣ	[moʃinai χatnavisi:]
Nähmaschine (f)	мошинаи чокдӯзӣ	[moʃinai tʃokdœzi:]

Mikrophon (n)	микрофон	[mikrofon]
Kopfhörer (m)	гӯшак, гӯшпӯшак	[gœʃak], [gœʃpœʃak]
Fernbedienung (f)	пулт	[pult]

CD (f)	компакт-диск	[kompakt-disk]
Kassette (f)	кассета	[kasseta]
Schallplatte (f)	пластинка	[plastinka]

100. Reparaturen. Renovierung

Renovierung (f)	таъмир, тармим	[ta'mir], [tarmim]
renovieren (vt)	таъмир кардан	[ta'mir kardan]
reparieren (vt)	таъмир кардан	[ta'mir kardan]
in Ordnung bringen	ба тартиб андохтан	[ba tartib andoχtan]
noch einmal machen	дубора хохтан	[dubora χoχtan]

Farbe (f)	ранг	[rang]
streichen (vt)	ранг кардан	[rang kardan]
Anstreicher (m)	рангзан, рангмол	[rangzan], [rangmol]
Pinsel (m)	мӯқалам	[mœqalam]

| Kalkfarbe (f) | қабати оҳак | [qabati ohak] |
| weißen (vt) | сафед кардан | [safed kardan] |

Tapete (f)	зардеворӣ	[zardevori:]
tapezieren (vt)	зардеворӣ часпондан	[zardevori: ʧaspondan]
Lack (z.B. Parkettlack)	лок	[lok]
lackieren (vt)	лок задан	[lok zadan]

101. Rohrleitungen

Wasser (n)	об	[ob]
Warmwasser (n)	оби гарм	[obi garm]
Kaltwasser (n)	оби сард	[obi sard]
Wasserhahn (m)	чуммак, мил	[ʤummak], [mil]

Tropfen (m)	катра	[katra]
tropfen (vi)	чакидан	[ʧakidan]
durchsickern (vi)	чакидан	[ʧakidan]
Leck (n)	сӯрох будан	[sœroχ budan]
Lache (f)	кӯлмак	[kœlmak]

Rohr (n)	қубур	[qubur]
Ventil (n)	вентил	[ventil]
sich verstopfen	аз чирк маҳкам шудан	[az ʧirk mahkam ʃudan]

Werkzeuge (pl)	асбобу анҷом	[asbobu anʤom]
Engländer (m)	калиди бозшаванда	[kalidi bozʃavanda]
abdrehen (vt)	тоб дода кушодан	[tob doda kuʃodan]
zudrehen (vt)	тофтан, тоб додан	[toftan], [tob dodan]

reinigen (Rohre ~)	тоза кардан	[toza kardan]
Klempner (m)	сантехник	[santeχnik]
Keller (m)	таҳхона	[tahχona]
Kanalisation (f)	канализатсия	[kanalizatsija]

102. Feuer. Brand

Feuer (n)	оташ	[otaʃ]
Flamme (f)	шӯъла	[ʃœ'la]
Funke (m)	шарора	[ʃarora]
Fackel (f)	машъал	[maʃʼal]
Lagerfeuer (n)	гулхан	[gulχan]

Benzin (n)	бензин	[benzin]
Kerosin (n)	карасин	[karasin]
brennbar	сӯзанда	[sœzanda]
explosiv	тарканда	[tarkanda]

RAUCHEN VERBOTEN!	ТАМОКУ НАКАШЕД!	[tamoku nakaʃed]
Sicherheit (f)	бехатарӣ	[bɛχatari:]
Gefahr (f)	хатар	[χatar]
gefährlich	хатарнок	[χatarnok]

sich entflammen	даргирифтан	[dargiriftan]
Explosion (f)	таркиш, таркидан	[tarkiʃ], [tarkidan]
in Brand stecken	оташ задан	[otaʃ zadan]
Brandstifter (m)	оташзрананда	[otaʃzananda]
Brandstiftung (f)	оташ задан	[otaʃ zadan]

flammen (vi)	аланга задан	[alanga zadan]
brennen (vi)	сӯхтан	[sœχtan]
verbrennen (vi)	сӯхтан	[sœχtan]

die Feuerwehr rufen	даъват кардани сӯхторхомӯшкунхо	[da'vat kardani sœχtorχomœʃkunho]
Feuerwehrmann (m)	сӯхторхомӯшкун	[sœχtorχomœʃkun]
Feuerwehrauto (n)	мошини сӯхторхомӯшкунӣ	[moʃini sœχtorχomœʃkuni:]
Feuerwehr (f)	дастаи сӯхторхомӯшкунхо	[dastai sœχtorχomœʃkunho]
Drehleiter (f)	зинапояи дарозшаванда	[zinapojai darozʃavanda]

Feuerwehrschlauch (m)	рӯда	[rœda]
Feuerlöscher (m)	оташнишон	[otaʃniʃon]
Helm (m)	тоскулох	[toskuloh]
Sirene (f)	бурғу	[burʁu]

schreien (vi)	дод задан	[dod zadan]
um Hilfe rufen	ба ёрй чег задан	[ba jori: ʤeʁ zadan]
Retter (m)	начотдихонда	[naʤotdihanda]
retten (vt)	начот додан	[naʤot dodan]

ankommen (vi)	расидан	[rasidan]
löschen (vt)	хомӯш кардан	[χomœʃ kardan]
Wasser (n)	об	[ob]
Sand (m)	рег	[reg]

Trümmer (pl)	харобот	[χarobot]
zusammenbrechen (vi)	гумбуррос зада афтодан	[gumburros zada aftodan]
einfallen (vi)	ғалтидан	[ʁaltidan]
einstürzen (Decke)	чӯкидан	[tʃœkidan]

| Bruchstück (n) | шикастпора | [ʃikastpora] |
| Asche (f) | хокистар | [χokistar] |

| ersticken (vi) | нафас гашта мурдан | [nafas gaʃta murdan] |
| ums Leben kommen | вафот кардан | [vafot kardan] |

AKTIVITÄTEN DES MENSCHEN

Beruf. Geschäft. Teil 1

103. Büro. Arbeiten im Büro

Büro (Firmensitz)	офис	[ofis]
Büro (~ des Direktors)	утоқи кор	[utoqi kor]
Rezeption (f)	ресепшн	[resepʃn]
Sekretär (m)	котиб	[kotib]
Direktor (m)	директор, мудир	[direktor], [mudir]
Manager (m)	менечер	[menedʒer]
Buchhalter (m)	бухгалтер	[buxʁalter]
Mitarbeiter (m)	коркун	[korkun]
Möbel (n)	мебел	[mebel]
Tisch (m)	миз	[miz]
Schreibtischstuhl (m)	курсй	[kursi:]
Rollcontainer (m)	чевонча	[dʒevontʃa]
Kleiderständer (m)	либосовезак	[libosovezak]
Computer (m)	компютер	[kompjuter]
Drucker (m)	принтер	[printer]
Fax (n)	факс	[faks]
Kopierer (m)	мошини нусхабардорй	[moʃini nusχabardori:]
Papier (n)	қоғаз	[qoʁaz]
Büromaterial (n)	молхои конселярй	[molhoi konseljari:]
Mousepad (n)	гилемчаи муш	[gilemtʃai muʃ]
Blatt (n) Papier	варақ	[varaq]
Ordner (m)	папка	[papka]
Katalog (m)	каталог	[katalog]
Adressbuch (n)	маълумотнома	[ma'lumotnoma]
Dokumentation (f)	хучҷатхо	[hudʒdʒatho]
Broschüre (f)	рисола, китобча	[risola], [kitobtʃa]
Flugblatt (n)	варақа	[varaqa]
Muster (n)	намуна	[namuna]
Training (n)	машқ	[maʃq]
Meeting (n)	мачлис	[madʒlis]
Mittagspause (f)	танаффуси нисфирӯзй	[tanaffusi nisfirœzi:]
eine Kopie machen	нусха бардоштан	[nusχa bardoʃtan]
vervielfältigen (vt)	бисёр кардан	[bisjor kardan]
ein Fax bekommen	факс гирифтан	[faks giriftan]
ein Fax senden	факс фиристодан	[faks firistodan]
anrufen (vt)	занг задан	[zang zadan]

| antworten (vi) | ҷавоб додан | [dʒavob dodan] |
| verbinden (vt) | алоқаманд кардан | [aloqamand kardan] |

ausmachen (vt)	муайян кардан	[muajjan kardan]
demonstrieren (vt)	нишон додан	[niʃon dodan]
fehlen (am Arbeitsplatz ~)	набудан	[nabudan]
Abwesenheit (f)	набуд	[nabud]

104. Geschäftsabläufe. Teil 1

| Geschäft (n) (z.B. ~ in Wolle) | кор, соҳибкорӣ | [kor], [sohibkori:] |
| Angelegenheit (f) | кор | [kor] |

Firma (f)	фирма	[firma]
Gesellschaft (f)	ширкат	[ʃirkat]
Konzern (m)	корпоратсия	[korporatsija]
Unternehmen (n)	муассиса, корхона	[muassisa], [korχona]
Agentur (f)	агенти шӯъба	[agenti ʃœ'ba]

Vereinbarung (f)	шартнома, созишнома	[ʃartnoma], [soziʃnoma]
Vertrag (m)	шартнома	[ʃartnoma]
Geschäft (Transaktion)	харидуфурӯш	[χaridufurœʃ]
Auftrag (Bestellung)	супориш	[suporiʃ]
Bedingung (f)	шарт	[ʃart]

en gros (im Großen)	кӯтара	[kœtara]
Großhandels-	кӯтара, яклухт	[kœtara], [jakluχt]
Großhandel (m)	яклухтфурӯшӣ	[jakluχtfurœʃi:]
Einzelhandels-	чакана	[tʃakana]
Einzelhandel (m)	чаканафурӯшӣ	[tʃakanafurœʃi:]

Konkurrent (m)	рақиб	[raqib]
Konkurrenz (f)	рақобат	[raqobat]
konkurrieren (vi)	рақобат кардан	[raqobat kardan]

| Partner (m) | ҳариф | [harif] |
| Partnerschaft (f) | ҳарифӣ | [harifi:] |

Krise (f)	бӯҳрон	[bœhron]
Bankrott (m)	шикаст, муфлисӣ	[ʃikast], [muflisi:]
Bankrott machen	муфлис шудан	[muflis ʃudan]
Schwierigkeit (f)	душворӣ	[duʃvori:]
Problem (n)	масъала	[mas'ala]
Katastrophe (f)	шикаст	[ʃikast]

Wirtschaft (f)	иқтисодиёт	[iqtisodijɔt]
wirtschaftlich	… и иқтисодӣ	[i iqtisodi:]
Rezession (f)	таназзули иқтисодӣ	[tanazzuli iqtisodi:]

| Ziel (n) | мақсад | [maqsad] |
| Aufgabe (f) | вазифа | [vazifa] |

| handeln (Handel treiben) | савдо кардан | [savdo kardan] |
| Netz (Verkaufs-) | муассисаҳо | [muassisaho] |

| Lager (n) | анбор | [anbor] |
| Sortiment (n) | навъҳои мол | [nav'hoi mol] |

führende Unternehmen (n)	роҳбар	[rohbar]
groß (-e Firma)	калон	[kalon]
Monopol (n)	монополия, инҳисор	[monopolija], [inhisor]

Theorie (f)	назария	[nazarija]
Praxis (f)	таҷриба, амалия	[tadʒriba], [amalija]
Erfahrung (f)	таҷриба	[tadʒriba]
Tendenz (f)	майл	[majl]
Entwicklung (f)	пешравӣ	[peʃravi:]

105. Geschäftsabläufe. Teil 2

| Vorteil (m) | фоида | [foida] |
| vorteilhaft | фоиданок | [foidanok] |

Delegation (f)	ҳайати вакилон	[hajati vakilon]
Lohn (m)	музди меҳнат	[muzdi mehnat]
korrigieren (vt)	ислоҳ кардан	[isloh kardan]
Dienstreise (f)	командировка	[komandirovka]
Kommission (f)	комиссия	[komissija]

kontrollieren (vt)	назорат кардан	[nazorat kardan]
Konferenz (f)	конференсия	[konferensija]
Lizenz (f)	чавознома	[dʒavoznoma]
zuverlässig	боэътимод	[boɛ'timod]

Initiative (f)	шурӯъ, ташаббус	[ʃurœ'], [taʃabbus]
Norm (f)	норма	[norma]
Umstand (m)	ҳолат, маврид	[holat], [mavrid]
Pflicht (f)	вазифа	[vazifa]

Unternehmen (n)	созмон	[sozmon]
Organisation (Prozess)	ташкил	[taʃkil]
organisiert (Adj)	муташаккил	[mutaʃakkil]
Abschaffung (f)	бекор кардани	[bekor kardani]
abschaffen (vt)	бекор кардан	[bekor kardan]
Bericht (m)	ҳисоб, ҳисобот	[hisob], [hisobot]

Patent (n)	патент	[patent]
patentieren (vt)	патент додан	[patent dodan]
planen (vt)	нақша кашидан	[naqʃa kaʃidan]

Prämie (f)	чоиза	[dʒoiza]
professionell	касаба	[kasaba]
Prozedur (f)	расму қоида	[rasmu qoida]

prüfen (Vertrag ~)	матраҳ кардан	[matrah kardan]
Berechnung (f)	муҳосиба	[muhosiba]
Ruf (m)	шӯҳрат	[ʃœhrat]
Risiko (n)	хатар, таваккал	[xatar], [tavakkal]
leiten (vt)	сардорӣ кардан	[sardori: kardan]

Informationen (pl)	маълумот	[ma'lumot]
Eigentum (n)	моликият	[molikijat]
Bund (m)	иттиход	[ittihod]

Lebensversicherung (f)	суғуртакунии ҳаёт	[suʁurtakuni:i hajɔt]
versichern (vt)	суғурта кардан	[suʁurta kardan]
Versicherung (f)	суғурта	[suʁurta]

Auktion (f)	савдо, фурӯш	[savdo], [furœʃ]
benachrichtigen (vt)	огоҳ кардан	[ogoh kardan]
Verwaltung (f)	идоракунй	[idorakuni:]
Dienst (m)	хизмат	[xizmat]

Forum (n)	маҷлис	[madʒlis]
funktionieren (vi)	ҳаракат кардан	[harakat kardan]
Etappe (f)	марҳала	[marhala]
juristisch	ҳуқуқй, ... и ҳуқуқ	[huquqi:], [i huquq]
Jurist (m)	ҳуқуқшинос	[huquqʃinos]

106. Fertigung. Arbeiten

Werk (n)	завод	[zavod]
Fabrik (f)	фабрика	[fabrika]
Werkstatt (f)	сех	[sex]
Betrieb (m)	истеҳсолот	[istehsolot]

Industrie (f)	саноат	[sanoat]
Industrie-	саноатй	[sanoati:]
Schwerindustrie (f)	саноати вазнин	[sanoati vaznin]
Leichtindustrie (f)	саноати сабук	[sanoati sabuk]

Produktion (f)	тавлидот, маҳсул	[tavlidot], [mahsul]
produzieren (vt)	истеҳсол кардан	[istehsol kardan]
Rohstoff (m)	ашёи хом	[aʃɔi xom]

Vorarbeiter (m), Meister (m)	сардори бригада	[sardori brigada]
Arbeitsteam (n)	бригада	[brigada]
Arbeiter (m)	коргар	[korgar]

Arbeitstag (m)	рӯзи кор	[rœzi kor]
Pause (f)	танаффус	[tanaffus]
Versammlung (f)	маҷлис	[madʒlis]
besprechen (vt)	муҳокима кардан	[muhokima kardan]

Plan (m)	нақша	[naqʃa]
den Plan erfüllen	иҷрои нақша	[idʒroi naqʃa]
Arbeitsertrag (m)	нормаи кор	[normai kor]
Qualität (f)	сифат	[sifat]
Prüfung, Kontrolle (f)	назорат	[nazorat]
Gütekontrolle (f)	назорати сифат	[nazorati sifat]

Arbeitsplatzsicherheit (f)	бехатарйи меҳнат	[bexatari:i mehnat]
Disziplin (f)	низом	[nizom]
Übertretung (f)	вайронкунй	[vajronkuni:]

übertreten (vt)	вайрон кардан	[vajron kardan]
Streik (m)	корпартой	[korpartoi:]
Streikender (m)	корпарто	[korparto]
streiken (vi)	корпартой кардан	[korpartoi: kardan]
Gewerkschaft (f)	ташкилоти касабавй	[taʃkiloti kasabavi:]

erfinden (vt)	ихтироъ кардан	[iχtiro' kardan]
Erfindung (f)	ихтироъ	[iχtiro']
Erforschung (f)	таҳқиқ	[tahqiq]
verbessern (vt)	беҳтар кардан	[behtar kardan]
Technologie (f)	технология	[teχnologija]
technische Zeichnung (f)	нақша, тарҳ	[naqʃa], [tarh]

Ladung (f)	бор	[bor]
Ladearbeiter (m)	борбардор	[borbardor]
laden (vt)	бор кардан	[bor kardan]
Beladung (f)	бор кардан	[bor kardan]
entladen (vt)	борро фуровардан	[borro furovardan]
Entladung (f)	борфурорй	[borfurori:]

Transport (m)	нақлиёт	[naqlijɔt]
Transportunternehmen (n)	ширкати нақлиётй	[ʃirkati naqlijɔti:]
transportieren (vt)	кашондан	[kaʃondan]

Güterwagen (m)	вагони боркаш	[vagoni borkaʃ]
Zisterne (f)	систерна	[sisterna]
Lastkraftwagen (m)	мошини боркаш	[moʃini borkaʃ]

| Werkzeugmaschine (f) | дастгоҳ | [dastgoh] |
| Mechanismus (m) | механизм | [meχanizm] |

Industrieabfälle (pl)	пасмондаҳо	[pasmondaho]
Verpacken (n)	печонда бастан	[petʃonda bastan]
verpacken (vt)	печонда бастан	[petʃonda bastan]

107. Vertrag. Zustimmung

Vertrag (m), Auftrag (m)	шартнома	[ʃartnoma]
Vereinbarung (f)	созишнома	[soziʃnoma]
Anhang (m)	илова	[ilova]

einen Vertrag abschließen	шартнома бастан	[ʃartnoma bastan]
Unterschrift (f)	имзо	[imzo]
unterschreiben (vt)	имзо кардан	[imzo kardan]
Stempel (m)	мӯҳр	[mœhr]

Vertragsgegenstand (m)	мавзӯи шартнома	[mavzœi ʃartnoma]
Punkt (m)	модда	[modda]
Parteien (pl)	тарафҳо	[tarafho]
rechtmäßige Anschrift (f)	нишонии ҳуқуқй	[niʃoni:i huquqi:]

| Vertrag brechen | вайрон кардани шартнома | [vajron kardani ʃartnoma] |
| Verpflichtung (f) | вазифа, ӯҳдадорй | [vazifa], [œhdadori:] |

Verantwortlichkeit (f)	масъулият	[mas'ulijat]
Force majeure (f)	форс-мажор	[fors-maʒor]
Streit (m)	баҳс	[bahs]
Strafsanktionen (pl)	ҷаримаи шартномавӣ	[dʒarimai ʃartnomavi:]

108. Import & Export

Import (m)	воридот	[voridot]
Importeur (m)	воридгари мол	[voridgari mol]
importieren (vt)	ворид кардан	[vorid kardan]
Import-	... и воридот	[i voridot]

Export (m)	содирот	[sodirot]
Exporteur (m)	содиргар	[sodirgar]
exportieren (vt)	содирот кардан	[sodirot kardan]
Export-	... и содирот	[i sodirot]

| Waren (pl) | мол | [mol] |
| Partie (f), Ladung (f) | як миқдор | [jak miqdor] |

Gewicht (n)	вазн	[vazn]
Volumen (n)	ҳаҷм	[hadʒm]
Kubikmeter (m)	метри кубӣ	[metri kubi:]

Hersteller (m)	истеҳолкунанда	[isteholkunanda]
Transportunternehmen (n)	ширкати нақлиётӣ	[ʃirkati naqlijoti:]
Container (m)	контейнер	[kontejner]

Grenze (f)	сарҳад	[sarhad]
Zollamt (n)	гумрукхона	[gumrukχona]
Zoll (m)	хаққи гумрукӣ	[χaqqi gumruki:]
Zollbeamter (m)	гумрукчӣ	[gumruktʃi:]
Schmuggel (m)	қочоқчигӣ	[qotʃoqtʃigi:]
Schmuggelware (f)	қочоқ	[qotʃoq]

109. Finanzen

Aktie (f)	саҳмия	[sahmija]
Obligation (f)	облигасия	[obligasija]
Wechsel (m)	вексел	[veksel]

| Börse (f) | биржа | [birʒa] |
| Aktienkurs (m) | қурби саҳмия | [qurbi sahmija] |

| billiger werden | арзон шудан | [arzon ʃudan] |
| teuer werden | қимат шудан | [qimat ʃudan] |

| Anteil (m) | ҳақ, саҳм | [haq], [sahm] |
| Mehrheitsbeteiligung (f) | пакети контролӣ | [paketi kontroli:] |

| Investitionen (pl) | маблағгузорӣ | [mablaʁtuzori:] |
| investieren (vt) | гузоштан | [guzoʃtan] |

| Prozent (n) | фоиз | [foiz] |
| Zinsen (pl) | фоизҳо | [foizho] |

Gewinn (m)	даромад, фоида	[daromad], [foida]
gewinnbringend	фоиданок	[foidanok]
Steuer (f)	налог, андоз	[nalog], [andoz]

Währung (f)	валюта асъор	[valjuta as'or]
Landes-	миллӣ	[milli:]
Geldumtausch (m)	мубодила, иваз	[mubodila], [ivaz]

| Buchhalter (m) | бухгалтер | [buxʁalter] |
| Buchhaltung (f) | бухгалтерия | [buxʁalterija] |

Bankrott (m)	шикаст, муфлисӣ	[ʃikast], [muflisi:]
Zusammenbruch (m)	шикаст, ҳалокат	[ʃikast], [halokat]
Pleite (f)	муфлисӣ	[muflisi:]
pleite gehen	муфлис шудан	[muflis ʃudan]
Inflation (f)	беқурбшавии пул	[bekurbʃavi:i pul]
Abwertung (f)	беқурбшавии пул	[bequrbʃavi:i pul]

Kapital (n)	капитал	[kapital]
Einkommen (n)	даромад	[daromad]
Umsatz (m)	гардиш	[gardiʃ]
Mittel (Reserven)	захира	[zaxira]
Geldmittel (pl)	маблағи пулӣ	[mablaʁi puli:]

| Gemeinkosten (pl) | харочоти иловагӣ | [xarodʒoti ilovagi:] |
| reduzieren (vt) | кам кардан | [kam kardan] |

110. Marketing

Marketing (n)	маркетинг	[marketing]
Markt (m)	бозор	[bozor]
Marktsegment (n)	сегменти бозор	[segmenti bozor]
Produkt (n)	мол, маҳсул	[mol], [mahsul]
Waren (pl)	мол	[mol]

Schutzmarke (f)	тамғаи савдо, бренд	[tamʁai savdo], [brend]
Handelsmarke (f)	тамға	[tamʁa]
Firmenzeichen (n)	маркаи фирма	[markai firma]
Logo (n)	логотип	[logotip]
Nachfrage (f)	талабот	[talabot]
Angebot (n)	таклиф	[taklif]
Bedürfnis (n)	ниёз, талабот	[nijɔz], [talabot]
Verbraucher (m)	истеъмолкунанда	[iste'molkunanda]

Analyse (f)	таҳлил	[tahlil]
analysieren (vt)	таҳлил кардан	[tahlil kardan]
Positionierung (f)	мавқеъ гирифтан	[mavqe' giriftan]
positionieren (vt)	мавқеъгирӣ	[mavqe'giri:]
Preis (m)	нарх	[narx]
Preispolitik (f)	сиёсати нархгузорӣ	[sijɔsati narxguzori:]
Preisbildung (f)	нархгузорӣ	[narxguzori:]

111. Werbung

Werbung (f)	реклама	[reklama]
werben (vt)	эълон кардан	[ɛ'lon kardan]
Budget (n)	бучет	[budʒet]

Werbeanzeige (f)	реклама, эълон	[reklama], [ɛ'lon]
Fernsehwerbung (f)	телереклама	[telereklama]
Radiowerbung (f)	реклама дар радио	[reklama dar radio]
Außenwerbung (f)	рекламаи беруна	[reklamai beruna]

Massenmedien (pl)	васоити ахбор	[vasoiti aҳbor]
Zeitschrift (f)	нашрияи даврӣ	[naʃrijai davri:]
Image (n)	имидж	[imidʒ]

| Losung (f) | шиор | [ʃior] |
| Motto (n) | шиор | [ʃior] |

Kampagne (f)	маърака	[ma'raka]
Werbekampagne (f)	маърака реклама	[ma'raka reklama]
Zielgruppe (f)	гурӯҳи одамони ба мақсад чавобгӯ	[gurœhi odamoni ba maqsad dʒavobgœ]

Visitenkarte (f)	варакаи боздид	[varakai bozdid]
Flugblatt (n)	варақа	[varaqa]
Broschüre (f)	рисола, китобча	[risola], [kitobtʃa]
Faltblatt (n)	буклет	[buklet]
Informationsblatt (n)	бюллетен	[bjulleten]

Firmenschild (n)	лавҳа	[lavha]
Plakat (n)	плакат	[plakat]
Werbeschild (n)	лавҳаи эълонҳо	[lavhai ɛ'lonho]

112. Bankgeschäft

| Bank (f) | банк | [bank] |
| Filiale (f) | шӯъба | [ʃœ'ba] |

| Berater (m) | мушовир | [muʃovir] |
| Leiter (m) | идоракунанда | [idorakunanda] |

Konto (n)	ҳисоб	[hisob]
Kontonummer (f)	рақами суратҳисоб	[raqami surathisob]
Kontokorrent (n)	ҳисоби чорӣ	[hisobi dʒori:]
Sparkonto (n)	суратҳисоби чамъшаванда	[surathisobi dʒam'ʃavanda]

ein Konto eröffnen	суратҳисоб кушодан	[surathisob kuʃodan]
das Konto schließen	бастани суратҳисоб	[bastani surathisob]
einzahlen (vt)	ба суратҳисоб гузарондан	[ba surathisob guzarondan]
abheben (vt)	аз суратҳисоб гирифтан	[az surathisob giriftan]
Einzahlung (f)	амонат	[amonat]
eine Einzahlung machen	маблағ гузоштан	[mablaʁ guzoʃtan]

| Überweisung (f) | интиқоли маблағ | [intiqoli mablaʁ] |
| überweisen (vt) | интиқол додан | [intiqol dodan] |

| Summe (f) | маблағ | [mablaʁ] |
| Wieviel? | Чӣ қадар? | [tʃi: qadar] |

| Unterschrift (f) | имзо | [imzo] |
| unterschreiben (vt) | имзо кардан | [imzo kardan] |

Kreditkarte (f)	корти кредитӣ	[korti krediti:]
Code (m)	рамз, код	[ramz], [kod]
Kreditkartennummer (f)	рақами корти кредитӣ	[raqami korti krediti:]
Geldautomat (m)	банкомат	[bankomat]

Scheck (m)	чек	[tʃek]
einen Scheck schreiben	чек навиштан	[tʃek naviʃtan]
Scheckbuch (n)	дафтарчаи чек	[daftartʃai tʃek]

Darlehen (m)	қарз	[qarz]
ein Darlehen beantragen	барои кредит муроҷиат кардан	[baroi kredit murodʒiat kardan]
ein Darlehen aufnehmen	кредит гирифтан	[kredit giriftan]
ein Darlehen geben	кредит додан	[kredit dodan]
Sicherheit (f)	кафолат, замонат	[kafolat], [zamonat]

113. Telefon. Telefongespräche

Telefon (n)	телефон	[telefon]
Mobiltelefon (n)	телефони мобилӣ	[telefoni mobili:]
Anrufbeantworter (m)	худҷавобгӯ	[χuddʒavobgœ]

| anrufen (vt) | телефон кардан | [telefon kardan] |
| Anruf (m) | занг | [zang] |

eine Nummer wählen	гирифтани рақамхо	[giriftani raqamho]
Hallo!	алло, ҳа	[allo], [ha]
fragen (vt)	пурсидан	[pursidan]
antworten (vi)	ҷавоб додан	[dʒavob dodan]

hören (vt)	шунидан	[ʃunidan]
gut (~ aussehen)	хуб, нағз	[χub], [naʁz]
schlecht (Adv)	бад	[bad]
Störungen (pl)	садоҳои бегона	[sadohoi begona]

Hörer (m)	гӯшак	[gi:ʃak]
den Hörer abnehmen	бардоштани гӯшак	[bardoʃtani gœʃak]
auflegen (den Hörer ~)	мондани гӯшак	[mondani gœʃak]

besetzt	банд	[band]
läuten (vi)	занг задан	[zang zadan]
Telefonbuch (n)	китоби телефон	[kitobi telefon]

| Orts- | маҳаллӣ | [mahalli:] |
| Ortsgespräch (n) | занги маҳаллӣ | [zangi mahalli:] |

Auslands-	байналхалқӣ	[bajnalχalqi:]
Fern-	байнишаҳрӣ	[bajniʃahri:]
Ferngespräch (n)	занги байнишаҳрӣ	[zangi bajniʃahri:]

114. Mobiltelefon

| Mobiltelefon (n) | телефони мобилӣ | [telefoni mobili:] |
| Display (n) | дисплей | [displej] |

| Knopf (m) | тугмача | [tugmatʃa] |
| SIM-Karte (f) | сим-корт | [sim-kort] |

Batterie (f)	батарея	[batareja]
leer sein (Batterie)	бе заряд шудан	[be zarjad ʃudan]
Ladegerät (n)	асбоби барқпуркунанда	[asbobi barqpurkunanda]

| Menü (n) | меню | [menju] |
| Einstellungen (pl) | соз кардан | [soz kardan] |

| Melodie (f) | оҳанг | [ohang] |
| auswählen (vt) | интихоб кардан | [intiχob kardan] |

Rechner (m)	ҳисобкунак	[hisobkunak]
Anrufbeantworter (m)	худҷавобгӯ	[χuddʒavobgœ]
Wecker (m)	соати рӯимизии зангдор	[soati rœimizi:i zangdor]
Kontakte (pl)	китоби телефон	[kitobi telefon]

| SMS-Nachricht (f) | СМС-хабар | [sms-χabar] |
| Teilnehmer (m) | муштарӣ | [muʃtari:] |

115. Bürobedarf

| Kugelschreiber (m) | ручкаи саққочадор | [rutʃkai saqqotʃador] |
| Federhalter (m) | парқалам | [parqalam] |

Bleistift (m)	қалам	[qalam]
Faserschreiber (m)	маркер	[marker]
Filzstift (m)	фломастер	[flomaster]

| Notizblock (m) | блокнот, дафтари ёддошт | [bloknot], [daftari joddoʃt] |
| Terminkalender (m) | рӯзнома | [rœznoma] |

Lineal (n)	ҷадвал	[dʒadval]
Rechner (m)	ҳисобкунак	[hisobkunak]
Radiergummi (m)	ластик	[lastik]

| Reißzwecke (f) | кнопка | [knopka] |
| Heftklammer (f) | скрепка | [skrepka] |

Klebstoff (m)	елим, шилм	[elim], [ʃilm]
Hefter (m)	степлер	[stepler]
Bleistiftspitzer (m)	чарх	[tʃarχ]

116. Verschiedene Dokumente

Bericht (m)	хисоб, хисобот	[hisob], [hisobot]
Abkommen (n)	созишнома	[soziʃnoma]
Anmeldeformular (n)	дархост	[darχost]
Original-	аслй	[asli:]
Namensschild (n)	бэч	[bɛdʒ]
Visitenkarte (f)	варакаи боздид	[varakai bozdid]
Zertifikat (n)	сертификат	[sertifikat]
Scheck (m)	чек	[tʃek]
Rechnung (im Restaurant)	хисоб	[hisob]
Verfassung (f)	конститутсия	[konstitutsija]
Vertrag (m)	шартнома	[ʃartnoma]
Kopie (f)	нусха	[nusχa]
Kopie (~ des Vertrages)	нусха	[nusχa]
Zolldeklaration (f)	декларатсияи гумрукй	[deklaratsijai gumruki:]
Dokument (n)	хуччат, санад	[hudʒdʒat], [sanad]
Führerschein (m)	хукуки ронандагй	[χuquqi ronandagi:]
Anlage (f)	илова	[ilova]
Fragebogen (m)	анкета, саволнома	[anketa], [savolnoma]
Ausweis (m)	шаходатномаи шахсй	[ʃahodatnomai ʃaχsi:]
Anfrage (f)	дархост	[darχost]
Einladungskarte (f)	даъватнома	[da'vatnoma]
Rechnung (von Firma)	суратхисоб	[surathisob]
Gesetz (n)	қонун	[qonun]
Brief (m)	мактуб	[maktub]
Briefbogen (n)	бланк	[blank]
Liste (schwarze ~)	рӯйхат	[rœjχat]
Manuskript (n)	дастнавис	[dastnavis]
Informationsblatt (n)	бюллетен	[bjulleten]
Zettel (m)	хатча	[χattʃa]
Passierschein (m)	ичозатнома	[idʒozatnoma]
Pass (m)	шиноснома	[ʃinosnoma]
Erlaubnis (f)	ичозат	[idʒozat]
Lebenslauf (m)	резюме, сивй	[rezjume], [sivi:]
Schuldschein (m)	санади қарз	[sanadi qarz]
Quittung (f)	квитансия	[kvitansija]
Kassenzettel (m)	чек	[tʃek]
Bericht (m)	гузориш	[guzoriʃ]
vorzeigen (vt)	пешниход кардан	[peʃnihod kardan]
unterschreiben (vt)	имзо кардан	[imzo kardan]
Unterschrift (f)	имзо	[imzo]
Stempel (m)	мӯхр	[mœhr]
Text (m)	матн	[matn]
Eintrittskarte (f)	билет	[bilet]
streichen (vt)	хат задан	[χat zadan]
ausfüllen (vt)	пур кардан	[pur kardan]

| Frachtbrief (m) | борхат | [borχat] |
| Testament (n) | васиятнома | [vasijatnoma] |

117. Geschäftsarten

Buchführung (f)	хизмати мухосиб	[χizmati muhosib]
Werbung (f)	реклама	[reklama]
Werbeagentur (f)	умури реклама	[umuri reklama]
Klimaanlagen (pl)	кондитсионерхо	[konditsionerho]
Fluggesellschaft (f)	ширкати хавопаймой	[ʃirkati havopajmoi:]

Spirituosen (pl)	машруботи спиртдор	[maʃruboti spirtdor]
Antiquitäten (pl)	атикафурӯшй	[atiqafurœʃi:]
Kunstgalerie (f)	нигористон	[nigoriston]
Rechnungsprüfung (f)	хизмати аудиторй	[χizmati auditori:]

Bankwesen (n)	бизнеси бонкй	[biznesi bonki:]
Bar (f)	бар	[bar]
Schönheitssalon (m)	кошонаи хусн	[koʃonai husn]
Buchhandlung (f)	магозаи китоб	[maʁozai kitob]
Bierbrauerei (f)	корхонаи пивопазй	[korχonai pivopazi:]
Bürogebäude (n)	маркази бизнес	[markazi biznes]
Business-Schule (f)	мактаби бизнес	[maktabi biznes]

Kasino (n)	казино	[kazino]
Bau (m)	сохтумон	[soχtumon]
Beratung (f)	консалтинг	[konsalting]

Stomatologie (f)	дандонпизишкй	[dandonpiziʃki:]
Design (n)	дизайн, зебосозй	[dizajn], [zebosozi:]
Apotheke (f)	дорухона	[doruχona]
chemische Reinigung (f)	козургарии химиявй	[kozurgari:i χimijavi:]
Personalagentur (f)	шӯъбаи кадрхо	[ʃœ'bai kadrho]

Finanzdienstleistungen (pl)	хизмати молиявй	[χizmati molijavi:]
Nahrungsmittel (pl)	озукаворй	[ozuqavori:]
Bestattungsinstitut (n)	бюрои дафнкунй	[bjuroi dafnkuni:]
Möbel (n)	мебел	[mebel]
Kleidung (f)	либос	[libos]
Hotel (n)	мехмонхона	[mehmonχona]

Eis (n)	яхмос	[jaχmos]
Industrie (f)	саноат	[sanoat]
Versicherung (f)	сугуртакунй	[suʁurtakuni:]
Internet (n)	интернет	[internet]
Investitionen (pl)	маблагтузорй	[mablaʁtuzori:]

Juwelier (m)	чавхарй	[ʤavhari:]
Juwelierwaren (pl)	чавохирот	[ʤavohirot]
Wäscherei (f)	чомашӯйхона	[ʤomaʃœjχona]
Rechtsberatung (f)	ёрии хукукй	[jori:i huquqi:]
Leichtindustrie (f)	саноати сабук	[sanoati sabuk]
Zeitschrift (f)	мачалла	[maʤalla]
Versandhandel (m)	савдо аз рӯи рӯйхат	[savdo az rœi rœjχat]

Medizin (f)	тиб	[tib]
Kino (Filmtheater)	кинотеатр	[kinoteatr]
Museum (n)	осорхона	[osorχona]
Nachrichtenagentur (f)	оҷонсии хабарӣ	[oʤonsi:i χabari:]
Zeitung (f)	рӯзнома	[rœznoma]
Nachtklub (m)	клуби шабона	[klubi ʃabona]
Erdöl (n)	нефт	[neft]
Kurierdienst (m)	шӯъбаи хаткашонӣ	[ʃœ'bai χatkaʃoni:]
Pharmaindustrie (f)	дорусозӣ	[dorusozi:]
Druckindustrie (f)	чопхона	[ʧopχona]
Verlag (m)	нашриёт	[naʃrijɔt]
Rundfunk (m)	радио	[radio]
Immobilien (pl)	мулки ғайриманкул	[mulki ʁajrimankul]
Restaurant (n)	тарабхона	[tarabχona]
Sicherheitsagentur (f)	оҷонсии посбонӣ	[oʤonsi:i posboni:]
Sport (m)	варзиш	[varziʃ]
Börse (f)	биржа	[birʒa]
Laden (m)	магазин	[magazin]
Supermarkt (m)	супермаркет	[supermarket]
Schwimmbad (n)	ҳавз	[havz]
Atelier (n)	ателе, коргоҳ	[atele], [korgoh]
Fernsehen (n)	телевизион	[televizion]
Theater (n)	театр	[teatr]
Handel (m)	савдо	[savdo]
Transporte (pl)	кашондан	[kaʃondan]
Reisen (pl)	туризм, саёхат	[turizm], [sajɔχat]
Tierarzt (m)	духтури ҳайвонот	[duχturi hajvonot]
Warenlager (n)	анбор	[anbor]
Müllabfuhr (f)	баровардани партов	[barovardani partov]

Arbeit. Geschäft. Teil 2

118. Show. Ausstellung

Ausstellung (f)	намоишгоҳ	[namoiʃgoh]
Handelsausstellung (f)	намоишгоҳи тиҷоратӣ	[namoiʃgohi tidʒorati:]
Teilnahme (f)	иштирок	[iʃtirok]
teilnehmen (vi)	иштирок кардан	[iʃtirok kardan]
Teilnehmer (m)	иштирокчӣ	[iʃtiroktʃi:]
Direktor (m)	директор, мудир	[direktor], [mudir]
Messeverwaltung (f)	кумитаи ташкилкунанда	[kumitai taʃkilkunanda]
Organisator (m)	ташкилотчӣ	[taʃkilottʃi:]
veranstalten (vt)	ташкил кардан	[taʃkil kardan]
Anmeldeformular (n)	ариза барои иштирок	[ariza baroi iʃtirok]
ausfüllen (vt)	пур кардан	[pur kardan]
Details (pl)	ҷузъиёт	[dʒuz'ijot]
Information (f)	ахборот	[aχborot]
Preis (m)	нарх	[narχ]
einschließlich	дохил карда	[doχil karda]
einschließen (vt)	дохил кардан	[doχil kardan]
zahlen (vt)	пул додан	[pul dodan]
Anmeldegebühr (f)	пардохти бақайдгирӣ	[pardoχti baqajdgiri:]
Eingang (m)	даромад	[daromad]
Pavillon (m)	намоишгоҳ	[namoiʃgoh]
registrieren (vt)	қайд кардан	[qajd kardan]
Namensschild (n)	бэҷ	[bɛdʒ]
Stand (m)	лавҳаи намоиш	[lavhai namoiʃ:]
reservieren (vt)	нигоҳ доштан	[nigoh doʃtan]
Vitrine (f)	витрина	[vitrina]
Strahler (m)	чароғ	[tʃaroʁ]
Design (n)	дизайн, зебосозӣ	[dizajn], [zebosozi:]
stellen (vt)	ҷойгир кардан	[dʒojgir kardan]
gelegen sein	ҷойгир шудан	[dʒojgir ʃudan]
Distributor (m)	дистрибютор	[distribjutor]
Lieferant (m)	таъминкунанда	[ta'minkunanda]
liefern (vt)	таъмин кардан	[ta'min kardan]
Land (n)	кишвар	[kiʃvar]
ausländisch	хориҷӣ	[χoridʒi:]
Produkt (n)	мол, маҳсул	[mol], [mahsul]
Assoziation (f)	ассотсиатсия	[assotsiatsija]
Konferenzraum (m)	маҷлисгоҳ	[madʒlisgoh]

| Kongress (m) | конгресс, анчуман | [kongress], [andʒuman] |
| Wettbewerb (m) | конкурс | [konkurs] |

Besucher (m)	тамошобин	[tamoʃobin]
besuchen (vt)	ба мехмонй рафтан	[ba mehmoni: raftan]
Auftraggeber (m)	супоришдиҳанда	[suporiʃdihanda]

119. Massenmedien

Zeitung (f)	рӯзнома	[rœznoma]
Zeitschrift (f)	мачалла	[madʒalla]
Presse (f)	матбуот	[matbuot]
Rundfunk (m)	радио	[radio]
Rundfunkstation (f)	радиошунавой	[radioʃunavoi:]
Fernsehen (n)	телевизион	[televizion]

Moderator (m)	баранда, роҳбалад	[baranda], [rohbalad]
Sprecher (m)	диктор	[diktor]
Kommentator (m)	шореҳ	[ʃoreh]

Journalist (m)	рӯзноманигор	[rœznomanigor]
Korrespondent (m)	мухбир	[muxbir]
Bildberichterstatter (m)	фотомухбир	[fotomuxbir]
Reporter (m)	хабарнигор	[xabarnigor]

| Redakteur (m) | муҳаррир | [muharrir] |
| Chefredakteur (m) | сармуҳаррир | [sarmuharrir] |

abonnieren (vt)	обуна шудан	[obuna ʃudan]
Abonnement (n)	обуна	[obuna]
Abonnent (m)	обуначӣ	[obunatʃi:]
lesen (vi, vt)	хондан	[xondan]
Leser (m)	хонанда	[xonanda]

Auflage (f)	тираж	[tiraʒ]
monatlich (Adj)	ҳармоҳа	[harmoha]
wöchentlich (Adj)	ҳафтаина	[haftaina]
Ausgabe (Zeitschrift)	шумора	[ʃumora]
neueste (~ Ausgabe)	нав	[nav]

Titel (m)	сарлавҳа	[sarlavha]
Notiz (f)	хабар	[xabar]
Rubrik (f)	сарлавҳа	[sarlavha]
Artikel (m)	макола	[makola]
Seite (f)	саҳифа	[sahifa]

Reportage (f)	хабарнигорӣ	[xabarnigori:]
Ereignis (n)	воқеа, ҳодиса	[voqea], [hodisa]
Sensation (f)	ҳангома	[hangoma]
Skandal (m)	чанчол	[dʒandʒol]
skandalös	чанчолӣ	[dʒandʒoli:]
groß (~er Skandal)	овозадор	[ovozador]
Sendung (f)	намоиш	[namoiʃ]
Interview (n)	мусоҳиба	[musohiba]

| Live-Übertragung (f) | намоиши мустақим | [namoiʃi mustaqim] |
| Kanal (m) | канал | [kanal] |

120. Landwirtschaft

Landwirtschaft (f)	хоҷагии қишлоқ	[χodʒagi:i qiʃloq]
Bauer (m)	деҳқон	[dehqon]
Bäuerin (f)	деҳқонзан	[dehqonzan]
Farmer (m)	фермер	[fermer]

| Traktor (m) | трактор | [traktor] |
| Mähdrescher (m) | комбайн | [kombajn] |

Pflug (m)	сипор	[sipor]
pflügen (vt)	шудгор кардан	[ʃudgor kardan]
Acker (m)	шудгор	[ʃudgor]
Furche (f)	огард, чӯяк	[ogard], [dʒœjak]

säen (vt)	коштан, коридан	[koʃtan], [koridan]
Sämaschine (f)	сеялка	[sejalka]
Saat (f)	кишт	[kiʃt]

| Sense (f) | пойдос | [pojdos] |
| mähen (vt) | даравидан | [daravidan] |

| Schaufel (f) | бел | [bel] |
| graben (vt) | каланд кардан | [kaland kardan] |

Hacke (f)	каландча	[kalandʧa]
jäten (vt)	хишова кардан	[χiʃova kardan]
Unkraut (n)	алафи бегона	[alafi begona]

Gießkanne (f)	даҳанак	[dahanak]
gießen (vt)	об мондан	[ob mondan]
Bewässerung (f)	обмонӣ	[obmoni:]

| Heugabel (f) | панҷшоха, чоршоха | [pandʒʃoχa], [ʧorʃoχa] |
| Rechen (m) | хаскашак | [χaskaʃak] |

Dünger (m)	пору	[poru]
düngen (vt)	пору андохтан	[poru andoχtan]
Mist (m)	пору	[poru]

Feld (n)	саҳро	[sahro]
Wiese (f)	марғзор	[marʁzor]
Gemüsegarten (m)	обчакорӣ	[obʧakori:]
Obstgarten (m)	боғ	[boʁ]

weiden (vt)	чаронидан	[ʧarondan]
Hirt (m)	подабон	[podabon]
Weide (f)	чарогоҳ	[ʧarogoh]

| Viehzucht (f) | чорводорӣ | [ʧorvodori:] |
| Schafzucht (f) | гӯсфандпарварӣ | [gœsfandparvari:] |

Plantage (f)	киштзор	[kiʃtzor]
Beet (n)	чӯя, пушта	[dʒœja], [puʃta]
Treibhaus (n)	гармхона	[garmχona]

Dürre (f)	хушксолӣ, хушкӣ	[χuʃksoli:], [χuʃki:]
dürr, trocken	хушк	[χuʃk]

Getreide (n)	ғалла, ғалладона	[ʁalla], [ʁalladona]
Getreidepflanzen (pl)	ғалла, ғалладона	[ʁalla], [ʁalladona]
ernten (vt)	ғундоштан	[ʁundoʃtan]

Müller (m)	осиёбон	[osijɔbon]
Mühle (f)	осиё	[osijɔ]
mahlen (vt)	орд кардан	[ord kardan]
Mehl (n)	орд	[ord]
Stroh (n)	кох	[koh]

121. Gebäude. Bauabwicklung

Baustelle (f)	бинокорӣ	[binokori:]
bauen (vt)	бино кардан	[bino kardan]
Bauarbeiter (m)	бинокор	[binokor]

Projekt (n)	лоиҳа	[loiha]
Architekt (m)	меъмор	[me'mor]
Arbeiter (m)	коргар	[korgar]

Fundament (n)	тахкурсӣ	[taχkursi:]
Dach (n)	бом	[bom]
Pfahl (m)	поя	[poja]
Wand (f)	девор	[devor]

Bewehrungsstahl (m)	арматура	[armatura]
Gerüst (n)	чӯбу тахтаи сохтумонӣ	[tʃœbu taχtai soχtumoni:]

Beton (m)	бетон	[beton]
Granit (m)	хоро	[χoro]
Stein (m)	санг	[sang]
Ziegel (m)	хишт	[χiʃt]

Sand (m)	рег	[reg]
Zement (m)	симон	[simon]
Putz (m)	андова	[andova]
verputzen (vt)	андова кардан	[andova kardan]
Farbe (f)	ранг	[rang]
färben (vt)	ранг кардан	[rang kardan]
Fass (n), Tonne (f)	бочка, чалак	[botʃka], [tʃalak]

Kran (m)	крани борбардор	[krani borbardor]
aufheben (vt)	бардоштан	[bardoʃtan]
herunterlassen (vt)	фуровардан	[furovardan]

Planierraupe (f)	булдозер	[buldozer]
Bagger (m)	экскаватор	[ɛkskavator]

Baggerschaufel (f)	хокандоз	[χokandoz]
graben (vt)	кандан	[kandan]
Schutzhelm (m)	тоскулоҳ	[toskuloh]

122. Wissenschaft. Forschung. Wissenschaftler

Wissenschaft (f)	фан, илм	[fan], [ilm]
wissenschaftlich	илмӣ, фаннӣ	[ilmi:], [fanni:]
Wissenschaftler (m)	олим	[olim]
Theorie (f)	назария	[nazarija]

Axiom (n)	аксиома	[aksioma]
Analyse (f)	таҳлил	[tahlil]
analysieren (vt)	таҳлил кардан	[tahlil kardan]
Argument (n)	далел, бурҳон	[dalel], [burhon]
Substanz (f)	модда	[modda]

Hypothese (f)	гипотеза, фарзия	[gipoteza], [farzija]
Dilemma (n)	дилемма	[dilemma]
Dissertation (f)	рисола	[risola]
Dogma (n)	догма	[dogma]

Doktrin (f)	доктрина	[doktrina]
Forschung (f)	таҳқиқ	[tahqiq]
forschen (vi)	таҳқиқ кардан	[tahqiq kardan]
Kontrolle (f)	назорат	[nazorat]
Labor (n)	лаборатория	[laboratorija]

Methode (f)	метод	[metod]
Molekül (n)	молекула	[molekula]
Monitoring (n)	мониторинг	[monitoring]
Entdeckung (f)	кашф, ихтироъ	[kaʃf], [iχtiro']

Postulat (n)	постулат	[postulat]
Prinzip (n)	принсип	[prinsip]
Prognose (f)	пешгӯй	[peʃɡœi:]
prognostizieren (vt)	пешгӯй кардан	[peʃɡœi: kardan]

Synthese (f)	синтез	[sintez]
Tendenz (f)	майл	[majl]
Theorem (n)	теорема	[teorema]

| Lehre (Doktrin) | таълимот | [ta'limot] |
| Tatsache (f) | факт | [fakt] |

| Expedition (f) | экспедитсия | [ɛkspeditsija] |
| Experiment (n) | таҷриба, санҷиш | [tadʒriba], [sandʒiʃ] |

Akademiemitglied (n)	академик	[akademik]
Bachelor (m)	бакалавр	[bakalavr]
Doktor (m)	духтур, табиб	[duχtur], [tabib]
Dozent (m)	дотсент	[dotsent]
Magister (m)	магистр	[magistr]
Professor (m)	профессор	[professor]

Berufe und Tätigkeiten

123. Arbeitsuche. Kündigung

Arbeit (f), Stelle (f)	кор	[kor]
Belegschaft (f)	кадрхо	[kadrho]
Personal (n)	хайат	[hajat]
Karriere (f)	пешравй дар мансаб	[peʃravi: dar mansab]
Perspektive (f)	дурнамо	[durnamo]
Können (n)	хунар	[hunar]
Auswahl (f)	интихоб	[intiχob]
Personalagentur (f)	шӯъбаи кадрхо	[ʃœ'bai kadrho]
Lebenslauf (m)	резюме, сивй	[rezjume], [sivi:]
Vorstellungsgespräch (n)	сӯхбат	[sœhbat]
Vakanz (f)	вазифаи холй	[vazifai χoli:]
Gehalt (n)	музди мехнат	[muzdi mehnat]
festes Gehalt (n)	мохона	[mohona]
Arbeitslohn (m)	хакдихй	[haqdihi:]
Stellung (f)	вазифа	[vazifa]
Pflicht (f)	вазифа	[vazifa]
Aufgabenspektrum (n)	худуди вазифа	[hududi vazifa]
beschäftigt	серкор	[serkor]
kündigen (vt)	озод кардан	[ozod kardan]
Kündigung (f)	аз кор холй шудан	[az kor χoli: ʃudan]
Arbeitslosigkeit (f)	бекорй	[bekori:]
Arbeitslose (m)	бекор	[bekor]
Rente (f), Ruhestand (m)	нафака	[nafaqa]
in Rente gehen	ба нафака баромадан	[ba nafaqa baromadan]

124. Geschäftsleute

Direktor (m)	директор, мудир	[direktor], [mudir]
Leiter (m)	идоракунанда	[idorakunanda]
Boss (m)	рохбар, сардор	[rohbar], [sardor]
Vorgesetzte (m)	сардор	[sardor]
Vorgesetzten (pl)	сардорон	[sardoron]
Präsident (m)	президент	[prezident]
Vorsitzende (m)	раис	[rais]
Stellvertreter (m)	чонишин	[ʤoniʃin]
Helfer (m)	ёвар	[jovar]

Sekretär (m)	котиб	[kotib]
Privatsekretär (m)	котиби шахсӣ	[kotibi ʃaχsi:]
Geschäftsmann (m)	корчаллон	[kortʃallon]
Unternehmer (m)	соҳибкор	[sohibkor]
Gründer (m)	таъсис	[ta'sis]
gründen (vt)	таъсис кардан	[ta'sis kardan]
Gründungsmitglied (n)	муассис	[muassis]
Partner (m)	шарик	[ʃarik]
Aktionär (m)	саҳмиядор	[sahmijador]
Millionär (m)	миллионер	[millioner]
Milliardär (m)	миллиардер	[milliarder]
Besitzer (m)	соҳиб	[sohib]
Landbesitzer (m)	заминдор	[zamindor]
Kunde (m)	мизоч, муштарӣ	[mizodʒ], [muʃtari:]
Stammkunde (m)	мизочи доимӣ	[mizodʒi doimi:]
Käufer (m)	харидор, муштарӣ	[χaridor], [muʃtari:]
Besucher (m)	тамошобин	[tamoʃobin]
Fachmann (m)	усто, устод	[usto], [ustod]
Experte (m)	мумайиз	[mumajiz]
Spezialist (m)	мутахассис	[mutaχassis]
Bankier (m)	соҳиби банк	[sohibi bank]
Makler (m)	брокер	[broker]
Kassierer (m)	кассир	[kassir]
Buchhalter (m)	бухгалтер	[buχʁalter]
Wächter (m)	посбон	[posbon]
Investor (m)	маблағгузоранда	[mablaʁguzoranda]
Schuldner (m)	қарздор	[qarzdor]
Gläubiger (m)	қарздиҳанда	[qarzdihanda]
Kreditnehmer (m)	вомгир	[vomgir]
Importeur (m)	воридгари мол	[voridgari mol]
Exporteur (m)	содиргар	[sodirgar]
Hersteller (m)	истеҳолкунанда	[isteholkunanda]
Distributor (m)	дистрибютор	[distribjutor]
Vermittler (m)	даллол	[dallol]
Berater (m)	мушовир	[muʃovir]
Vertreter (m)	намоянда	[namojanda]
Agent (m)	агент	[agent]
Versicherungsagent (m)	идораи суғурта	[idorai suʁurta]

125. Dienstleistungsberufe

Koch (m)	ошпаз	[oʃpaz]
Chefkoch (m)	сарошпаз	[saroʃpaz]

Bäcker (m)	нонвой	[nonvoj]
Barmixer (m)	бармен	[barmen]
Kellner (m)	пешхизмат	[peʃχizmat]
Kellnerin (f)	пешхизмат	[peʃχizmat]

Rechtsanwalt (m)	адвокат, ҳимоягар	[advokat], [himojagar]
Jurist (m)	хуқуқшинос	[huquqʃinos]
Notar (m)	нотариус	[notarius]

Elektriker (m)	барқчй	[barqʧi:]
Klempner (m)	сантехник	[santeχnik]
Zimmermann (m)	дуредгар	[duredgar]

Masseur (m)	масҳгар	[mashgar]
Masseurin (f)	маҳсгарзан	[mahsgarzan]
Arzt (m)	духтур	[duχtur]

Taxifahrer (m)	таксичй	[taksiʧi:]
Fahrer (m)	рононда	[ronanda]
Ausfahrer (m)	хаткашон	[χatkaʃon]

Zimmermädchen (n)	пешхизмат	[peʃχizmat]
Wächter (m)	посбон	[posbon]
Flugbegleiterin (f)	стюардесса	[stjuardessa]

Lehrer (m)	муаллим	[muallim]
Bibliothekar (m)	китобдор	[kitobdor]
Übersetzer (m)	тарчумон	[tardʒumon]
Dolmetscher (m)	тарчумон	[tardʒumon]
Fremdenführer (m)	роҳбалад	[rohbalad]

Friseur (m)	сартарош	[sartaroʃ]
Briefträger (m)	хаткашон	[χatkaʃon]
Verkäufer (m)	фурӯш	[furœʃ]

Gärtner (m)	боғбон	[boʁbon]
Diener (m)	хизматгор	[χizmatgor]
Magd (f)	хизматгорзан	[χizmatgorzan]
Putzfrau (f)	фаррошзан	[farroʃzan]

126. Militärdienst und Ränge

einfacher Soldat (m)	аскари қаторй	[askari qatori:]
Feldwebel (m)	сержант	[serʒant]
Leutnant (m)	лейтенант	[lejtenant]
Hauptmann (m)	капитан	[kapitan]

Major (m)	майор	[major]
Oberst (m)	полковник	[polkovnik]
General (m)	генерал	[general]
Marschall (m)	маршал	[marʃal]
Admiral (m)	адмирал	[admiral]
Militärperson (f)	ҳарбй, чангй	[harbi:], [ʧangi:]
Soldat (m)	аскар	[askar]

| Offizier (m) | афсар | [afsar] |
| Kommandeur (m) | командир | [komandir] |

Grenzsoldat (m)	сарҳадбон	[sarhadbon]
Funker (m)	радиочӣ	[radioʧi:]
Aufklärer (m)	разведкачӣ	[razvedkaʧi:]
Pionier (m)	сапёр	[sapjor]
Schütze (m)	тирандоз	[tirandoz]
Steuermann (m)	штурман	[ʃturman]

127. Beamte. Priester

| König (m) | шоҳ | [ʃoh] |
| Königin (f) | малика | [malika] |

| Prinz (m) | шоҳзода | [ʃohzoda] |
| Prinzessin (f) | шоҳдухтар | [ʃohduxtar] |

| Zar (m) | шоҳ | [ʃoh] |
| Zarin (f) | шоҳзан | [ʃohzan] |

Präsident (m)	президент	[prezident]
Minister (m)	вазир	[vazir]
Ministerpräsident (m)	сарвазир	[sarvazir]
Senator (m)	сенатор	[senator]

Diplomat (m)	дипломат	[diplomat]
Konsul (m)	консул	[konsul]
Botschafter (m)	сафир	[safir]
Ratgeber (m)	мушовир	[muʃovir]

Beamte (m)	амалдор	[amaldor]
Präfekt (m)	префект	[prefekt]
Bürgermeister (m)	мир	[mir]

| Richter (m) | довар | [dovar] |
| Staatsanwalt (m) | прокурор, додситон | [prokuror], [dodsiton] |

Missionar (m)	миссионер, мубаллиғ	[missioner], [muballiʁ]
Mönch (m)	роҳиб	[rohib]
Abt (m)	аббат	[abbat]
Rabbiner (m)	раббӣ	[rabbi:]

Wesir (m)	вазир	[vazir]
Schah (n)	шоҳ	[ʃoh]
Scheich (m)	шайх	[ʃajx]

128. Landwirtschaftliche Berufe

Bienenzüchter (m)	занбӯрпарвар	[zanbœrparvar]
Hirt (m)	подабон	[podabon]
Agronom (m)	агроном	[agronom]

| Viehzüchter (m) | чорводор | [ʧorvodor] |
| Tierarzt (m) | духтури ҳайвонот | [duxturi hajvonot] |

Farmer (m)	фермер	[fermer]
Winzer (m)	шаробсоз	[ʃarobsoz]
Zoologe (m)	зоолог	[zoolog]
Cowboy (m)	ковбой	[kovboj]

129. Künstler

| Schauspieler (m) | ҳунарманд | [hunarmand] |
| Schauspielerin (f) | ҳунарманд | [hunarmand] |

| Sänger (m) | сурудхон, ҳофиз | [surudxon], [hofiz] |
| Sängerin (f) | сароянда | [sarojanda] |

| Tänzer (m) | раққос | [raqqos] |
| Tänzerin (f) | раққоса | [raqqosa] |

| Künstler (m) | ҳунарманд | [hunarmand] |
| Künstlerin (f) | ҳунарманд | [hunarmand] |

Musiker (m)	мусиқачӣ	[musiqatʃi:]
Pianist (m)	пианинонавоз	[pianinonavoz]
Gitarrist (m)	гиторчӣ	[gitortʃi:]

Dirigent (m)	дирижёр	[diriʒjor]
Komponist (m)	композитор, бастакор	[kompozitor], [bastakor]
Manager (m)	импрессарио	[impressario]

Regisseur (m)	коргардон	[korgardon]
Produzent (m)	продюсер	[prodjuser]
Drehbuchautor (m)	муаллифи сенарий	[muallifi senarij]
Kritiker (m)	мунаққид	[munaqqid]

Schriftsteller (m)	нависанда	[navisanda]
Dichter (m)	шоир	[ʃoir]
Bildhauer (m)	ҳайкалтарош	[hajkaltaroʃ]
Maler (m)	рассом	[rassom]

Jongleur (m)	жонглёр	[ʒongljor]
Clown (m)	масхарабоз	[masxaraboz]
Akrobat (m)	дорбоз, акробат	[dorboz], [akrobat]
Zauberkünstler (m)	найрангбоз	[najrangboz]

130. Verschiedene Berufe

Arzt (m)	духтур	[duxtur]
Krankenschwester (f)	ҳамшираи тиббӣ	[hamʃirai tibbi:]
Psychiater (m)	равонпизишк	[ravonpiziʃk]
Zahnarzt (m)	дандонпизишк	[dandonpiziʃk]
Chirurg (m)	ҷаррох	[dʒarroh]

Astronaut (m)	кайҳоннавард	[kajhonnavard]
Astronom (m)	ситорашинос	[sitoraʃinos]
Pilot (m)	лётчик	[ljɔttʃik]

Fahrer (Taxi-)	рононда	[ronanda]
Lokomotivführer (m)	мошинист	[moʃinist]
Mechaniker (m)	механик	[meχanik]

Bergarbeiter (m)	конкан	[konkan]
Arbeiter (m)	коргар	[korgar]
Schlosser (m)	челонгар	[tʃelongar]
Tischler (m)	дуредгар, наҷҷор	[duredgar], [nadʒdʒor]
Dreher (m)	харрот	[χarrot]
Bauarbeiter (m)	бинокор	[binokor]
Schweißer (m)	кафшергар	[kafʃergar]

Professor (m)	профессор	[professor]
Architekt (m)	меъмор	[me'mor]
Historiker (m)	таърихдон	[ta'riχdon]
Wissenschaftler (m)	олим	[olim]
Physiker (m)	физик	[fizik]
Chemiker (m)	химик	[χimik]

Archäologe (m)	археолог	[arχeolog]
Geologe (m)	геолог	[geolog]
Forscher (m)	таҳқикотчй	[tahqikottʃi:]

Kinderfrau (f)	бачабардор	[batʃabardor]
Lehrer (m)	муаллим	[muallim]

Redakteur (m)	муҳаррир	[muharrir]
Chefredakteur (m)	сармуҳаррир	[sarmuharrir]
Korrespondent (m)	мухбир	[muχbir]
Schreibkraft (f)	мошинистка	[moʃinistka]

Designer (m)	дизайнгар, зебосоз	[dizajngar], [zebosoz]
Computerspezialist (m)	устои компютер	[ustoi kompjuter]
Programmierer (m)	барномасоз	[barnomasoz]
Ingenieur (m)	инженер	[inʒener]

Seemann (m)	баҳрчй	[bahrtʃi:]
Matrose (m)	баҳрчй, маллоҳ	[bahrtʃi:], [malloh]
Retter (m)	наҷотдиҳанда	[nadʒotdihanda]

Feuerwehrmann (m)	сӯхторхомӯшкун	[sœχtorχomœʃkun]
Polizist (m)	полис	[polis]
Nachtwächter (m)	посбон	[posbon]
Detektiv (m)	чустучӯкунанда	[dʒustudʒœkunanda]

Zollbeamter (m)	гумрукчй	[gumruktʃi:]
Leibwächter (m)	муҳофиз	[muhofiz]
Gefängniswärter (m)	назоратчии ҳабсхона	[nazorattʃi:i habsχona]
Inspektor (m)	назоратчй	[nazorattʃi:]

Sportler (m)	варзишгар	[varziʃgar]
Trainer (m)	тренер	[trener]

Fleischer (m)	қассоб, гӯштфурӯш	[qassob], [gœʃturœʃ]
Schuster (m)	мӯзадӯз	[mœzadœz]
Geschäftsmann (m)	савдогар, тоҷир	[savdogar], [toʤir]
Ladearbeiter (m)	борбардор	[borbardor]

| Modedesigner (m) | тарҳсоз | [tarhsoz] |
| Modell (n) | модел | [model] |

131. Beschäftigung. Sozialstatus

| Schüler (m) | мактабхон | [maktabχon] |
| Student (m) | донишҷӯ | [doniʃʤœ] |

Philosoph (m)	файласуф	[fajlasuf]
Ökonom (m)	иқтисодчӣ	[iqtisodʧi:]
Erfinder (m)	ихтироъкор	[iχtiro'kor]

Arbeitslose (m)	бекор	[bekor]
Rentner (m)	нафақахӯр	[nafaqaχœr]
Spion (m)	ҷосус	[ʤosus]

Gefangene (m)	маҳбус	[mahbus]
Streikender (m)	корпарто	[korparto]
Bürokrat (m)	бюрократ	[bjurokrat]
Reisende (m)	сайёх	[sajjoχ]

Homosexuelle (m)	гомосексуалист	[gomoseksualist]
Hacker (m)	хакер	[χaker]
Hippie (m)	хиппи	[χippi]

Bandit (m)	роҳзан	[rohzan]
Killer (m)	қотили зархарид	[qotili zarχarid]
Drogenabhängiger (m)	нашъаманд	[naʃ'amand]
Drogenhändler (m)	нашъаҷаллоб	[naʃ'aʤallob]
Prostituierte (f)	фоҳиша	[fohiʃa]
Zuhälter (m)	занҷаллоб	[zanʤallob]

Zauberer (m)	ҷодугар	[ʤodugar]
Zauberin (f)	занаки ҷодугар	[zanaki ʤodugar]
Seeräuber (m)	роҳзани баҳрӣ	[rohzani bahri:]
Sklave (m)	ғулом	[ʁulom]
Samurai (m)	самурай	[samuraj]
Wilde (m)	одами ваҳшӣ	[odami vahʃi:]

Sport

132. Sportarten. Persönlichkeiten des Sports

| Sportler (m) | варзишгар | [varziʃgar] |
| Sportart (f) | намуди варзиш | [namudi varziʃ] |

| Basketball (m) | баскетбол | [basketbol] |
| Basketballspieler (m) | баскетболбоз | [basketbolboz] |

| Baseball (m, n) | бейсбол | [bejsbol] |
| Baseballspieler (m) | бейсболчй | [bejsboltʃi:] |

Fußball (m)	футбол	[futbol]
Fußballspieler (m)	футболбоз	[futbolboz]
Torwart (m)	дарвозабон	[darvozabon]

| Eishockey (n) | хоккей | [χokkej] |
| Eishockeyspieler (m) | хоккейбоз | [χokkejboz] |

| Volleyball (m) | волейбол | [volejbol] |
| Volleyballspieler (m) | волейболбоз | [volejbolboz] |

| Boxen (n) | бокс | [boks] |
| Boxer (m) | боксёр | [boksjɔr] |

| Ringen (n) | гӯштин | [gœʃtin] |
| Ringkämpfer (m) | гӯштингир | [gœʃtingir] |

| Karate (n) | карате | [karate] |
| Karatekämpfer (m) | каратечй | [karatetʃi:] |

| Judo (n) | дзюдо | [dzjudo] |
| Judoka (m) | дзюдочй | [dzjudotʃi:] |

| Tennis (n) | теннис | [tennis] |
| Tennisspieler (m) | теннисбоз | [tennisboz] |

| Schwimmen (n) | шиноварй | [ʃinovari:] |
| Schwimmer (m) | шиновар | [ʃinovar] |

| Fechten (n) | шамшербозй | [ʃamʃerbozi:] |
| Fechter (m) | шамшербоз | [ʃamʃerboz] |

| Schach (n) | шохмот | [ʃohmot] |
| Schachspieler (m) | шохмотбоз | [ʃohmotboz] |

Bergsteigen (n)	кӯхнавардй	[kœhnavardi:]
Bergsteiger (m)	кӯхнавард	[kœhnavard]
Lauf (m)	давидани	[davidani]

Läufer (m)	даванда	[davanda]
Leichtathletik (f)	атлетикаи сабук	[atletikai sabuk]
Athlet (m)	варзишгар	[varziʃgar]

Pferdesport (m)	варзиши аспӣ	[varziʃi aspi:]
Reiter (m)	човандоз	[ʧovandoz]

Eiskunstlauf (m)	рақси рӯи ях	[raqsi rœi jaχ]
Eiskunstläufer (m)	раққоси рӯи ях	[raqqosi rœi jaχ]
Eiskunstläuferin (f)	раққосаи рӯи ях	[raqqosai rœi jaχ]

Gewichtheben (n)	варзиши вазнин	[varziʃi vaznin]
Gewichtheber (m)	вазнабардор	[vaznabardor]

Autorennen (n)	пойгаи мошинҳо	[pojgai moʃinho]
Rennfahrer (m)	пойгачи	[pojgaʧi]

Radfahren (n)	спорти велосипедронӣ	[sporti velosipedroni:]
Radfahrer (m)	велосипедрон	[velosipedron]

Weitsprung (m)	ҷаҳиш ба дарозӣ	[ʤahiʃ ba darozi:]
Stabhochsprung (m)	ҷаҳиш бо хода	[ʤahiʃ bo χoda]
Springer (m)	ҷаҳанда	[ʤahanda]

133. Sportarten. Verschiedenes

American Football (m)	футболи америкой	[futboli amerikoi:]
Federballspiel (n)	бадминтон	[badminton]
Biathlon (n)	биатлон	[biatlon]
Billard (n)	билярдбозӣ	[biljardbozi:]

Bob (m)	бобслей	[bobslej]
Bodybuilding (n)	бодибилдинг	[bodibilding]
Wasserballspiel (n)	тӯббозӣ дар об	[tœbbozj dar ob]
Handball (m)	гандбол	[gandbol]
Golf (n)	голф	[golf]

Rudern (n)	қаиқронӣ	[qaiqroni:]
Tauchen (n)	дайвинг	[dajving]
Skilanglauf (m)	пойгаи лижаронхо	[pojgai liʒaronho]
Tischtennis (n)	теннис и рӯимизӣ	[tennisi rœimizi:]

Segelsport (m)	варзиши парусӣ	[varziʃi parusi:]
Rallye (f, n)	ралли	[ralli]
Rugby (n)	регби	[regbi]
Snowboard (n)	сноуборд	[snoubord]
Bogenschießen (n)	камонварӣ	[kamonvari:]

134. Fitnessstudio

Hantel (f)	вазна	[vazna]
Hanteln (pl)	гантел	[gantel]

Trainingsgerät (n)	дастгоҳи варзишй	[dastgohi varziʃi:]
Fahrradtrainer (m)	велотренажёр	[velotrenaʒɔr]
Laufband (n)	роҳи пойга	[rohi pojga]

Reck (n)	турник	[turnik]
Barren (m)	брус	[brus]
Sprungpferd (n)	асп	[asp]
Matte (f)	гилеми варзишй	[gilemi varziʃi:]

Sprungseil (n)	частак	[dʒastak]
Aerobic (n)	аэробика	[aɛrobika]
Yoga (m)	йога	[jɔga]

135. Hockey

Eishockey (n)	хоккей	[xokkej]
Eishockeyspieler (m)	хоккейбоз	[xokkejboz]
Hockey spielen	хоккейбозӣ кардан	[xokkejbozi: kardan]
Eis (n)	ях	[jax]

Puck (m)	шайба	[ʃajba]
Hockeyschläger (m)	чавгон	[ʧavgon]
Schlittschuhe (pl)	конки	[konki]

| Bord (m) | девора | [devora] |
| Schuss (m) | партофт | [partoft] |

Torwart (m)	дарвозабон	[darvozabon]
Tor (n)	гол, хол	[gol], [xol]
ein Tor schießen	гол задан	[gol zadan]

Drittel (n)	қисм	[qism]
zweites Drittel (n)	қисми дуюм	[qismi dujum]
Ersatzbank (f)	нишастгоҳи бозингарони эҳтиётӣ	[niʃastgohi bozingaroni ɛhtijoti:]

136. Fußball

Fußball (m)	футбол	[futbol]
Fußballspieler (m)	футболбоз	[futbolboz]
Fußball spielen	футболбозӣ кардан	[futbolbozi: kardan]

Oberliga (f)	лигаи олй	[ligai oli:]
Fußballclub (m)	клуби футбол	[klubi futbol]
Trainer (m)	тренер	[trener]
Besitzer (m)	соҳиб	[sohib]

Mannschaft (f)	команда	[komanda]
Mannschaftskapitän (m)	капитани даста	[kapitani dasta]
Spieler (m)	бозингар	[bozingar]
Ersatzspieler (m)	бозигари эҳтиётй	[bozigari ɛhtijoti:]
Stürmer (m)	ҳуҷумкунанда	[hudʒumkunanda]

Mittelstürmer (m)	хучумкунандаи марказӣ	[hudʒumkunandai markazi:]
Torjäger (m)	нишонзан	[niʃonzan]
Verteidiger (m)	ҳимоятгар	[himojatgar]
Läufer (m)	ниммуҳофиз	[nimmuhofiz]

Spiel (n)	воxӯрӣ	[voχœri:]
sich begegnen	мулоқот кардан	[muloqot kardan]
Finale (n)	финал	[final]
Halbfinale (n)	нимфинал	[nimfinal]
Meisterschaft (f)	чемпионат	[ʧempionat]

Halbzeit (f)	тайм	[tajm]
erste Halbzeit (f)	қисми якум	[qismi jakum]
Halbzeit (Pause)	танаффус	[tanaffus]

Tor (n)	дарвоза	[darvoza]
Torwart (m)	дарвозабон	[darvozabon]
Torpfosten (m)	паҳлучӯб	[pahluʧœb]
Torlatte (f)	болочӯби дарвоза	[bolotʃœbi darvoza]
Netz (n)	тӯр	[tœr]
ein Tor zulassen	гол сар додан	[gol sar dodan]

Ball (m)	тӯб	[tœb]
Pass (m)	тӯбро додан	[tœbro dodan]
Schuss (m)	зарб, зарба	[zarb], [zarba]
schießen (vi)	зарба задан	[zarba zadan]
Freistoß (m)	тӯби ҷаримавӣ	[tœbi dʒarimavi:]
Eckball (m)	тӯби кунҷӣ	[tœbi kundʒi:]

Attacke (f)	хучум, ҳамла	[hudʒum], [hamla]
Gegenangriff (m)	ҳамлаи ҷавобӣ	[hamlai dʒavobi:]
Kombination (f)	комбинатсия	[kombinatsija]

Schiedsrichter (m)	довар	[dovar]
pfeifen (vi)	ҳуштак кашидан	[huʃtak kaʃidan]
Pfeife (f)	ҳуштак	[huʃtak]
Foul (n)	вайронкунии қоидаи бозӣ	[vajronkuni:i qoidai bozi:]
foulen (vt)	вайрон кардани қоидаи бозӣ	[vajron kardani qoidai bozi:]
vom Platz verweisen	берун кардан аз майдон	[berun kardan az majdon]

gelbe Karte (f)	корти зард	[korti zard]
rote Karte (f)	корти сурх	[korti surχ]
Disqualifizierung (f)	маҳрум	[mahrum]
disqualifizieren (vt)	маҳрум кардан	[mahrum kardan]

Elfmeter (m)	ҷаримаи ёздаҳметра	[dʒarimai jɔzdahmetra]
Mauer (f)	девор	[devor]
schießen (ein Tor ~)	гол задан	[gol zadan]
Tor (n)	гол, хол	[gol], [χol]
ein Tor schießen	гол задан	[gol zadan]

Wechsel (m)	иваз	[ivaz]
ersetzen (vt)	иваз кардан	[ivaz kardan]
Regeln (pl)	қоидаҳо	[qoidaho]
Taktik (f)	тактика	[taktika]

Stadion (n)	варзишгоҳ	[varziʃgoh]
Tribüne (f)	нишастгоҳ	[niʃastgoh]
Anhänger (m)	мухлис	[muχlis]
schreien (vi)	дод задан	[dod zadan]

| Anzeigetafel (f) | намолавҳа | [namolavha] |
| Ergebnis (n) | ҳисоб | [hisob] |

Niederlage (f)	бохт	[boχt]
verlieren (vt)	бохтан	[boχtan]
Unentschieden (n)	дуранг	[durang]
unentschieden spielen	бозиро дуранг кардан	[boziro durang kardan]

Sieg (m)	ғалаба	[ʁalaba]
gewinnen (vt)	ғалаба кардан	[ʁalaba kardan]
Meister (m)	чемпион	[tʃempion]
der beste	беҳтарин	[behtarin]
gratulieren (vi)	муборакбод гуфтан	[muborakbod guftan]

Kommentator (m)	шореҳ	[ʃoreh]
kommentieren (vt)	шарҳ додан	[ʃarh dodan]
Übertragung (f)	намоиш	[namoiʃ]

137. Ski alpin

Ski (pl)	лижа	[liʒa]
Ski laufen	лижаронӣ	[liʒaroni:]
Skiort (m)	истироҳатгоҳи лижаронӣ	[istirohatgohi liʒaroni:]
Skilift (m)	болобардор	[bolobardor]

Skistöcke (pl)	ходаҳо	[χodaho]
Abhang (m)	нишебӣ	[niʃebi:]
Slalom (m)	слалом	[slalom]

138. Tennis Golf

Golf (n)	голф	[golf]
Golfklub (m)	клуби голф	[klubi golf]
Golfspieler (m)	бозингари голф	[bozingari golf]

Loch (n)	чуқурча, марра	[tʃuqurtʃa], [marra]
Schläger (m)	чавгон	[tʃavgon]
Golfwagen (m)	ароба чавгонкашӣ	[aroba tʃavgonkaʃi:]

| Tennis (n) | теннис | [tennis] |
| Tennisplatz (m) | корт | [kort] |

Aufschlag (m)	задан	[zadan]
angeben (vt)	задан	[zadan]
Tennisschläger (m)	ракетка	[raketka]
Netz (n)	тӯр	[tœr]
Ball (m)	тӯб	[tœb]

139. Schach

Schach (n)	шоҳмотбозӣ	[ʃohmotbozi:]
Schachfiguren (pl)	мӯҳраҳо	[mœhraho]
Schachspieler (m)	шоҳмотбоз	[ʃohmotboz]
Schachbrett (n)	тахтаи шоҳмот	[taxtai ʃohmot]
Figur (f)	мӯҳра	[mœhra]
Weißen (pl)	мӯҳраҳои сафед	[mœhrahoi safed]
Schwarze (pl)	сиёҳҳо	[sijohho]
Bauer (m)	пиёда	[pijɔda]
Läufer (m)	фил	[fil]
Springer (m)	асп	[asp]
Turm (m)	рух	[rux]
Königin (f)	фарзин	[farzin]
König (m)	шоҳ	[ʃoh]
Zug (m)	гашт	[gaʃt]
einen Zug machen	гаштан	[gaʃtan]
opfern (vt)	нисор кардан	[nisor kardan]
Rochade (f)	қалъабандӣ	[qalʼabandi:]
Schach (n)	кишт	[kiʃt]
Matt (n)	мот	[mot]
Schachturnier (n)	мусобиқаи шоҳмотбозӣ	[musobiqai ʃohmotbozi:]
Großmeister (m)	гроссмейстер	[grossmejster]
Kombination (f)	комбинатсия	[kombinatsija]
Partie (f), Spiel (n)	як бор бозӣ	[jak bor bozi:]
Damespiel (n)	дамкабозӣ	[damkabozi:]

140. Boxen

Boxen (n)	бокс	[boks]
Boxkampf (m)	ҷанг	[dʒang]
Zweikampf (m)	ҷанги тан ба тан	[dʒangi tan ba tan]
Runde (f)	давр	[davr]
Ring (m)	ринг	[ring]
Gong (m, n)	гонг	[gong]
Schlag (m)	зарб, зарба	[zarb], [zarba]
Knockdown (m)	нокдаун	[nokdaun]
Knockout (m)	нокаут	[nokaut]
k.o. schlagen (vt)	нокаут кардан	[nokaut kardan]
Boxhandschuh (m)	дастпӯшаки боксёр	[dastpœʃaki boksjor]
Schiedsrichter (m)	ҳакам	[hakam]
Leichtgewicht (n)	вазни сабук	[vazni sabuk]
Mittelgewicht (n)	вазни миёна	[vazni mijɔna]
Schwergewicht (n)	вазни калон	[vazni kalon]

141. Sport. Verschiedenes

Olympische Spiele (pl)	Бозиҳои олимпӣ	[bozihoi olimpi:]
Sieger (m)	ғолиб	[ʁolib]
siegen (vi)	ғалаба кардан	[ʁalaba kardan]
gewinnen (Sieger sein)	бурдан	[burdan]
Tabellenführer (m)	пешсаф	[peʃsaf]
führen (vi)	пешсаф будан	[peʃsaf budan]
der erste Platz	ҷойи аввал	[dʒoji avval]
der zweite Platz	ҷойи дуюм	[dʒoji dujum]
der dritte Platz	ҷойи сеюм	[dʒoji sejum]
Medaille (f)	медал	[medal]
Trophäe (f)	ғанимат	[ʁanimat]
Pokal (m)	кубок	[kubok]
Siegerpreis m (m)	мукофот	[mukofot]
Hauptpreis (m)	мукофоти асосӣ	[mukofoti asosi:]
Rekord (m)	рекорд	[rekord]
einen Rekord aufstellen	рекорд нишон додан	[rekord niʃon dodan]
Finale (n)	финал	[final]
Final-	финалӣ	[finali:]
Meister (m)	чемпион	[tʃempion]
Meisterschaft (f)	чемпионат	[tʃempionat]
Stadion (n)	варзишгоҳ	[varziʃgoh]
Tribüne (f)	нишастгоҳ	[niʃastgoh]
Fan (m)	мухлис	[muχlis]
Gegner (m)	рақиб	[raqib]
Start (m)	пилла	[pilla]
Ziel (n), Finish (n)	марра	[marra]
Niederlage (f)	бохт	[boχt]
verlieren (vt)	бохтан	[boχtan]
Schiedsrichter (m)	довар	[dovar]
Jury (f)	ҳакамон	[hakamon]
Ergebnis (n)	ҳисоб	[hisob]
Unentschieden (n)	дуранг	[durang]
unentschieden spielen	бозиро дуранг кардан	[boziro durang kardan]
Punkt (m)	хол	[χol]
Ergebnis (n)	натиҷа	[natidʒa]
Spielabschnitt (m)	қисм	[qism]
Halbzeit (f), Pause (f)	танаффус	[tanaffus]
Doping (n)	допинг	[doping]
bestrafen (vt)	ҷарима андохтан	[dʒarima andoχtan]
disqualifizieren (vt)	маҳрум кардан	[mahrum kardan]
Sportgerät (n)	асбобу олати варзиш	[asbobu olati varziʃ]

Speer (m)	найза	[najza]
Kugel (im Kugelstoßen)	гулӯла	[guloela]
Kugel (f), Ball (m)	сакқо	[sakqo]

Ziel (n)	ҳадаф	[hadaf]
Zielscheibe (f)	ҳадаф, нишон	[hadaf], [niʃon]
schießen (vi)	тир задан	[tir zadan]
genau (Adj)	аниқ	[aniq]

Trainer (m)	тренер	[trener]
trainieren (vt)	машқ додан	[maʃq dodan]
trainieren (vi)	машқ кардан	[maʃq kardan]
Training (n)	машқ	[maʃq]

Turnhalle (f)	толори варзишӣ	[tolori varziʃi:]
Übung (f)	машқ	[maʃq]
Aufwärmen (n)	гарм кардани бадан	[garm kardani badan]

Ausbildung

142. Schule

Schule (f)	мактаб	[maktab]
Schulleiter (m)	директори мактаб	[direktori maktab]
Schüler (m)	талаба	[talaba]
Schülerin (f)	толиба	[toliba]
Schuljunge (m)	мактабхон	[maktabҳon]
Schulmädchen (f)	духтари мактабхон	[duҳtari maktabҳon]
lehren (vt)	меомӯзонад	[meomœzonad]
lernen (Englisch ~)	омӯхтан	[omœҳtan]
auswendig lernen	аз ёд кардан	[az jod kardan]
lernen (vi)	омӯхтан	[omœҳtan]
in der Schule sein	дар мактаб хондан	[dar maktab ҳondan]
die Schule besuchen	ба мактаб рафтан	[ba maktab raftan]
Alphabet (n)	алифбо	[alifbo]
Fach (n)	фан	[fan]
Klassenraum (m)	синф, дарсхона	[sinf], [darsҳona]
Stunde (f)	дарс	[dars]
Pause (f)	танаффус	[tanaffus]
Schulglocke (f)	занг	[zang]
Schulbank (f)	парта	[parta]
Tafel (f)	тахтаи синф	[taҳtai sinf]
Note (f)	баҳо	[baho]
gute Note (f)	баҳои хуб	[bahoi ҳub]
schlechte Note (f)	баҳои бад	[bahoi bad]
eine Note geben	баҳо гузоштан	[baho guzoʃtan]
Fehler (m)	хато	[ҳato]
Fehler machen	хато кардан	[ҳato kardan]
korrigieren (vt)	ислоҳ кардан	[isloh kardan]
Spickzettel (m)	шпаргалка	[ʃpargalka]
Hausaufgabe (f)	вазифаи хонагӣ	[vazifai ҳonagi:]
Übung (f)	машқ	[maʃq]
anwesend sein	иштирок доштан	[iʃtirok doʃtan]
fehlen (in der Schule ~)	набудан	[nabudan]
versäumen (Schule ~)	ба дарс нарафтан	[ba dars naraftan]
bestrafen (vt)	ҷазо додан	[dʒazo dodan]
Strafe (f)	ҷазо	[dʒazo]
Benehmen (n)	рафтор	[raftor]

Zeugnis (n)	рӯзнома	[rœznoma]
Bleistift (m)	қалам	[qalam]
Radiergummi (m)	ластик	[lastik]
Kreide (f)	бӯр	[bœr]
Federkasten (m)	қаламдон	[qalamdon]

Schulranzen (m)	чузвкаш	[dʒuzvkaʃ]
Kugelschreiber, Stift (m)	ручка	[rutʃka]
Heft (n)	дафтар	[daftar]
Lehrbuch (n)	китоби дарсӣ	[kitobi darsi:]
Zirkel (m)	паргор	[pargor]

| zeichnen (vt) | нақша кашидан | [naqʃa kaʃidan] |
| Zeichnung (f) | нақша, тарх | [naqʃa], [tarh] |

Gedicht (n)	шеър	[ʃe'r]
auswendig (Adv)	аз ёд	[az jɔd]
auswendig lernen	аз ёд кардан	[az jɔd kardan]

Ferien (pl)	таътил	[ta'til]
in den Ferien sein	дар таътил будан	[dar ta'til budan]
Ferien verbringen	таътилро гузаронидан	[ta'tilro guzaronidan]

Test (m), Prüfung (f)	кори санҷишӣ	[kori sandʒiʃi:]
Aufsatz (m)	иншо	[inʃo]
Diktat (n)	диктант, имло	[diktant], [imlo]
Prüfung (f)	имтиҳон	[imtihon]
Prüfungen ablegen	имтиҳон супоридан	[imtihon suporidan]
Experiment (n)	таҷриба, санҷиш	[tadʒriba], [sandʒiʃ]

143. Hochschule. Universität

Akademie (f)	академия	[akademija]
Universität (f)	университет	[universitet]
Fakultät (f)	факулта	[fakulta]

Student (m)	донишҷӯ	[doniʃdʒœ]
Studentin (f)	донишҷӯ	[doniʃdʒœ]
Lehrer (m)	устод	[ustod]

| Hörsaal (m) | синф | [sinf] |
| Hochschulabsolvent (m) | хатмкунанда | [χatmkunanda] |

| Diplom (n) | диплом | [diplom] |
| Dissertation (f) | рисола | [risola] |

| Forschung (f) | тадқиқот | [tadqiqot] |
| Labor (n) | лаборатория | [laboratorija] |

| Vorlesung (f) | лексия | [lekcija] |
| Kommilitone (m) | ҳамкурс | [hamkurs] |

| Stipendium (n) | стипендия | [stipendija] |
| akademischer Grad (m) | унвони илмӣ | [unvoni ilmi:] |

144. Naturwissenschaften. Fächer

Mathematik (f)	математика	[matematika]
Algebra (f)	алгебра, алчабр	[algebra], [aldʒabr]
Geometrie (f)	геометрия	[geometrija]
Astronomie (f)	ситорашиносӣ	[sitoraʃinosi:]
Biologie (f)	биология, илми ҳаёт	[biologija], [ilmi hajɔt]
Erdkunde (f)	география	[geografija]
Geologie (f)	геология	[geologija]
Geschichte (f)	таърих	[ta'riχ]
Medizin (f)	тиб	[tib]
Pädagogik (f)	омӯзгорӣ	[omœzgori:]
Recht (n)	ҳуқуқ	[huquq]
Physik (f)	физика	[fizika]
Chemie (f)	химия	[χimija]
Philosophie (f)	фалсафа	[falsafa]
Psychologie (f)	равоншиносӣ	[ravonʃinosi:]

145. Schrift Rechtschreibung

Grammatik (f)	грамматика	[grammatika]
Lexik (f)	лексика	[leksika]
Phonetik (f)	савтиёт	[savtijɔt]
Substantiv (n)	исм	[ism]
Adjektiv (n)	сифат	[sifat]
Verb (n)	феъл	[fe'l]
Adverb (n)	зарф	[zarf]
Pronomen (n)	ҷонишин	[dʒoniʃin]
Interjektion (f)	нидо	[nido]
Präposition (f)	пешоянд	[peʃojand]
Wurzel (f)	решаи калима	[reʃai kalima]
Endung (f)	бандак	[bandak]
Vorsilbe (f)	префикс	[prefiks]
Silbe (f)	ҳиҷо	[hidʒo]
Suffix (n), Nachsilbe (f)	суффикс	[suffiks]
Betonung (f)	зада	[zada]
Apostroph (m)	апостроф	[apostrof]
Punkt (m)	нуқта	[nuqta]
Komma (n)	вергул	[vergul]
Semikolon (n)	нуқтаву вергул	[nuqtavu vergul]
Doppelpunkt (m)	ду нуқта	[du nuqta]
Auslassungspunkte (pl)	бисёрнуқта	[bisjornuqta]
Fragezeichen (n)	аломати савол	[alomati savol]
Ausrufezeichen (n)	аломати хитоб	[alomati χitob]

Anführungszeichen (pl)	нохунак	[noχunak]
in Anführungszeichen	дар нохунак	[dar noχunak]
runde Klammern (pl)	қавсхо	[qavsho]
in Klammern	дар қавс	[dar qavs]

Bindestrich (m)	нимтире	[nimtire]
Gedankenstrich (m)	тире	[tire]
Leerzeichen (n)	масофа	[masofa]

Buchstabe (m)	ҳарф	[harf]
Großbuchstabe (m)	ҳарфи калон	[harfi kalon]

Vokal (m)	садонок	[sadonok]
Konsonant (m)	овози ҳамсадо	[ovozi hamsado]

Satz (m)	чумла	[dʒumla]
Subjekt (n)	мубтадо	[mubtado]
Prädikat (n)	хабар	[χabar]

Zeile (f)	сатр, хат	[satr], [χat]
in einer neuen Zeile	аз хати нав	[az χati nav]
Absatz (m)	сарсатр	[sarsatr]

Wort (n)	калима	[kalima]
Wortverbindung (f)	ибора	[ibora]
Redensart (f)	ибора	[ibora]
Synonym (n)	муродиф	[murodif]
Antonym (n)	антоним	[antonim]

Regel (f)	қоида	[qoida]
Ausnahme (f)	истисно	[istisno]
richtig (Adj)	дуруст	[durust]

Konjugation (f)	тасриф	[tasrif]
Deklination (f)	тасриф	[tasrif]
Kasus (m)	ҳолат	[holat]
Frage (f)	савол	[savol]
unterstreichen (vt)	хат кашидан	[χat kaʃidan]
punktierte Linie (f)	қаторнуқта	[qatornuqta]

146. Fremdsprachen

Sprache (f)	забон	[zabon]
Fremd-	хоричӣ	[χoridʒi:]
Fremdsprache (f)	забони хоричӣ	[zaboni χoridʒi:]
studieren (z.B. Jura ~)	омӯхтан	[omœχtan]
lernen (Englisch ~)	омӯхтан	[omœχtan]

lesen (vi, vt)	хондан	[χondan]
sprechen (vi, vt)	гап задан	[gap zadan]
verstehen (vt)	фаҳмидан	[fahmidan]
schreiben (vi, vt)	навиштан	[naviʃtan]
schnell (Adv)	босуръат	[bosur'at]
langsam (Adv)	оҳиста	[ohista]

fließend (Adv)	озодона	[ozodona]
Regeln (pl)	қоидаҳо	[qoidaho]
Grammatik (f)	грамматика	[grammatika]
Vokabular (n)	лексика	[leksika]
Phonetik (f)	савтиёт	[savtijɔt]

Lehrbuch (n)	китоби дарсӣ	[kitobi darsi:]
Wörterbuch (n)	луғат	[luʁat]
Selbstlernbuch (n)	худомӯз	[χudomœz]
Sprachführer (m)	сӯхбатнома	[sœhbatnoma]

Kassette (f)	кассета	[kasseta]
Videokassette (f)	видеокассета	[videokasseta]
CD (f)	CD, диски компактӣ	[ɔɛ], [diski kompakti:]
DVD (f)	DVD-диск	[ɛøɛ-disk]

Alphabet (n)	алифбо	[alifbo]
buchstabieren (vt)	ҳарфакӣ гап задан	[harfaki: gap zadan]
Aussprache (f)	талаффуз	[talaffuz]

Akzent (m)	зада, аксент	[zada], [aksent]
mit Akzent	бо аксент	[bo aksent]
ohne Akzent	бе аксент	[be aksent]

| Wort (n) | калима | [kalima] |
| Bedeutung (f) | маънӣ, маъно | [ma'ni:], [ma'no] |

Kurse (pl)	курсҳо, дарсҳо	[kursho], [darsho]
sich einschreiben	дохил шудан	[doχil ʃudan]
Lehrer (m)	муаллим	[muallim]

Übertragung (f)	тарҷума	[tardʒuma]
Übersetzung (f)	тарҷума	[tardʒuma]
Übersetzer (m)	тарҷумон	[tardʒumon]
Dolmetscher (m)	тарҷумон	[tardʒumon]

| Polyglott (m, f) | забондон | [zabondon] |
| Gedächtnis (n) | ҳофиза | [hofiza] |

147. Märchenfiguren

Weihnachtsmann (m)	Бобои барфӣ	[boboi barfi:]
Aschenputtel (n)	Золушка	[zoluʃka]
Nixe (f)	парии обӣ	[pari:i obi:]
Neptun (m)	Нептун	[neptun]

Zauberer (m)	сеҳркунанда	[sehrkunanda]
Zauberin (f)	зани сеҳркунанда	[zani sehrkunanda]
magisch, Zauber-	... и сеҳрнок	[i sehrnok]
Zauberstab (m)	чӯбчаи сеҳрнок	[ʧœbʧai sehrnok]

Märchen (n)	афсона	[afsona]
Wunder (n)	мӯъҷиза	[mœ'dʒiza]
Zwerg (m)	гном	[gnom]

sich verwandeln in …	табдил ёфтан	[tabdil joftan]
Geist (m)	шабаҳ	[ʃabah]
Gespenst (n)	шабаҳ	[ʃabah]
Ungeheuer (n)	дев, аждар	[dev], [aʒdar]
Drache (m)	аждар, аждаҳо	[aʒdar], [aʒdaho]
Riese (m)	азимчусса	[azimdʒussa]

148. Sternzeichen

Widder (m)	Ҳамал	[hamal]
Stier (m)	Савр	[savr]
Zwillinge (pl)	Дугоник	[dugonik]
Krebs (m)	Саратон	[saraton]
Löwe (m)	Асад	[asad]
Jungfrau (f)	Чавзо	[dʒavzo]

Waage (f)	Мизон	[mizon]
Skorpion (m)	Ақраб	[aqrab]
Schütze (m)	қавс	[qavs]
Steinbock (m)	Чадй	[dʒadi:]
Wassermann (m)	Далв	[dalv]
Fische (pl)	Хут	[hut]

Charakter (m)	феъл, табиат	[fe'l], [tabiat]
Charakterzüge (pl)	нишонаҳои хислат	[niʃonahoi χislat]
Benehmen (n)	хулқ	[χulq]
wahrsagen (vt)	фол дидан	[fol didan]
Wahrsagerin (f)	фолбин, фолбинзан	[folbin], [folbinzan]
Horoskop (n)	фолнома	[folnoma]

Kunst

149. Theater

Theater (n)	театр	[teatr]
Oper (f)	опера	[opera]
Operette (f)	оперетта	[operetta]
Ballett (n)	балет	[balet]
Theaterplakat (n)	эълоннома	[ɛ'lonnoma]
Truppe (f)	хайат	[hajat]
Tournee (f)	сафари хунарӣ	[safari hunari:]
auf Tournee sein	сафари хунарӣ кардан	[safari hunari: kardan]
proben (vt)	машқ кардан	[maʃq kardan]
Probe (f)	машқ	[maʃq]
Spielplan (m)	репертуар	[repertuar]
Aufführung (f)	намоиш, тамошо	[namoiʃ], [tamoʃo]
Vorstellung (f)	тамошо	[tamoʃo]
Theaterstück (n)	намоишнома	[namoiʃnoma]
Karte (f)	билет	[bilet]
Theaterkasse (f)	кассаи чиптафурӯшӣ	[kassai ʧiptafurœʃi:]
Halle (f)	толор	[tolor]
Garderobe (f)	чевони либос	[ʤevoni libos]
Garderobennummer (f)	нумура	[numura]
Opernglas (n)	дурбин	[durbin]
Platzanweiser (m)	нозир	[nozir]
Parkett (n)	партер	[parter]
Balkon (m)	балкон	[balkon]
der erste Rang	белэтаж	[belɛtaʒ]
Loge (f)	ложа, нишем	[loʒa], [niʃem]
Reihe (f)	қатор	[qator]
Platz (m)	чой	[ʤoj]
Publikum (n)	тамошобинон	[tamoʃobinon]
Zuschauer (m)	тамошобин	[tamoʃobin]
klatschen (vi)	чапакзанӣ кардан	[ʧapakzani: kardan]
Applaus (m)	чапакзанӣ	[ʧapakzani:]
Ovation (f)	чапакзани пурғулғула	[ʧapakzani purʁulʁula]
Bühne (f)	саҳна	[sahna]
Vorhang (m)	парда	[parda]
Dekoration (f)	ороиши саҳна	[oroiʃi sahna]
Kulissen (pl)	пушти саҳна	[puʃti sahna]
Szene (f)	намоиш	[namoiʃ]
Akt (m)	парда	[parda]
Pause (f)	антракт	[antrakt]

150. Kino

Schauspieler (m)	хунарманд	[hunarmand]
Schauspielerin (f)	хунарманд	[hunarmand]
Kino (n)	кино, синамо	[kino], [sinamo]
Film (m)	филм	[film]
Folge (f)	серия	[serija]
Krimi (m)	детектив	[detektiv]
Actionfilm (m)	чангӣ	[dʒangi:]
Abenteuerfilm (m)	филми пурмочаро	[filmi purmodʒaro]
Science-Fiction-Film (m)	филми фантастикӣ	[filmi fantastiki:]
Horrorfilm (m)	филми дахшатнок	[filmi dahʃatnok]
Komödie (f)	филми хачвӣ	[filmi hadʒvi:]
Melodrama (n)	мелодрама	[melodrama]
Drama (n)	драма	[drama]
Spielfilm (m)	филми хунарӣ	[filmi hunari:]
Dokumentarfilm (m)	филми хуччатӣ	[filmi hudʒdʒati:]
Zeichentrickfilm (m)	мултфилм	[multfilm]
Stummfilm (m)	кинои беовоз	[kinoi beovoz]
Rolle (f)	нақш	[naqʃ]
Hauptrolle (f)	нақши асосӣ	[naqʃi asosi:]
spielen (Schauspieler)	бозидан	[bozidan]
Filmstar (m)	ситораи санъати кино	[sitorai san'ati kino]
bekannt	маъруф	[ma'ruf]
berühmt	машхур	[maʃhur]
populär	маъруф	[ma'ruf]
Drehbuch (n)	филмнома	[filmnoma]
Drehbuchautor (m)	муаллифи сенарий	[muallifi senarij]
Regisseur (m)	коргардон	[korgardon]
Produzent (m)	продюсер	[prodjuser]
Assistent (m)	ассистент	[assistent]
Kameramann (m)	филмбардор	[filmbardor]
Stuntman (m)	каскадёр	[kaskadjɔr]
Double (n)	дублёр	[dubljɔr]
einen Film drehen	филм гирифтан	[film giriftan]
Probe (f)	санчиш	[sandʒiʃ]
Dreharbeiten (pl)	суратгирӣ	[suratgiri:]
Filmteam (n)	гурӯхи наворбардорон	[gurœhi navorbardoron]
Filmset (m)	сахнаи наворбардорӣ	[sahnai navorbardori:]
Filmkamera (f)	камераи киногирӣ	[kamerai kinogiri:]
Kino (n)	кинотеатр	[kinoteatr]
Leinwand (f)	экран	[ɛkran]
einen Film zeigen	филм намоиш додан	[film namoiʃ dodan]
Tonspur (f)	мавчи садо	[mavdʒi sado]
Spezialeffekte (pl)	эффектхои махсус	[ɛffekthoi maxsus]

Untertitel (pl)	субтитрхо	[subtitrho]
Abspann (m)	титрхо	[titrho]
Übersetzung (f)	тарчума	[tardʒuma]

151. Gemälde

Kunst (f)	санъат	[san'at]
schönen Künste (pl)	саноеи нафиса	[sanoei nafisa]
Kunstgalerie (f)	нигористон	[nigoriston]
Kunstausstellung (f)	намоишгохи расмхо	[namoiʃgohi rasmho]

Malerei (f)	рассомй	[rassomi:]
Graphik (f)	графика	[grafika]
abstrakte Kunst (f)	абстрактсионизм	[abstraktsionizm]
Impressionismus (m)	импрессионизм	[impressionizm]

Bild (n)	расм	[rasm]
Zeichnung (Kohle- usw.)	расм	[rasm]
Plakat (n)	плакат	[plakat]

Illustration (f)	расм, сурат	[rasm], [surat]
Miniatur (f)	миниатюра	[miniatjura]
Kopie (f)	нусха	[nusχa]
Reproduktion (f)	нусхаи чопии сурат	[nusχai ʧopi:i surat]

Mosaik (n)	кошинкорй	[koʃinkori:]
Glasmalerei (f)	витраж	[vitraʒ]
Fresko (n)	фреска	[freska]
Gravüre (f)	расми кандакорй	[rasmi kandakori:]

Büste (f)	бюст	[bjust]
Skulptur (f)	хайкал	[hajkal]
Statue (f)	хайкал	[hajkal]
Gips (m)	гач	[gatʃ]
aus Gips	аз гач	[az gatʃ]

Porträt (n)	портрет	[portret]
Selbstporträt (n)	автопортрет	[avtoportret]
Landschaftsbild (n)	манзара	[manzara]
Stillleben (n)	натюрморт	[natjurmort]
Karikatur (f)	карикатура	[karikatura]
Entwurf (m)	қайдхои хомакй	[qajdhoi χomaki:]

Farbe (f)	ранг	[rang]
Aquarellfarbe (f)	акварел	[akvarel]
Öl (n)	равган	[ravʁan]
Bleistift (m)	қалам	[qalam]
Tusche (f)	туш	[tuʃ]
Kohle (f)	сиёхқалам	[sijohqalam]

zeichnen (vt)	расм кашидан	[rasm kaʃidan]
malen (vi, vt)	расм кашидан	[rasm kaʃidan]
Modell stehen	ба таври махсус истодан	[ba tavri maχsus istodan]
Modell (Mask.)	марди модел	[mardi model]

Modell (Fem.)	зани модел	[zani model]
Maler (m)	рассом	[rassom]
Kunstwerk (n)	асар	[asar]
Meisterwerk (n)	шоҳасар	[ʃohasar]
Atelier (n), Werkstatt (f)	коргоҳи рассом	[korgohi rassom]

Leinwand (f)	холст	[χolst]
Staffelei (f)	сепояи рассомй	[sepojai rassomi:]
Palette (f)	лавҳачаи рассомй	[lavhatʃai rassomi:]

Rahmen (m)	чорчӯба	[tʃortʃœba]
Restauration (f)	таъмир	[ta'mir]
restaurieren (vt)	таъмир кардан	[ta'mir kardan]

152. Literatur und Dichtkunst

Literatur (f)	адабиёт	[adabijɔt]
Autor (m)	муаллиф	[muallif]
Pseudonym (n)	тахаллус	[taχallus]

Buch (n)	китоб	[kitob]
Band (m)	чилд	[dʒild]
Inhaltsverzeichnis (n)	мундарича	[mundaridʒa]
Seite (f)	саҳифа	[sahifa]
Hauptperson (f)	қаҳрамони асосй	[qahramoni asosi:]
Autogramm (n)	автограф	[avtograf]

Kurzgeschichte (f)	ҳикоя, ҳикоят	[hikoja], [hikojat]
Erzählung (f)	нақл	[naql]
Roman (m)	роман	[roman]
Werk (Buch usw.)	асар	[asar]
Fabel (f)	масал, матал	[masal], [matal]
Krimi (m)	детектив	[detektiv]

Gedicht (n)	шеър	[ʃe'r]
Dichtung (f), Poesie (f)	назм	[nazm]
Gedicht (n)	достон	[doston]
Dichter (m)	шоир	[ʃoir]

schöne Literatur (f)	адабиёти мансур	[adabijɔti mansur]
Science-Fiction (f)	фантастикаи илмй	[fantastikai ilmi:]
Abenteuer (n)	саргузаштҳо	[sarguzaʃtho]
Schülerliteratur (pl)	адабиёти таълимй	[adabijɔti ta'limi:]
Kinderliteratur (f)	адабиёти кӯдакона	[adabijɔti kœdakona]

153. Zirkus

Zirkus (m)	сирк	[sirk]
Wanderzirkus (m)	сирки шапито	[sirki ʃapito]
Programm (n)	барнома	[barnoma]
Vorstellung (f)	намоиш, тамошо	[namoiʃ], [tamoʃo]
Nummer (f)	баромад	[baromad]

Manege (f)	саҳнаи сирк	[sahnai sirk]
Pantomime (f)	пантомима	[pantomima]
Clown (m)	масхарабоз	[masχaraboz]

Akrobat (m)	дорбоз, акробат	[dorboz], [akrobat]
Akrobatik (f)	дорбоза, акробатика	[dorboza], [akrobatika]
Turner (m)	гимнаст	[gimnast]
Turnen (n)	гимнастика	[gimnastika]
Salto (m)	салто	[salto]

Kraftmensch (m)	паҳлавон	[pahlavon]
Bändiger, Dompteur (m)	ромкунанда, дастомӯз кунанда	[romkunanda], [dastomœz kunanda]
Reiter (m)	човандоз	[ʧovandoz]
Assistent (m)	ассистент	[assistent]

Trick (m)	найранг, ҳила	[najrang], [hila]
Zaubertrick (m)	найрангбозӣ	[najrangbozi:]
Zauberkünstler (m)	найрангбоз	[najrangboz]

Jongleur (m)	жонглёр	[ʒongljor]
jonglieren (vi)	жонглёрй кардан	[ʒongljorj kardan]
Dresseur (m)	ромкунанда	[romkunanda]
Dressur (f)	ром кардан	[rom kardan]
dressieren (vt)	ром кардан	[rom kardan]

154. Musik. Popmusik

Musik (f)	мусиқӣ	[musiqi:]
Musiker (m)	мусиқачӣ	[musiqatʃi:]
Musikinstrument (n)	асбоби мусиқӣ	[asbobi musiqi:]
spielen (auf der Gitarre ~)	навохтан	[navoχtan]

Gitarre (f)	гитара	[gitara]
Geige (f)	скрипка	[skripka]
Cello (n)	виолончел	[violontʃel]
Kontrabass (m)	контрабас	[kontrabas]
Harfe (f)	уд	[ud]

Klavier (n)	пианино	[pianino]
Flügel (m)	роял	[rojal]
Orgel (f)	арғунун	[arɡunun]

Oboe (f)	гобой, сурнай	[goboj], [surnaj]
Saxophon (n)	саксофон	[saksofon]
Klarinette (f)	кларнет, сурнай	[klarnet], [surnaj]
Flöte (f)	най	[naj]
Trompete (f)	карнай	[karnaj]

| Akkordeon (n) | аккордеон | [akkordeon] |
| Trommel (f) | накора, табл | [nakora], [tabl] |

| Trio (n) | трио | [trio] |
| Quartett (n) | квартет | [kvartet] |

| Chor (m) | хор | [χor] |
| Orchester (n) | оркестр | [orkestr] |

Popmusik (f)	поп-мусиқӣ	[pop-musiqi:]
Rockmusik (f)	рок-мусиқӣ	[rok-musiqi:]
Rockgruppe (f)	рок-даста	[rok-dasta]
Jazz (m)	ҷаз	[dʒaz]

| Idol (n) | бут, санам | [but], [sanam] |
| Verehrer (m) | мухлис | [muχlis] |

Konzert (n)	консерт	[konsert]
Sinfonie (f)	симфония	[simfonija]
Komposition (f)	тасниф	[tasnif]
komponieren (vt)	навиштан	[naviʃtan]

Gesang (m)	овозхонӣ	[ovozχoni:]
Lied (n)	суруд	[surud]
Melodie (f)	оҳанг	[ohang]
Rhythmus (m)	вазн, усул	[vazn], [usul]
Blues (m)	блюз	[bljuz]

Noten (pl)	нотаҳо	[notaho]
Taktstock (m)	чӯбчаи дирижёрӣ	[tʃœbtʃai diriʒjɔri:]
Bogen (m)	камонча	[kamontʃa]
Saite (f)	тор	[tor]
Koffer (Violinen-)	ғилоф	[ʁilof]

Erholung. Unterhaltung. Reisen

155. Ausflug. Reisen

Tourismus (m)	туризм, саёхат	[turizm], [sajɔχat]
Tourist (m)	саёхатчй	[sajohattʃi:]
Reise (f)	саёхат	[sajɔhat]
Abenteuer (n)	саргузашт	[sarguzaʃt]
Fahrt (f)	сафар	[safar]
Urlaub (m)	рухсатй	[ruχsati:]
auf Urlaub sein	дар рухсатй будан	[dar ruχsati: budan]
Erholung (f)	истирохат	[istirohat]
Zug (m)	поезд, қатор	[poezd], [qator]
mit dem Zug	бо қатора	[bo qatora]
Flugzeug (n)	ҳавопаймо	[havopajmo]
mit dem Flugzeug	бо ҳавопаймо	[bo havopajmo]
mit dem Auto	бо мошин	[bo moʃin]
mit dem Schiff	бо киштй	[bo kiʃti:]
Gepäck (n)	багоҷ, бор	[baʁɔdʒ], [bor]
Koffer (m)	чомадон	[dʒomadon]
Gepäckwagen (m)	аробаи богочкашй	[arobai boʁotʃkaʃi:]
Pass (m)	шиноснома	[ʃinosnoma]
Visum (n)	виза	[viza]
Fahrkarte (f)	билет	[bilet]
Flugticket (n)	чиптаи ҳавопаймо	[tʃiptai havopajmo]
Reiseführer (m)	роҳнома	[rohnoma]
Landkarte (f)	харита	[χarita]
Gegend (f)	чой, маҳал	[dʒɔj], [mahal]
Ort (wunderbarer ~)	чой	[dʒɔj]
Exotika (pl)	гароибот	[ʁaroibot]
exotisch	… и гароиб	[i ʁaroib]
erstaunlich (Adj)	ҳайратангез	[hajratangez]
Gruppe (f)	гурӯҳ	[gurœh]
Ausflug (m)	экскурсия, саёхат	[ɛkskursija], [sajɔhat]
Reiseleiter (m)	роҳбари экскурсия	[rohbari ɛkskursija]

156. Hotel

Hotel (n)	меҳмонхона	[mehmonχona]
Motel (n)	меҳмонхона	[mehmonχona]
drei Sterne	се ситорадор	[se sitorador]

| fünf Sterne | панч ситорадор | [pandʒ sitorador] |
| absteigen (vi) | фуромадан | [furomadan] |

Hotelzimmer (n)	хучра	[hudʒra]
Einzelzimmer (n)	хучраи якнафара	[hudʒrai jaknafara]
Zweibettzimmer (n)	хучраи дунафара	[hudʒrai dunafara]
reservieren (vt)	банд кардани хучра	[band kardani hudʒra]

| Halbpension (f) | бо нимтаъминот | [bo nimta'minot] |
| Vollpension (f) | бо таъминоти пурра | [bo ta'minoti purra] |

mit Bad	ваннадор	[vannador]
mit Dusche	душдор	[duʃdor]
Satellitenfernsehen (n)	телевизиони спутникй	[televizioni sputniki:]
Klimaanlage (f)	кондитсионер	[konditsioner]
Handtuch (n)	сачоқ	[satʃoq]
Schlüssel (m)	калид	[kalid]

Verwalter (m)	маъмур, мудир	[ma'mur], [mudir]
Zimmermädchen (n)	пешхизмат	[peʃxizmat]
Träger (m)	ҳаммол	[hammol]
Portier (m)	дарбони меҳмонхона	[darboni mehmonxona]

Restaurant (n)	тарабхона	[tarabxona]
Bar (f)	бар	[bar]
Frühstück (n)	ноништа	[noniʃta]
Abendessen (n)	шом	[ʃom]
Buffet (n)	мизи шведй	[mizi ʃvedi:]

| Foyer (n) | миёнсарой | [mijɔnsaroj] |
| Aufzug (m), Fahrstuhl (m) | лифт | [lift] |

| BITTE NICHT STÖREN! | ХАЛАЛ НАРАСОНЕД | [xalal narasoned] |
| RAUCHEN VERBOTEN! | ТАМОКУ НАКАШЕД! | [tamoku nakaʃed] |

157. Bücher. Lesen

Buch (n)	китоб	[kitob]
Autor (m)	муаллиф	[muallif]
Schriftsteller (m)	нависанда	[navisanda]
verfassen (vt)	навиштан	[naviʃtan]

Leser (m)	хонанда	[xonanda]
lesen (vi, vt)	хондан	[xondan]
Lesen (n)	хониш	[xoniʃ]

| still (~ lesen) | ба дили худ | [ba dili xud] |
| laut (Adv) | бо овози баланд | [bo ovozi baland] |

verlegen (vt)	нашр кардан	[naʃr kardan]
Ausgabe (f)	нашр	[naʃr]
Herausgeber (m)	ношир	[noʃir]
Verlag (m)	нашриёт	[naʃrijɔt]
erscheinen (Buch)	нашр шудан	[naʃr ʃudan]

Erscheinen (n)	аз чоп баромадани	[az ʧop baromadani]
Auflage (f)	адади нашр	[adadi naʃr]
Buchhandlung (f)	мағозаи китоб	[maʁozai kitob]
Bibliothek (f)	китобхона	[kitobχona]
Erzählung (f)	нақл	[naql]
Kurzgeschichte (f)	ҳикоя, ҳикоят	[hikoja], [hikojat]
Roman (m)	роман	[roman]
Krimi (m)	детектив	[detektiv]
Memoiren (pl)	хотираҳо	[χotiraho]
Legende (f)	афсона	[afsona]
Mythos (m)	асотир, қисса	[asotir], [qissa]
Gedichte (pl)	шеърҳо	[ʃe'rho]
Autobiographie (f)	тарҷумаи ҳоли худ, автобиография	[tarʤumai holi χud], [avtobiografija]
ausgewählte Werke (pl)	асарҳои мунтахаб	[asarhoi muntaχab]
Science-Fiction (f)	фантастика	[fantastika]
Titel (m)	ном	[nom]
Einleitung (f)	муқаддима	[muqaddima]
Titelseite (f)	варақаи унвон	[varaqai unvon]
Kapitel (n)	ҷузъи китоб	[ʤuz'i kitob]
Auszug (m)	порча	[porʧa]
Episode (f)	лавҳа	[lavha]
Sujet (n)	сюжет	[sjuʒet]
Inhalt (m)	мундариҷа	[mundariʤa]
Inhaltsverzeichnis (n)	мундариҷа	[mundariʤa]
Hauptperson (f)	қаҳрамони асосӣ	[qahramoni asosi:]
Band (m)	ҷилд	[ʤild]
Buchdecke (f)	мукова	[mukova]
Einband (m)	муқова	[muqova]
Lesezeichen (n)	хатчӯб, чӯбалиф	[χattʃœb], [ʧœbalif]
Seite (f)	саҳифа	[sahifa]
blättern (vi)	варақ задан	[varak zadan]
Ränder (pl)	ҳошия	[hoʃija]
Notiz (f)	нишона	[niʃona]
Anmerkung (f)	поварақ	[povaraq]
Text (m)	матн	[matn]
Schrift (f)	ҳуруф	[huruf]
Druckfehler (m)	саҳв, ғалат	[sahv], [ʁalat]
Übersetzung (f)	тарҷума	[tarʤuma]
übersetzen (vt)	тарҷума кардан	[tarʤuma kardan]
Original (n)	матни асл	[matni asl]
berühmt	машхур	[maʃhur]
unbekannt	номаъруф	[noma'ruf]
interessant	шавқовар	[ʃavqovar]

Bestseller (m)	бестселлер	[bestseller]
Wörterbuch (n)	луғат	[luʁat]
Lehrbuch (n)	китоби дарсӣ	[kitobi darsi:]
Enzyklopädie (f)	энсиклопедия	[ɛnsiklopedija]

158. Jagen. Fischen

Jagd (f)	шикор, сайд	[ʃikor], [sajd]
jagen (vi)	шикор кардан	[ʃikor kardan]
Jäger (m)	шикорчӣ	[ʃikortʃi:]

schießen (vi)	тир задан	[tir zadan]
Gewehr (n)	милтиқ	[miltiq]
Patrone (f)	тир	[tir]
Schrot (n)	сочма	[sotʃma]

Falle (f)	қапқон	[qapqon]
Schlinge (f)	дом	[dom]
in die Falle gehen	ба қапқон афтодан	[ba qapqon aftodan]
eine Falle stellen	қапқон мондан	[qapqon mondan]

Wilddieb (m)	қӯруқшикан	[qœruqʃikan]
Wild (n)	сайд	[sajd]
Jagdhund (m)	саги шикорӣ	[sagi ʃikori:]
Safari (f)	сафари	[safari]
ausgestopftes Tier (n)	хӯса	[χœsa]

Fischer (m)	моҳигир	[mohigir]
Fischen (n)	моҳигирӣ	[mohigiri:]
angeln, fischen (vt)	моҳӣ гирифтан	[mohi: giriftan]

Angel (f)	шаст	[ʃast]
Angelschnur (f)	ресмони шаст	[resmoni ʃast]
Haken (m)	қалмок	[qalmok]
Schwimmer (m)	ғаммозак	[ʁammozak]
Köder (m)	хӯрхӯрак	[χœrχœrak]

| die Angel auswerfen | шаст партофтан | [ʃast partoftan] |
| anbeißen (vi) | нул задан | [nul zadan] |

| Fang (m) | сайди моҳӣ | [sajdi mohi:] |
| Eisloch (n) | яхбурча | [jaχburtʃa] |

Netz (n)	тӯр	[tœr]
Boot (n)	қаиқ	[qaiq]
mit dem Netz fangen	бо тӯр доштан	[bo tœr doʃtan]
das Netz hineinwerfen	тӯр партофтан	[tœr partoftan]

| das Netz einholen | тӯр кашидан | [tœr kaʃidan] |
| ins Netz gehen | ба тӯр афтодан | [ba tœr aftodan] |

Walfänger (m)	шикори китҳо	[ʃikori kitho]
Walfangschiff (n)	киштии шикори китҳо	[kiʃti:i ʃikori kitho]
Harpune (f)	соскан	[soskan]

159. Spiele. Billard

Billard (n)	билярдбозӣ	[biljardbozi:]
Billardzimmer (n)	толори саққобозӣ	[tolori saqqobozi:]
Billardkugel (f)	саққо	[saqqo]
eine Kugel einlochen	даровардани саққо	[darovardani saqqo]
Queue (n)	кий	[kij]
Tasche (f), Loch (n)	тӯрхалтаи билярд	[tœrχaltai biljard]

160. Spiele. Kartenspiele

Karo (n)	қартаҳои хишт	[qartahoi χiʃt]
Pik (n)	қарамашшоқ	[qaramaʃʃoq]
Herz (n)	дил	[dil]
Kreuz (n)	қартаҳои чилликхол	[qartahoi tʃillikχol]
As (n)	зот	[zot]
König (m)	шоҳ	[ʃoh]
Dame (f)	модка	[modka]
Bube (m)	валет	[valet]
Spielkarte (f)	картаи бозӣ	[kartai bozi:]
Karten (pl)	қарта	[qarta]
Trumpf (m)	кузур	[kuzur]
Kartenspiel (abgenutztes ~)	дастаи қарта	[dastai qarta]
Punkt (m)	хол	[χol]
ausgeben (vt)	кашидан	[kaʃidan]
mischen (vt)	тагу рӯ кардан	[tagu rœ kardan]
Zug (m)	гашт	[gaʃt]
Falschspieler (m)	қаллоб, ғиром	[qallob], [ʁirom]

161. Kasino. Roulette

Kasino (n)	казино	[kazino]
Roulette (n)	қиморбозӣ	[qimorbozi:]
Einsatz (m)	пулмонӣ дар қимор	[pulmoni; dar qimor]
setzen (auf etwas ~)	пул мондан	[pul mondan]
Rot (n)	сурх	[surχ]
Schwarz (n)	сиёҳ	[sijɔh]
auf Rot setzen	ба сурх мондан	[ba surχ mondan]
auf Schwarz setzen	ба сиёҳ мондан	[ba sijɔh mondan]
Croupier (m)	чӯталгир	[tʃœtalgir]
das Rad drehen	давр занондани барабан	[davr zanondani baraban]
Spielregeln (pl)	қоидаи бозӣ	[qoidai bozi:]
Spielmarke (f)	мӯхрача	[mœhratʃa]
gewinnen (vt)	бурдан	[burdan]
Gewinn (m)	бурд	[burd]

| verlieren (vt) | бохтан | [boxtan] |
| Verlust (m) | бой додан | [boj dodan] |

Spieler (m)	бозингар	[bozingar]
Blackjack (n)	блек чек	[blek dʒek]
Würfelspiel (n)	мӯхрабозӣ кардан	[mœhrabozi: kardan]
Würfeln (pl)	мухра	[muhra]
Spielautomat (m)	автомати бозӣ	[avtomati bozi:]

162. Erholung. Spiele. Verschiedenes

spazieren gehen (vi)	сайр кардан	[sajr kardan]
Spaziergang (m)	гардиш, гашт	[gardiʃ], [gaʃt]
Fahrt (im Wagen)	сайрон	[sajron]
Abenteuer (n)	саргузашт	[sarguzaʃt]
Picknick (n)	пикник	[piknik]

Spiel (n)	бозӣ	[bozi:]
Spieler (m)	бозингар	[bozingar]
Partie (f)	як бор бозӣ	[jak bor bozi:]

Sammler (m)	коллексионер	[kolleksioner]
sammeln (vt)	коллексия кардан	[kolleksija kardan]
Sammlung (f)	коллексия	[kolleksija]

Kreuzworträtsel (n)	кроссворд	[krossvord]
Rennbahn (f)	ипподром	[ippodrom]
Diskothek (f)	дискотека	[diskoteka]

| Sauna (f) | сауна, ҳаммом | [sauna], [hammom] |
| Lotterie (f) | лотерея | [lotereja] |

Wanderung (f)	роҳпаймой	[rohpajmoi:]
Lager (n)	лагер	[lager]
Zelt (n)	хаймаи сайёхон	[xajmai sajjɔhon]
Kompass (m)	компас, қутбнамо	[kompas], [qutbnamo]
Tourist (m)	сайёҳ, турист	[sajjɔh], [turist]

fernsehen (vi)	нигоҳ кардан	[nigoh kardan]
Fernsehzuschauer (m)	бинанда	[binanda]
Fernsehsendung (f)	теленамоиш	[telenamoiʃ]

163. Fotografie

| Kamera (f) | фотоаппарат | [fotoapparat] |
| Foto (n) | акс, сурат | [aks], [surat] |

Fotograf (m)	суратгир	[suratgir]
Fotostudio (n)	фотостудия	[fotostudija]
Fotoalbum (n)	албоми сурат	[albomi surat]
Objektiv (n)	объектив	[ob'ektiv]
Teleobjektiv (n)	телеобъектив	[teleob'ektiv]

| Filter (n) | филтр | [filtr] |
| Linse (f) | линза | [linza] |

Optik (f)	оптика	[optika]
Blende (f)	диафрагма	[diafragma]
Belichtungszeit (f)	дошт	[doʃt]
Sucher (m)	манзарачӯ	[manzaradʒœ]

Digitalkamera (f)	суратгираки рақамй	[suratgiraki raqami:]
Stativ (n)	поя	[poja]
Blitzgerät (n)	чароғак	[tʃaroʁak]

fotografieren (vt)	сурат гирифтан	[surat giriftan]
aufnehmen (vt)	сурат гирифтан	[surat giriftan]
sich fotografieren lassen	сурати худро гирондан	[surati χudro girondan]

Fokus (m)	фокус	[fokus]
den Fokus einstellen	ба рангҳои баланд мондан	[ba ranghoi baland mondan]
scharf (~ abgebildet)	баланд	[baland]
Schärfe (f)	баланди ранг	[balandi rang]

| Kontrast (m) | акс | [aks] |
| kontrastreich | возеҳ | [vozeh] |

Aufnahme (f)	сурат	[surat]
Negativ (n)	негатив	[negativ]
Rollfilm (m)	фотонавор	[fotonavor]
Einzelbild (n)	кадр	[kadr]
drucken (vt)	чоп кардан	[tʃop kardan]

164. Strand. Schwimmen

Strand (m)	пляж	[pljaʒ]
Sand (m)	рег	[reg]
menschenleer	хилват	[χilvat]

Bräune (f)	офтобхӯрй	[oftobχœri:]
sich bräunen	гандумгун шудан	[gandumgun ʃudan]
gebräunt	гандумгун	[gandumgun]
Sonnencreme (f)	креми офтобхӯрй	[kremi oftobχœri:]

Bikini (m)	бикини	[bikini]
Badeanzug (m)	либоси оббозй	[libosi obbozi:]
Badehose (f)	плавка	[plavka]

Schwimmbad (n)	ҳавз	[havz]
schwimmen (vi)	шино кардан	[ʃino kardan]
sich umkleiden	либоси дигар пӯшидан	[libosi digar pœʃidan]
Handtuch (n)	сачоқ	[satʃoq]

Boot (n)	қаиқ	[qaiq]
Motorboot (n)	катер	[kater]
Wasserski (m)	лижаҳои обй	[liʒahoi obi:]

Tretboot (n)	велосипеди обӣ	[velosipedi obi:]
Surfen (n)	серфинг	[serfing]
Surfer (m)	серфингчӣ	[serfingʧi:]
Tauchgerät (n)	акваланг	[akvalang]
Schwimmflossen (pl)	ластхо	[lastho]
Maske (f)	ниқоб	[niqob]
Taucher (m)	ғӯтазан	[ʁœtazan]
tauchen (vi)	ғӯта задан	[ʁœta zadan]
unter Wasser	таги об	[tagi ob]
Sonnenschirm (m)	чатр	[ʧatr]
Liege (f)	шезлонг	[ʃezlong]
Sonnenbrille (f)	айнаки сиёҳ	[ajnaki sijoh]
Schwimmmatratze (f)	матраси оббозӣ	[matrasi obbozi:]
spielen (vi, vt)	бозӣ кардан	[bozi: kardan]
schwimmen gehen	оббозӣ кардан	[obbozi: kardan]
Ball (m)	тӯб	[tœb]
aufblasen (vt)	дам кардан	[dam kardan]
aufblasbar	дамшаванда	[damʃavanda]
Welle (f)	мавч	[mavʤ]
Boje (f)	шиноварак	[ʃinovarak]
ertrinken (vi)	ғарк шудан	[ʁark ʃudan]
retten (vt)	начот додан	[naʤot dodan]
Schwimmweste (f)	камзӯли начотдиҳанда	[kamzœli naʤotdihanda]
beobachten (vt)	назорат кардан	[nazorat kardan]
Bademeister (m)	начотдиҳанда	[naʤotdihanda]

TECHNISCHES ZUBEHÖR. TRANSPORT

Technisches Zubehör

165. Computer

Computer (m)	компютер	[kompjuter]
Laptop (m), Notebook (n)	ноутбук	[noutbuk]
einschalten (vt)	даргирондан	[dargirondan]
abstellen (vt)	куштан	[kuʃtan]
Tastatur (f)	клавиатура	[klaviatura]
Taste (f)	тугмача	[tugmatʃa]
Maus (f)	муш	[muʃ]
Mousepad (n)	гилемчаи муш	[gilemtʃai muʃ]
Knopf (m)	тугмача	[tugmatʃa]
Cursor (m)	курсор	[kursor]
Monitor (m)	монитор	[monitor]
Schirm (m)	экран	[ɛkran]
Festplatte (f)	диски сахт	[diski saχt]
Festplattengröße (f)	хаҷми диски сахт	[hadʒmi diski saχt]
Speicher (m)	хофиза	[hofiza]
Arbeitsspeicher (m)	хотираи фаврӣ	[χotirai favri:]
Datei (f)	файл	[fajl]
Ordner (m)	папка	[papka]
öffnen (vt)	кушодан	[kuʃodan]
schließen (vt)	пӯшидан, бастан	[pœʃidan], [bastan]
speichern (vt)	нигоҳ доштан	[nigoh doʃtan]
löschen (vt)	нобуд кардан	[nobud kardan]
kopieren (vt)	нусха бардоштан	[nusχa bardoʃtan]
sortieren (vt)	ба хелҳо ҷудо кардан	[ba χelho dʒudo kardan]
transferieren (vt)	аз нав навиштан	[az nav naviʃtan]
Programm (n)	барнома	[barnoma]
Software (f)	барномаи таъминотӣ	[barnomai ta'minoti:]
Programmierer (m)	барномасоз	[barnomasoz]
programmieren (vt)	барномасозӣ кардан	[barnomasozi: kardan]
Hacker (m)	хакер	[χaker]
Kennwort (n)	рамз	[ramz]
Virus (m, n)	вирус	[virus]
entdecken (vt)	кашф кардан	[kaʃf kardan]
Byte (n)	байт	[bajt]

Megabyte (n)	мегабайт	[megabajt]
Daten (pl)	маълумот	[ma'lumot]
Datenbank (f)	манбаи маълумот	[manbai ma'lumot]

Kabel (n)	кабел	[kabel]
trennen (vt)	чудо кардан	[ʤudo kardan]
anschließen (vt)	васл кардан	[vasl kardan]

166. Internet. E-Mail

Internet (n)	интернет	[internet]
Browser (m)	браузер	[brauzer]
Suchmaschine (f)	манбаи чустучӯкунанда	[manbai ʤustuʤœkunanda]
Provider (m)	провайдер	[provajder]

Webmaster (m)	веб-мастер	[veb-master]
Website (f)	веб-сомона	[veb-somona]
Webseite (f)	веб-сахифа	[veb-sahifa]

Adresse (f)	адрес, унвон	[adres], [unvon]
Adressbuch (n)	дафтари адресхо	[daftari adresho]

Mailbox (f)	куттии почта	[qutti:i potʃta]
Post (f)	почта	[potʃta]
überfüllt (-er Briefkasten)	пур	[pur]

Mitteilung (f)	хабар	[xabar]
eingehenden Nachrichten	хабари дароянда	[xabari darojanda]
ausgehenden Nachrichten	хабари бароянда	[xabari barojanda]

Absender (m)	ирсолкунанда	[irsolkunanda]
senden (vt)	ирсол кардан	[irsol kardan]
Absendung (f)	ирсол	[irsol]

Empfänger (m)	гиранда	[giranda]
empfangen (vt)	гирифтан	[giriftan]

Briefwechsel (m)	мукотиба	[mukotiba]
im Briefwechsel stehen	мукотиба доштан	[mukotiba doʃtan]

Datei (f)	файл	[fajl]
herunterladen (vt)	нусха бардоштан	[nusxa bardoʃtan]
schaffen (vt)	сохтан	[soxtan]
löschen (vt)	нобуд кардан	[nobud kardan]
gelöscht (Datei)	нобудшуда	[nobudʃuda]

Verbindung (f)	алока	[aloqa]
Geschwindigkeit (f)	суръат	[sur'at]
Modem (n)	модем	[modem]
Zugang (m)	даромадан	[daromadan]
Port (m)	порт	[port]

Anschluss (m)	пайвастан	[pajvastan]
sich anschließen	пайваст шудан	[pajvast ʃudan]

| auswählen (vt) | интихоб кардан | [intixob kardan] |
| suchen (vt) | чустан | [dʒustan] |

167. Elektrizität

Elektrizität (f)	барқ	[barq]
elektrisch	барқи	[barqi:]
Elektrizitätswerk (n)	стансияи барқи	[stansijai barqi:]
Energie (f)	қувва, қувват	[quvva], [quvvat]
Strom (m)	қуввai электрики	[kuvvai ɛlektriki:]

Glühbirne (f)	лампача, чароғча	[lampatʃa], [tʃaroʁtʃa]
Taschenlampe (f)	фонуси дасти	[fonusi dasti:]
Straßenlaterne (f)	фонуси кӯчаги	[fonusi kœtʃagi:]

Licht (n)	чароғ	[tʃaroʁ]
einschalten (vt)	даргирондан	[dargirondan]
ausschalten (vt)	куштан	[kuʃtan]
das Licht ausschalten	чароғро куштан	[tʃaroʁro kuʃtan]

durchbrennen (vi)	сухтан	[suxtan]
Kurzschluss (m)	расиши кӯтох	[rasiʃi kœtoh]
Riß (m)	канда шудани	[kanda ʃudani:]
Kontakt (m)	васл	[vasl]

Schalter (m)	калидак	[kalidak]
Steckdose (f)	розетка	[rozetka]
Stecker (m)	вилка	[vilka]
Verlängerung (f)	удлинител	[udlinitel]

Sicherung (f)	пешгирикунанда	[peʃgirikunanda]
Leitungsdraht (m)	сим	[sim]
Verdrahtung (f)	сими барқ	[simi barq]

Ampere (n)	ампер	[amper]
Stromstärke (f)	қувваi барқ	[quvvai barq]
Volt (n)	волт	[volt]
Voltspannung (f)	шиддат	[ʃiddat]

| Elektrogerät (n) | асбоби барқи | [asbobi barqi:] |
| Indikator (m) | индикатор | [indikator] |

Elektriker (m)	барқчи	[barqtʃi:]
löten (vt)	лахим кардан	[lahim kardan]
Lötkolben (m)	лахимкаш	[lahimkaʃ]
Strom (m)	барқ	[barq]

168. Werkzeug

Werkzeug (n)	абзор	[abzor]
Werkzeuge (pl)	асбобу анчом	[asbobu andʒom]
Ausrüstung (f)	тачхизот	[tadʒhizot]

Hammer (m)	болғача	[bolʁatʃa]
Schraubenzieher (m)	мурваттоб	[murvattob]
Axt (f)	табар	[tabar]

Säge (f)	арра	[arra]
sägen (vt)	арра кардан	[arra kardan]
Hobel (m)	ранда	[randa]
hobeln (vt)	ранда кардан	[randa kardan]
Lötkolben (m)	лаҳимкаш	[lahimkaʃ]
löten (vt)	лаҳим кардан	[lahim kardan]

Feile (f)	сӯхон	[sœhon]
Kneifzange (f)	анбӯр	[anbœr]
Flachzange (f)	анбур	[anbur]
Stemmeisen (n)	искана	[iskana]

Bohrer (m)	парма	[parma]
Bohrmaschine (f)	парма	[parma]
bohren (vt)	парма кардан	[parma kardan]

| Messer (n) | корд | [kord] |
| Klinge (f) | теғ, дам | [teʁ], [dam] |

scharf (-e Messer usw.)	тез	[tez]
stumpf	кунд	[kund]
stumpf werden (vi)	кунд шудан	[kund ʃudan]
schärfen (vt)	тез кардан	[tez kardan]

Bolzen (m)	болт	[bolt]
Mutter (f)	гайка	[gajka]
Gewinde (n)	рахапеч	[raxapetʃ]
Holzschraube (f)	мехи печдор	[meχi petʃdor]

| Nagel (m) | мех | [meχ] |
| Nagelkopf (m) | сари мех | [sari meχ] |

Lineal (n)	чадвал	[dʒadval]
Metermaß (n)	чентаноб	[tʃentanob]
Wasserwaage (f)	уровен	[uroven]
Lupe (f)	лупа, пурбин	[lupa], [purbin]

Messinstrument (n)	асбоби ченкунӣ	[asbobi tʃenkuni:]
messen (vt)	чен кардан	[tʃen kardan]
Skala (f)	чадвал	[dʒadval]
Ablesung (f)	нишондод	[niʃondod]

| Kompressor (m) | компрессор | [kompressor] |
| Mikroskop (n) | микроскоп, заррабин | [mikroskop], [zarrabin] |

Pumpe (f)	насос, обдуздак	[nasos], [obduzdak]
Roboter (m)	робот	[robot]
Laser (m)	лазер	[lazer]

Schraubenschlüssel (m)	калиди гайка	[kalidi gajka]
Klebeband (n)	скоч	[skotʃ]
Klebstoff (m)	елим, шилм	[elim], [ʃilm]

Sandpapier (n)	коғази сунбода	[koʁazi sunboda]
Sprungfeder (f)	пружин	[pruʒin]
Magnet (m)	магнит, оҳанрабо	[magnit], [ohanrabo]
Handschuhe (pl)	дастпӯшак	[dastpœʃak]

Leine (f)	арғамчин, таноб	[arʁamtʃin], [tanob]
Schnur (f)	ресмон	[resmon]
Draht (m)	сим	[sim]
Kabel (n)	кабел	[kabel]

schwerer Hammer (m)	босқон	[bosqon]
Brecheisen (n)	мисрон	[misron]
Leiter (f)	зина, зинапоя	[zina], [zinapoja]
Trittleiter (f)	нардбонча	[nardbontʃa]

zudrehen (vt)	тофтан, тоб додан	[toftan], [tob dodan]
abdrehen (vt)	тоб дода кушодан	[tob doda kuʃodan]
zusammendrücken (vt)	фишурдан	[fiʃurdan]
ankleben (vt)	часпонидан	[tʃasponidan]
schneiden (vt)	буридан	[buridan]

Störung (f)	нодурустӣ, носозӣ	[nodurusti:], [nosozi:]
Reparatur (f)	таъмир	[ta'mir]
reparieren (vt)	таъмир кардан	[ta'mir kardan]
einstellen (vt)	танзим кардан	[tanzim kardan]

prüfen (vt)	тафтиш кардан	[taftiʃ kardan]
Prüfung (f)	тафтиш	[taftiʃ]
Ablesung (f)	нишондод	[niʃondod]

| sicher (zuverlässigen) | боэътимод | [boɛ'timod] |
| kompliziert (Adj) | мураккаб | [murakkab] |

verrosten (vi)	занг задан	[zang zadan]
rostig	зангзада	[zangzada]
Rost (m)	занг	[zang]

Transport

169. Flugzeug

Flugzeug (n)	хавопаймо	[havopajmo]
Flugticket (n)	чиптаи хавопаймо	[tʃiptai havopajmo]
Fluggesellschaft (f)	ширкати хавопаймой	[ʃirkati havopajmoi:]
Flughafen (m)	аэропорт	[aɛroport]
Überschall-	фавкуссадо	[favqussado]
Flugkapitän (m)	фармондехи киштй	[farmondehi kiʃti:]
Besatzung (f)	экипаж	[ɛkipaʒ]
Pilot (m)	сарнишин	[sarniʃin]
Flugbegleiterin (f)	стюардесса	[stjuardessa]
Steuermann (m)	штурман	[ʃturman]
Flügel (pl)	қанот	[qanot]
Schwanz (m)	дум	[dum]
Kabine (f)	кабина	[kabina]
Motor (m)	муҳаррик	[muharrik]
Fahrgestell (n)	шассй	[ʃassi:]
Turbine (f)	турбина	[turbina]
Propeller (m)	пропеллер	[propeller]
Flugschreiber (m)	қуттии сиёҳ	[qutti:i sijɔh]
Steuerrad (n)	суккон	[sukkon]
Treibstoff (m)	сӯзишворй	[sœziʃvori:]
Sicherheitskarte (f)	дастурамали бехатарй	[dasturamali beχatari:]
Sauerstoffmaske (f)	ниқоби ҳавои тоза	[niqobi havoi toza]
Uniform (f)	либоси расмй	[libosi rasmi:]
Rettungsweste (f)	камзӯли наҷотдиҳанда	[kamzœli nadʒotdihanda]
Fallschirm (m)	парашют	[paraʃjut]
Abflug, Start (m)	парвоз	[parvoz]
starten (vi)	парвоз кардан	[parvoz kardan]
Startbahn (f)	хати парвоз	[χati parvoz]
Sicht (f)	софии ҳаво	[sofi:i havo]
Flug (m)	парвоз	[parvoz]
Höhe (f)	баландй	[balandi:]
Luftloch (n)	чоҳи ҳаво	[tʃohi havo]
Platz (m)	ҷой	[dʒoj]
Kopfhörer (m)	гӯшак, гӯшпӯшак	[gœʃak], [gœʃpœʃak]
Klapptisch (m)	мизчаи вошаванда	[miztʃai voʃavanda]
Bullauge (n)	иллюминатор	[illjuminator]
Durchgang (m)	гузаргоҳ	[guzargoh]

170. Zug

Zug (m)	поезд, қатор	[poezd], [qator]
elektrischer Zug (m)	қатораи барқӣ	[qatorai barqi:]
Schnellzug (m)	қатораи тезгард	[qatorai tezgard]
Diesellok (f)	тепловоз	[teplovoz]
Dampflok (f)	паровоз	[parovoz]
Personenwagen (m)	вагон	[vagon]
Speisewagen (m)	вагон-ресторан	[vagon-restoran]
Schienen (pl)	релсхо	[relsho]
Eisenbahn (f)	роҳи оҳан	[rohi ohan]
Bahnschwelle (f)	шпала	[ʃpala]
Bahnsteig (m)	платформа	[platforma]
Gleis (n)	роҳ	[roh]
Eisenbahnsignal (n)	семафор	[semafor]
Station (f)	истгоҳ	[istgoh]
Lokomotivführer (m)	мошинист	[moʃinist]
Träger (m)	ҳаммол	[hammol]
Schaffner (m)	роҳбалад	[rohbalad]
Fahrgast (m)	мусофир	[musofir]
Fahrkartenkontrolleur (m)	нозир	[nozir]
Flur (m)	коридор	[koridor]
Notbremse (f)	стоп-кран	[stop-kran]
Abteil (n)	купе	[kupe]
Liegeplatz (m), Schlafkoje (f)	кат	[kat]
oberer Liegeplatz (m)	кати боло	[kati bolo]
unterer Liegeplatz (m)	кати поён	[kati pojon]
Bettwäsche (f)	чилдҳои болишту бистар	[dʒildhoi boliʃtu bistar]
Fahrkarte (f)	билет	[bilet]
Fahrplan (m)	ҷадвал	[dʒadval]
Anzeigetafel (f)	ҷадвал	[dʒadval]
abfahren (der Zug)	дур шудан	[dur ʃudan]
Abfahrt (f)	равон кардан	[ravon kardan]
ankommen (der Zug)	омадан	[omadan]
Ankunft (f)	омадан	[omadan]
mit dem Zug kommen	бо қатора омадан	[bo qatora omadan]
in den Zug einsteigen	ба қатора нишастан	[ba qatora niʃastan]
aus dem Zug aussteigen	фаромадан	[faromadan]
Zugunglück (n)	садама	[sadama]
entgleisen (vi)	аз релс баромадан	[az rels baromadan]
Dampflok (f)	паровоз	[parovoz]
Heizer (m)	алавмон	[alavmon]
Feuerbüchse (f)	оташдон	[otaʃdon]
Kohle (f)	ангишт	[angiʃt]

171. Schiff

Schiff (n)	киштӣ	[kiʃti:]
Fahrzeug (n)	киштӣ	[kiʃti:]
Dampfer (m)	пароход	[paroχod]
Motorschiff (n)	теплоход	[teploχod]
Kreuzfahrtschiff (n)	лайнер	[lajner]
Kreuzer (m)	крейсер	[krejser]
Jacht (f)	яхта	[jaχta]
Schlepper (m)	таноби ядак	[tanobi jadak]
Lastkahn (m)	баржа	[barʒa]
Fähre (f)	паром	[parom]
Segelschiff (n)	киштии бодбондор	[kiʃti:i bodbondor]
Brigantine (f)	бригантина	[brigantina]
Eisbrecher (m)	киштии яхшикан	[kiʃti:i jaχʃikan]
U-Boot (n)	киштии зериобӣ	[kiʃti:i zeriobi:]
Boot (n)	қаиқ	[qaiq]
Dingi (n), Beiboot (n)	қаиқ	[qaiq]
Rettungsboot (n)	завраҡи наҷот	[zavraqi nadʒot]
Motorboot (n)	катер	[kater]
Kapitän (m)	капитан	[kapitan]
Matrose (m)	баҳрчӣ, маллоҳ	[bahrtʃi:], [malloh]
Seemann (m)	баҳрчӣ	[bahrtʃi:]
Besatzung (f)	экипаж	[ɛkipaʒ]
Bootsmann (m)	ботсман	[botsman]
Schiffsjunge (m)	маллоҳбача	[mallohbatʃa]
Schiffskoch (m)	кок, ошпази киштӣ	[kok], [oʃpazi kiʃti:]
Schiffsarzt (m)	духтури киштӣ	[duχturi kiʃti:]
Deck (n)	саҳни киштӣ	[sahni kiʃti:]
Mast (m)	сутуни киштӣ	[sutuni kiʃti:]
Segel (n)	бодбон	[bodbon]
Schiffsraum (m)	таҳхонаи киштӣ	[tahχonai kiʃti:]
Bug (m)	сари кишти	[sari kiʃti]
Heck (n)	думи киштӣ	[dumi kiʃti:]
Ruder (n)	бели завраҡ	[beli zavraq]
Schraube (f)	винт	[vint]
Kajüte (f)	каюта	[kajuta]
Messe (f)	кают-компания	[kajut-kompanija]
Maschinenraum (m)	шӯъбаи мошинхо	[ʃœ'bai moʃinho]
Kommandobrücke (f)	арша	[arʃa]
Funkraum (m)	радиохона	[radioχona]
Radiowelle (f)	мавҷ	[mavdʒ]
Schiffstagebuch (n)	журнали киштӣ	[ʒurnali kiʃti:]
Fernrohr (n)	дурбин	[durbin]
Glocke (f)	нокус, зангӯла	[noqus], [zangœla]

Fahne (f)	байрак	[bajrak]
Seil (n)	арғамчини ғафс	[arʁamtʃini ʁafs]
Knoten (m)	гирех	[gireh]

| Geländer (n) | даста барои қапидан | [dasta baroi qapidan] |
| Treppe (f) | зинапоя | [zinapoja] |

Anker (m)	лангар	[langar]
den Anker lichten	лангар бардоштан	[langar bardoʃtan]
Anker werfen	лангар андохтан	[langar andoχtan]
Ankerkette (f)	занҷири лангар	[zandʒiri langar]

Hafen (m)	бандар	[bandar]
Anlegestelle (f)	ҷои киштибандӣ	[dʒoi kiʃtibandi:]
anlegen (vi)	ба соҳил овардан	[ba sohil ovardan]
abstoßen (vt)	ҳаракат кардан	[harakat kardan]

Reise (f)	саёҳат	[sajohat]
Kreuzfahrt (f)	круиз	[kruiz]
Kurs (m), Richtung (f)	самт	[samt]
Reiseroute (f)	маршрут	[marʃrut]

Fahrwasser (n)	маъбар	[ma'bar]
Untiefe (f)	тунукоба	[tunukoba]
stranden (vi)	ба тунукоба шиштан	[ba tunukoba ʃiʃtan]

Sturm (m)	тӯфон, бӯрои	[tœfon], [bœroi]
Signal (n)	бонг, ишорат	[bong], [iʃorat]
untergehen (vi)	ғарк шудан	[ʁark ʃudan]
Mann über Bord!	Одам дар об!	[odam dar ob]
SOS	SOS	[sos]
Rettungsring (m)	чамбари наҷот	[tʃambari nadʒot]

172. Flughafen

Flughafen (m)	аэропорт	[aɛroport]
Flugzeug (n)	ҳавопаймо	[havopajmo]
Fluggesellschaft (f)	ширкати ҳавопаймой	[ʃirkati havopajmoi:]
Fluglotse (m)	диспечер	[dispetʃer]

Abflug (m)	парвоз	[parvoz]
Ankunft (f)	парида омадан	[parida omadan]
anfliegen (vi)	парида омадан	[parida omadan]

| Abflugzeit (f) | вақти паридан | [vaqti paridan] |
| Ankunftszeit (f) | вақти шиштан | [vaqti ʃiʃtan] |

| sich verspäten | боздоштан | [bozdoʃtan] |
| Abflugverspätung (f) | боздоштани парвоз | [bozdoʃtani parvoz] |

Anzeigetafel (f)	тахтаи ахборот	[taχtai aχborot]
Information (f)	ахборот	[aχborot]
ankündigen (vt)	эълон кардан	[ɛ'lon kardan]
Flug (m)	сафар, рейс	[safar], [rejs]

| Zollamt (n) | гумрукхона | [gumrukχona] |
| Zollbeamter (m) | гумрукчй | [gumruktʃi:] |

Zolldeklaration (f)	декларатсияи гумрукй	[deklaratsijai gumruki:]
ausfüllen (vt)	пур кардан	[pur kardan]
die Zollerklärung ausfüllen	пур кардани декларатсия	[pur kardani deklaratsija]
Passkontrolle (f)	назорати шиносинома	[nazorati ʃinosnoma]

Gepäck (n)	бағоч, бор	[baʁodʒ], [bor]
Handgepäck (n)	бори дастй	[bori dasti:]
Kofferkuli (m)	аробаи бағочкашй	[arobai boʁotʃkaʃi:]

Landung (f)	фуруд	[furud]
Landebahn (f)	хати нишаст	[χati niʃast]
landen (vi)	нишастан	[niʃastan]
Fluggasttreppe (f)	зинапояи киштй	[zinapojai kiʃti:]

Check-in (n)	бақайдгирй	[baqajdgiri:]
Check-in-Schalter (m)	қатори бақайдгирй	[qatori baqajdgiri:]
sich registrieren lassen	қайд кунондан	[qajd kunondan]
Bordkarte (f)	талони саворшавй	[taloni savorʃavi:]
Abfluggate (n)	баромадан	[baromadan]

Transit (m)	транзит	[tranzit]
warten (vi)	поидан	[poidan]
Wartesaal (m)	толори интизорй	[tolori intizori:]
begleiten (vt)	гусел кардан	[gusel kardan]
sich verabschieden	падруд гуфтан	[padrud guftan]

173. Fahrrad. Motorrad

Fahrrad (n)	велосипед	[velosiped]
Motorroller (m)	мотороллер	[motoroller]
Motorrad (n)	мотосикл	[motosikl]

Rad fahren	бо велосипед рафтан	[bo velosiped raftan]
Lenkstange (f)	рул	[rul]
Pedal (n)	педал	[pedal]
Bremsen (pl)	тормозхо	[tormozho]
Sattel (m)	зин	[zin]

Pumpe (f)	насос	[nasos]
Gepäckträger (m)	бағочмонак	[baʁodʒmonak]
Scheinwerfer (m)	фонус	[fonus]
Helm (m)	хӯд	[χœd]

Rad (n)	чарх	[tʃarχ]
Schutzblech (n)	чархпӯш	[tʃarχpœʃ]
Felge (f)	чанбар	[tʃanbar]
Speiche (f)	парра	[parra]

Autos

174. Autotypen

Auto (n)	автомобил	[avtomobil]
Sportwagen (m)	мошини варзишй	[moʃini varziʃiː]
Limousine (f)	лимузин	[limuzin]
Geländewagen (m)	ҳарчогард, чип	[hardʒogard], [dʒip]
Kabriolett (n)	кабриолет	[kabriolet]
Kleinbus (m)	микроавтобус	[mikroavtobus]
Krankenwagen (m)	ёрии таъчилй	[joriː ta'dʒiliː]
Schneepflug (m)	мошини барфрӯб	[moʃini barfrœb]
Lastkraftwagen (m)	мошини боркаш	[moʃini borkaʃ]
Tankwagen (m)	бензинкаш	[benzinkaʃ]
Kastenwagen (m)	автомобили боркаш	[avtomobili borkaʃ]
Sattelzug (m)	ядакмошин	[jadakmoʃin]
Anhänger (m)	шатак	[ʃatak]
komfortabel	бароҳат	[barohat]
gebraucht	нимдошт	[nimdoʃt]

175. Autos. Karosserie

Motorhaube (f)	капот	[kapot]
Kotflügel (m)	чархпӯш	[tʃarχpœʃ]
Dach (n)	бом	[bom]
Windschutzscheibe (f)	оинаи шамолпаноҳ	[oinai ʃamolpanoh]
Rückspiegel (m)	оинаи манзараи ақиб	[oinai manzarai aqib]
Scheibenwaschanlage (f)	шӯянда	[ʃœjanda]
Scheibenwischer (m)	чӯткаҳои оинатозакунак	[tʃœtkahoi oinatozakunak]
Seitenscheibe (f)	паҳлӯоина	[pahlœoina]
Fensterheber (m)	оинабардор	[oinabardor]
Antenne (f)	антенна	[antenna]
Schiebedach (n)	люк	[ljuk]
Stoßstange (f)	бампер	[bamper]
Kofferraum (m)	бағочмонак	[baʁodʒmonak]
Dachgepäckträger (m)	бормонак	[bormonak]
Wagenschlag (m)	дарича	[daritʃa]
Türgriff (m)	дастак	[dastak]
Türschloss (n)	қулф	[qulf]
Nummernschild (n)	рақам	[raqam]
Auspufftopf (m)	садонишонак	[sadoniʃonak]

| Benzintank (m) | баки бензин | [baki benzin] |
| Auspuffrohr (n) | лӯлаи дудбаро | [lœlai dudbaro] |

Gas (n)	газ	[gaz]
Pedal (n)	педал	[pedal]
Gaspedal (n)	педали газ	[pedali gaz]

Bremse (f)	тормоз	[tormoz]
Bremspedal (n)	педали тормоз	[pedali tormoz]
bremsen (vi)	тормоз додан	[tormoz dodan]
Handbremse (f)	тормози дастӣ	[tormozi dasti:]

Kupplung (f)	муфт	[muft]
Kupplungspedal (n)	педали муфт	[pedali muft]
Kupplungsscheibe (f)	чархмолаи пайвасткунӣ	[tʃarχmolai pajvastkuni:]
Stoßdämpfer (m)	амортизатор	[amortizator]

Rad (n)	чарх	[tʃarχ]
Reserverad (n)	чархи эҗтиётӣ	[tʃarχi ɛhtijɔti:]
Reifen (m)	покришка	[pokriʃka]
Radkappe (f)	колпак	[kolpak]

Triebräder (pl)	чархҳои баранда	[tʃarχhoi baranda]
mit Vorderantrieb	бо чархони пеш ҳаракаткунанда	[bo tʃarχoni peʃ harakatkunanda]
mit Hinterradantrieb	бо чархони ақиб амалкунанда	[bo tʃarχoni aqib amalkunanda]
mit Allradantrieb	бо чор чарх ҳаракаткунанда	[bo tʃor tʃarχ harakatkunanda]

Getriebe (n)	суръаткуттӣ	[sur'atqutti:]
Automatik-	автоматӣ	[avtomati:]
Schalt-	механикӣ	[meχaniki:]
Schalthebel (m)	фишанги суръаткуттӣ	[fiʃangi sur'atqutti:]

| Scheinwerfer (m) | чароғ | [tʃaroʁ] |
| Scheinwerfer (pl) | чароғҳо | [tʃaroʁho] |

Abblendlicht (n)	чароғи наздик	[tʃaroʁi nazdik]
Fernlicht (n)	чароғи дур	[tʃaroʁi dur]
Stopplicht (n)	стоп-сигнал	[stop-signal]

Standlicht (n)	чароғаки габаритӣ	[tʃaroʁaki gabariti:]
Warnblinker (m)	чароғаки садамавӣ	[tʃaroʁaki sadamavi:]
Nebelscheinwerfer (pl)	чароғаки зидди туман	[tʃaroʁaki ziddi tuman]
Blinker (m)	нишондиҳандаи гардиш	[niʃondihandai gardiʃ]
Rückfahrscheinwerfer (m)	чароғаки ақибравӣ	[tʃaroʁaki aqibravi:]

176. Autos. Fahrgastraum

Wageninnere (n)	салони мошин	[saloni moʃin]
Leder-	… и чармин	[i tʃarmin]
aus Velours	велюрӣ	[veljuri:]
Polster (n)	рӯйкаш	[rœjkaʃ]

Instrument (n)	асбоб	[asbob]
Armaturenbrett (n)	лавхаи асбобхо	[lavhai asbobho]
Tachometer (m)	суръатсанч	[sur'atsandʒ]
Nadel (f)	акрабак	[akrabak]

Kilometerzähler (m)	хисобкунаки масофа	[hisobkunaki masofa]
Anzeige (Temperatur-)	хабардихҙанда	[χabardihanda]
Pegel (m)	сатх	[sath]
Kontrollleuchte (f)	чарогак	[tʃaroʁak]

Steuerrad (n)	рул	[rul]
Hupe (f)	сигнал	[signal]
Knopf (m)	тугмача	[tugmatʃa]
Umschalter (m)	калид	[kalid]

Sitz (m)	курсӣ	[kursi:]
Rückenlehne (f)	пуштаки курсӣ	[puʃtaki kursi:]
Kopfstütze (f)	сармонаки курсӣ	[sarmonaki kursi:]
Sicherheitsgurt (m)	тасмаи бехатарӣ	[tasmai beχatari:]
sich anschnallen	тасма гузарондан	[tasma guzarondan]
Einstellung (f)	танзим	[tanzim]

| Airbag (m) | кисаи хаво | [kisai havo] |
| Klimaanlage (f) | кондитсионер | [konditsioner] |

Radio (n)	радио	[radio]
CD-Spieler (m)	CD-монак	[ɔɛ-monak]
einschalten (vt)	даргирондан	[dargirondan]
Antenne (f)	антенна	[antenna]
Handschuhfach (n)	чойи дастпӯшакхо	[dʒoji dastpœʃakho]
Aschenbecher (m)	хокистардон	[χokistardon]

177. Autos. Motor

Triebwerk (n)	мухаррик	[muharrik]
Motor (m)	мотор	[motor]
Diesel-	дизелӣ	[dizeli:]
Benzin-	бо бензин коркунанда	[bo benzin korkunanda]

Hubraum (m)	хачми мухаррик	[hadʒmi muharrik]
Leistung (f)	иктидор	[iqtidor]
Pferdestärke (f)	кувваи асп	[quvvai asp]
Kolben (m)	поршен	[porʃen]
Zylinder (m)	силиндр	[silindr]
Ventil (n)	клапан	[klapan]

Injektor (m)	инжектор	[inʒektor]
Generator (m)	генератор	[generator]
Vergaser (m)	карбюратор	[karbjurator]
Motoröl (n)	равгани мухаррик	[ravʁani muharrik]

Kühler (m)	радиатор	[radiator]
Kühlflüssigkeit (f)	моеи хунуккунанда	[moei χunukkunanda]
Ventilator (m)	бодкаш	[bodkaʃ]

Autobatterie (f)	аккумулятор	[akkumuljator]
Anlasser (m)	корандози муҳаррик	[korandozi muharrik]
Zündung (f)	даргиронӣ	[dargironi:]
Zündkerze (f)	свечаи мошин	[svetʃai moʃin]

Klemme (f)	пайвандак	[pajvandak]
Pluspol (m)	ҷамъ	[dʒam']
Minuspol (m)	тарх	[tarh]
Sicherung (f)	пешгирикунанда	[peʃgirikunanda]

Luftfilter (m)	филтри ҳаво	[filtri havo]
Ölfilter (m)	филтри равған	[filtri ravʁan]
Treibstofffilter (m)	филтри сӯзишворӣ	[filtri sœziʃvori:]

178. Autos. Unfall. Reparatur

Unfall (m)	садама	[sadama]
Verkehrsunfall (m)	садамаи нақлиётӣ	[sadamai naqlijoti:]
fahren gegen ...	бархӯрдан	[barxœrdan]
verunglücken (vi)	маҷрӯҳ шудан	[madʒrœh ʃudan]
Schaden (m)	осеб	[oseb]
heil (Adj)	саломат	[salomat]

Panne (f)	садама	[sadama]
kaputtgehen (vi)	шикастан	[ʃikastan]
Abschleppseil (n)	трос	[tros]

Reifenpanne (f)	кафидааст	[kafidaast]
platt sein	холӣ шудан	[χoli: ʃudan]
pumpen (vt)	дам кардан	[dam kardan]
Reifendruck (m)	фишор	[fiʃor]
prüfen (vt)	тафтиш кардан	[taftiʃ kardan]

Reparatur (f)	таъмир	[ta'mir]
Reparaturwerkstatt (f)	автосервис	[avtoservis]
Ersatzteil (n)	қисми эҳтиётӣ	[qismi ɛhtijoti:]
Einzelteil (n)	қисм	[qism]

Bolzen (m)	болт	[bolt]
Schraube (f)	винт	[vint]
Schraubenmutter (f)	гайка	[gajka]
Scheibe (f)	шайба	[ʃajba]
Lager (n)	подшипник	[podʃipnik]

Rohr (Abgas-)	найча	[najtʃa]
Dichtung (f)	мағзӣ	[maʁzi:]
Draht (m)	сим	[sim]

Wagenheber (m)	домкрат	[domkrat]
Schraubenschlüssel (m)	калиди гайка	[kalidi gajka]
Hammer (m)	болғача	[bolʁatʃa]
Pumpe (f)	насос	[nasos]
Schraubenzieher (m)	мурваттоб	[murvattob]
Feuerlöscher (m)	оташнишон	[otaʃniʃon]

Warndreieck (n)	секунчаи садамавӣ	[sekundʒai sadamavi:]
abwürgen (Motor)	аз кор мондан	[az kor mondan]
Anhalten (~ des Motors)	хомӯш кардан	[xomœʃ kardan]
kaputt sein	шикастан	[ʃikastan]

überhitzt werden (Motor)	тафсидан	[tafsidan]
verstopft sein	аз чирк маҳкам шудан	[az ʧirk mahkam ʃudan]
einfrieren (Schloss, Rohr)	ях бастан	[jax bastan]
zerplatzen (vi)	кафидан	[kafidan]

Druck (m)	фишор	[fiʃor]
Pegel (m)	сатҳ	[sath]
schlaff (z.B. -e Riemen)	суст шудааст	[sust ʃudaast]

Delle (f)	пачақ	[paʧaq]
Klopfen (n)	овоз, садо	[ovoz], [sado]
Riß (m)	тарқиш	[tarqiʃ]
Kratzer (m)	харош	[xaroʃ]

179. Autos. Straßen

Fahrbahn (f)	роҳ, раҳ	[roh], [rah]
Schnellstraße (f)	автомагистрал	[avtomagistral]
Autobahn (f)	шоссе	[ʃosse]
Richtung (f)	самт	[samt]
Entfernung (f)	масофат	[masofat]

Brücke (f)	пул, кӯпрук	[pul], [kœpruk]
Parkplatz (m)	ҷойи мошинмонӣ	[dʒoji moʃinmoni:]
Platz (m)	майдон	[majdon]
Autobahnkreuz (n)	чорсӯ	[ʧorsœ]
Tunnel (m)	туннел	[tunnel]

Tankstelle (f)	колонкаи бензингири	[kolonkai benzingiri]
Parkplatz (m)	истгоҳи мошинҳо	[istgohi moʃinho]
Zapfsäule (f)	бензокалонка	[benzokalonka]
Reparaturwerkstatt (f)	автосервис	[avtoservis]
tanken (vt)	пур кардан	[pur kardan]
Treibstoff (m)	сӯзишворӣ	[sœziʃvori:]
Kanister (m)	канистра	[kanistra]

Asphalt (m)	асфалт	[asfalt]
Markierung (f)	нишонагузорӣ	[niʃonaguzori:]
Bordstein (m)	ҳошия, канора	[hoʃija], [kanora]
Leitplanke (f)	деворак	[devorak]
Graben (m)	чӯйбор	[dʒœjbor]
Straßenrand (m)	канори роҳ	[kanori roh]
Straßenlaterne (f)	сутун	[sutun]

fahren (vt)	рондан	[rondan]
abbiegen (nach links ~)	гардонидан	[gardonidan]
umkehren (vi)	тоб хӯрдан	[tob xœrdan]
Rückwärtsgang (m)	ақиб рафтан	[aqib raftan]
hupen (vi)	сигнал додан	[signal dodan]

Hupe (f)	бонг	[bong]
stecken (im Schlamm ~)	дармондан	[darmondan]
durchdrehen (Räder)	андармон шудан	[andarmon ʃudan]
abstellen (Motor ~)	хомӯш кардан	[xomœʃ kardan]

Geschwindigkeit (f)	суръат	[sur'at]
Geschwindigkeit überschreiten	суръат баланд кардан	[sur'at baland kardan]
bestrafen (vt)	ҷарима андохтан	[dʒarima andoxtan]
Ampel (f)	чароғи раҳнамо	[tʃaroʁi rahnamo]
Führerschein (m)	ҳуҷҷати ронандагӣ	[hudʒdʒati ronandagi:]

Bahnübergang (m)	гузаргоҳ	[guzargoh]
Straßenkreuzung (f)	чорраҳа	[tʃorraha]
Fußgängerüberweg (m)	гузаргоҳи пиёдагардон	[guzargohi pijodagardon]
Kehre (f)	гардиш	[gardiʃ]
Fußgängerzone (f)	роҳи пиёдагард	[rohi pijodagard]

180. Verkehrszeichen

Verkehrsregeln (pl)	қоидаи ҳаракати роҳ	[qoidai harakati roh]
Verkehrszeichen (n)	нишонаи роҳ	[niʃonai roh]
Überholen (n)	пешкунӣ	[peʃkuni:]
Kurve (f)	гардиш	[gardiʃ]
Wende (f)	ҳамгашт	[hamgaʃt]
Kreisverkehr (m)	ҳаракати гирдобагирд	[harakati girdobagird]

Einfahrt verboten	даромадан манъ аст	[daromadan man' ast]
Verkehr verboten	ҳаракат манъ аст	[harakat man' ast]
Überholverbot	пешкунӣ манъ аст	[peʃkuni: man' ast]
Parken verboten	таваққуф манъ аст	[tavaqquf man' ast]
Halteverbot	истодан манъ аст	[istodan man' ast]

gefährliche Kurve (f)	хамгашти сахт	[xamgaʃti saxt]
Gefälle (n)	нишеби рост	[niʃebi rost]
Einbahnstraße (f)	ҳаракати якҷониба	[harakati jakdʒoniba]
Fußgängerüberweg (m)	гузаргоҳи пиёдагардон	[guzargohi pijodagardon]
Schleudergefahr	роҳи лағжон	[rohi laʁʒon]
Vorfahrt gewähren!	роҳ додан	[roh dodan]

MENSCHEN. LEBENSEREIGNISSE

Lebensereignisse

181. Feiertage. Ereignis

Fest (n)	ид, чашн	[id], [dʒaʃn]
Nationalfeiertag (m)	иди миллй	[idi milli:]
Feiertag (m)	рӯзи ид	[rœzi id]
feiern (vt)	ид кардан	[id kardan]

Ereignis (n)	воқеа, ҳодиса	[voqea], [hodisa]
Veranstaltung (f)	чорабинй	[tʃorabini:]
Bankett (n)	зиёфати бошукӯҳ	[zijɔfati boʃukœh]
Empfang (m)	қабул, зиёфат	[qabul], [zijɔfat]
Festmahl (n)	базм	[bazm]

Jahrestag (m)	солгард, солагй	[solgard], [solagi:]
Jubiläumsfeier (f)	чашн	[dʒaʃn]
begehen (vt)	чашн гирифтан	[dʒaʃn giriftan]

Neujahr (n)	Соли Нав	[soli nav]
Frohes Neues Jahr!	Соли нав муборак!	[soli nav muborak]
Weihnachtsmann (m)	Бобои барфй	[boboi barfi:]

Weihnachten (n)	Мавлуди Исо	[mavludi iso]
Frohe Weihnachten!	Иди мавлуд муборак!	[idi mavlud muborak]
Tannenbaum (m)	арчаи солинавй	[artʃai solinavi:]
Feuerwerk (n)	салют	[saljut]

Hochzeit (f)	тӯй, тӯйи арӯсй	[tœj], [tœji arœsi:]
Bräutigam (m)	домод, домодшаванда	[domod], [domodʃavanda]
Braut (f)	арӯс	[arœs]

einladen (vt)	даъват кардан	[da'vat kardan]
Einladung (f)	даъватнома	[da'vatnoma]

Gast (m)	меҳмон	[mehmon]
besuchen (vt)	ба меҳмонй рафтан	[ba mehmoni: raftan]
Gäste empfangen	қабули меҳмонҳо	[qabuli mehmonho]

Geschenk (n)	тӯҳфа	[tœhfa]
schenken (vt)	бахшидан	[baxʃidan]
Geschenke bekommen	туҳфа гирифтан	[tuhfa giriftan]
Blumenstrauß (m)	дастаи гул	[dastai gul]

Glückwunsch (m)	муборакбод	[muborakbod]
gratulieren (vi)	муборакбод гуфтан	[muborakbod guftan]
Glückwunschkarte (f)	аткриткаи табрикй	[atkritkai tabriki:]

| eine Karte abschicken | фиристодани аткритка | [firistodani atkritka] |
| eine Karte erhalten | аткритка гирифтан | [atkritka giriftan] |

Trinkspruch (m)	нӯшбод	[nœʃbod]
anbieten (vt)	зиёфат кардан	[zijɔfat kardan]
Champagner (m)	шампан	[ʃampan]

sich amüsieren	хурсандӣ кардан	[χursandi: kardan]
Fröhlichkeit (f)	шодӣ, хурсандӣ	[ʃodi:], [χursandi:]
Freude (f)	шодӣ	[ʃodi:]

| Tanz (m) | ракс | [raks] |
| tanzen (vi, vt) | рақсидан | [raqsidan] |

| Walzer (m) | валс | [vals] |
| Tango (m) | танго | [tango] |

182. Bestattungen. Begräbnis

Friedhof (m)	гӯристон, қабристон	[gœriston], [qabriston]
Grab (n)	гӯр, кабр	[gœr], [kabr]
Kreuz (n)	салиб	[salib]
Grabstein (m)	санги қабр	[sangi qabr]
Zaun (m)	панчара	[pandʒara]
Kapelle (f)	калисои хурд	[kalisoi χurd]

Tod (m)	марг	[marg]
sterben (vi)	мурдан	[murdan]
Verstorbene (m)	раҳматӣ	[rahmati:]
Trauer (f)	мотам	[motam]

begraben (vt)	гӯр кардан	[gœr kardan]
Bestattungsinstitut (n)	бюрои дафнкунӣ	[bjuroi dafnkuni:]
Begräbnis (n)	дафн, чаноза	[dafn], [dʒanoza]
Kranz (m)	гулчанбар	[gulʧanbar]
Sarg (m)	тобут	[tobut]
Katafalk (m)	аробаи тобуткашӣ	[arobai tobutkaʃi]
Totenhemd (n)	кафан	[kafan]

Trauerzug (m)	чараёни дафнкунӣ	[dʒarajɔni dafnkuni:]
Urne (f)	зарфи хокистари мурдаи сӯзондашуда	[zarfi χokistari murdai sœzondaʃuda]
Krematorium (n)	хонаи мурдасӯзӣ	[χonai murdasœzi:]

Nachruf (m)	таъзиянома	[ta'zijanoma]
weinen (vi)	гиря кардан	[girja kardan]
schluchzen (vi)	нолидан	[nolidan]

183. Krieg. Soldaten

| Zug (m) | взвод | [vzvod] |
| Kompanie (f) | рота | [rota] |

Regiment (n)	полк	[polk]
Armee (f)	армия, қӯшун	[armija], [qœʃun]
Division (f)	дивизия	[divizija]

| Abteilung (f) | даста | [dasta] |
| Heer (n) | қӯшун | [qœʃun] |

| Soldat (m) | аскар | [askar] |
| Offizier (m) | афсар | [afsar] |

Soldat (m)	аскари қаторй	[askari qatori:]
Feldwebel (m)	сержант	[serʒant]
Leutnant (m)	лейтенант	[lejtenant]
Hauptmann (m)	капитан	[kapitan]
Major (m)	майор	[majɔr]
Oberst (m)	полковник	[polkovnik]
General (m)	генерал	[general]

Matrose (m)	баҳрчй	[bahrtʃi:]
Kapitän (m)	капитан	[kapitan]
Bootsmann (m)	ботсман	[botsman]

Artillerist (m)	артиллерися	[artillerisja]
Fallschirmjäger (m)	десантчй	[desanttʃi:]
Pilot (m)	лётчик	[ljottʃik]
Steuermann (m)	штурман	[ʃturman]
Mechaniker (m)	механик	[meχanik]

Pionier (m)	сапёр	[sapjɔr]
Fallschirmspringer (m)	парашютчй	[paraʃʃuttʃi:]
Aufklärer (m)	разведкачй	[razvedkatʃi:]
Scharfschütze (m)	мерган	[mergan]

Patrouille (f)	посбон	[posbon]
patrouillieren (vi)	посбонй кардан	[posboni: kardan]
Wache (f)	посбон	[posbon]

| Krieger (m) | чанговар, аскар | [dʒangovar], [askar] |
| Patriot (m) | ватандӯст | [vatandœst] |

| Held (m) | қаҳрамон | [qahramon] |
| Heldin (f) | қаҳрамонзан | [qahramonzan] |

| Verräter (m) | хоин, хиёнаткор | [χoin], [χijɔnatkor] |
| verraten (vt) | хиёнат кардан | [χijɔnat kardan] |

| Deserteur (m) | гуреза, фирорй | [gureza], [firori:] |
| desertieren (vi) | фирор кардан | [firor kardan] |

Söldner (m)	зархарид	[zarχarid]
Rekrut (m)	аскари нав	[askari nav]
Freiwillige (m)	довталаб	[dovtalab]

Getoetete (m)	кушташуда	[kuʃtaʃuda]
Verwundete (m)	захмдор	[zaχmdor]
Kriegsgefangene (m)	асир	[asir]

184. Krieg. Militärische Aktionen. Teil 1

Krieg (m)	ҷанг	[dʒang]
Krieg führen	ҷангидан	[dʒangidan]
Bürgerkrieg (m)	ҷанги гражданӣ	[dʒangi graʒdani:]
heimtückisch (Adv)	аҳдшиканона	[ahdʃikanona]
Kriegserklärung (f)	эълони ҷанг	[ɛ'loni dʒang]
erklären (den Krieg ~)	эълон кардан	[ɛ'lon kardan]
Aggression (f)	таҷовуз, агрессия	[tadʒovuz], [agressija]
einfallen (Staat usw.)	ҳуҷум кардан	[hudʒum kardan]
einfallen (in ein Land ~)	забт кардан	[zabt kardan]
Invasoren (pl)	забткунанда	[zabtkunanda]
Eroberer (m), Sieger (m)	забткунанда	[zabtkunanda]
Verteidigung (f)	мудофиа	[mudofia]
verteidigen (vt)	мудофиа кардан	[mudofia kardan]
sich verteidigen	худро мудофиа кардан	[χudro mudofia kardan]
Feind (m)	душман	[duʃman]
Gegner (m)	рақиб	[raqib]
Feind-	… и душман	[i duʃman]
Strategie (f)	стратегия	[strategija]
Taktik (f)	тактика	[taktika]
Befehl (m)	фармон	[farmon]
Anordnung (f)	фармон	[farmon]
befehlen (vt)	фармон додан	[farmon dodan]
Auftrag (m)	супориш	[suporiʃ]
geheim (Adj)	пинҳонӣ	[pinhoni:]
Schlacht (f)	ҷанг	[dʒang]
Kampf (m)	муҳориба	[muhoriba]
Angriff (m)	ҳамла	[hamla]
Sturm (m)	ҳуҷум	[hudʒum]
stürmen (vt)	ҳуҷуми қатъӣ кардан	[hudʒumi qat'i: kardan]
Belagerung (f)	муҳосира	[muhosira]
Angriff (m)	ҳуҷум	[hudʒum]
angreifen (vt)	ҳуҷум кардан	[hudʒum kardan]
Rückzug (m)	ақибнишинӣ	[aqibniʃini:]
sich zurückziehen	ақиб гаштан	[aqib gaʃtan]
Einkesselung (f)	муҳосира, иҳота	[muhosira], [ihota]
einkesseln (vt)	муҳосира кардан	[muhosira kardan]
Bombenangriff (m)	бомбаандозӣ	[bombaandozi:]
eine Bombe abwerfen	бомба партофтан	[bomba partoftan]
bombardieren (vt)	бомбаборон кардан	[bombaboron kardan]
Explosion (f)	таркиш, таркидан	[tarkiʃ], [tarkidan]
Schuss (m)	тир, тирпаррони	[tir], [tirparroni:]

| schießen (vt) | тир паррондан | [tir parrondan] |
| Schießerei (f) | тирпарронй | [tirparroni:] |

zielen auf ...	нишон гирифтан	[niʃon giriftan]
richten (die Waffe)	рост кардан	[rost kardan]
treffen (ins Schwarze ~)	задан	[zadan]

versenken (vt)	ғарқ кардан	[ʁarq kardan]
Loch (im Schiffsrumpf)	сӯрох	[sœrox]
versinken (Schiff)	ғарқ шудан	[ʁarq ʃudan]

Front (f)	фронт, чабха	[front], [dʒabxa]
Evakuierung (f)	тахлия	[taxlija]
evakuieren (vt)	тахлия кардан	[taxlija kardan]

Schützengraben (m)	хандақ	[xandaq]
Stacheldraht (m)	симхор	[simxor]
Sperre (z.B. Panzersperre)	садд	[sadd]
Wachtturm (m)	бурчи дидбонӣ	[burtʃi didboni:]

Lazarett (n)	беморхонаи ҳарбӣ	[bemorxonai harbi:]
verwunden (vt)	захмдор кардан	[zaxmdor kardan]
Wunde (f)	захм, реш	[zaxm], [reʃ]
Verwundete (m)	захмдор	[zaxmdor]
verletzt sein	захм бардоштан	[zaxm bardoʃtan]
schwer (-e Verletzung)	вазнин	[vaznin]

185. Krieg. Militärische Aktionen. Teil 2

Gefangenschaft (f)	асирӣ	[asiri:]
gefangen nehmen (vt)	асир гирифтан	[asir giriftan]
in Gefangenschaft sein	дар асирӣ будан	[dar asiri: budan]
in Gefangenschaft geraten	асир афтидан	[asir aftidan]

Konzentrationslager (n)	лагери консентратсионӣ	[lageri konsentratsioni:]
Kriegsgefangene (m)	асир	[asir]
fliehen (vi)	гурехтан	[gurextan]

verraten (vt)	хиёнат кардан	[xijɔnat kardan]
Verräter (m)	хоин, хиёнаткор	[xoin], [xijɔnatkor]
Verrat (m)	хиёнат, хоинӣ	[xijɔnat], [xoini:]

| erschießen (vt) | тирборон кардан | [tirboron kardan] |
| Erschießung (f) | тирборон | [tirboron] |

Ausrüstung (persönliche ~)	либоси ҳарбӣ	[libosi harbi:]
Schulterstück (n)	пагон	[pagon]
Gasmaske (f)	ниқоби зидди газ	[niqobi ziddi gaz]

Funkgerät (n)	ратсия	[ratsija]
Chiffre (f)	рамз	[ramz]
Geheimhaltung (f)	пинхонкунӣ	[pinhonkuni:]
Kennwort (n)	рамз	[ramz]
Mine (f)	мина	[mina]

| Minen legen | мина гузоштан | [mina guzoʃtan] |
| Minenfeld (n) | майдони минадор | [majdoni minador] |

Luftalarm (m)	бонги хатари ҳавой	[bongi χatari havoi:]
Alarm (m)	бонги хатар	[bongi χatar]
Signal (n)	бонг, ишорат	[bong], [iʃorat]
Signalrakete (f)	ракетаи хабардиҳанда	[raketai χabardihanda]

Hauptquartier (n)	штаб	[ʃtab]
Aufklärung (f)	разведкачиён	[razvedkatʃijon]
Lage (f)	вазъият	[vaz'ijat]
Bericht (m)	гузориш, рапорт	[guzoriʃ], [raport]
Hinterhalt (m)	камин	[kamin]
Verstärkung (f)	мадади ҳарбӣ	[madadi harbi:]

Zielscheibe (f)	ҳадаф, нишон	[hadaf], [niʃon]
Schießplatz (m)	майдони тирандозӣ	[majdoni tirandozi:]
Manöver (n)	манёвр	[manjovr]

Panik (f)	воҳима	[vohima]
Verwüstung (f)	хародӣ	[χarodi:]
Trümmer (pl)	харобазор	[χarobazor]
zerstören (vt)	харод кардан	[χarod kardan]

überleben (vi)	зинда мондан	[zinda mondan]
entwaffnen (vt)	беярок кардан	[bejarok kardan]
handhaben (vt)	кор фармудан	[kor farmudan]

| Stillgestanden! | Ором! | [orom] |
| Rühren! | Озод! | [ozod] |

Heldentat (f)	корнома	[kornoma]
Eid (m), Schwur (m)	қасам	[qasam]
schwören (vi, vt)	қасам хурдан	[qasam χurdan]

Lohn (Orden, Medaille)	мукофот	[mukofot]
auszeichnen (mit Orden)	мукофот додан	[mukofot dodan]
Medaille (f)	медал	[medal]
Orden (m)	орден, нишон	[orden], [niʃon]

Sieg (m)	ғалаба	[ʁalaba]
Niederlage (f)	шикаст хӯрдан	[ʃikast χœrdan]
Waffenstillstand (m)	сулҳи муваққати	[sulhi muvakqati]

Fahne (f)	байрақ	[bajraq]
Ruhm (m)	шараф, шӯҳрат	[ʃaraf], [ʃœhrat]
Parade (f)	расмигузашт	[rasmiguzaʃt]
marschieren (vi)	қадамзании низомӣ	[qadamzani:i nizomi:]

186. Waffen

Waffe (f)	яроқ, силоҳ	[jaroq], [siloh]
Schusswaffe (f)	аслиҳаи оташфишон	[aslihai otaʃfiʃon]
blanke Waffe (f)	яроқи беоташ	[jaroqi beotaʃ]

chemischen Waffen (pl)	силоҳи химиявй	[silohi χimijavi:]
Kern-, Atom-	… и ядро, ядрой	[i jadro], [jadroi:]
Kernwaffe (f)	аслиҳаи ядрой	[aslihai jadroi:]
Bombe (f)	бомба	[bomba]
Atombombe (f)	бомбаи атомй	[bombai atomi:]
Pistole (f)	тапонча	[tapontʃa]
Gewehr (n)	милтиқ	[miltiq]
Maschinenpistole (f)	автомат	[avtomat]
Maschinengewehr (n)	пулемёт	[pulemjot]
Mündung (f)	даҳони мил	[dahoni mil]
Lauf (Gewehr-)	мил	[mil]
Kaliber (n)	калибр	[kalibr]
Abzug (m)	куланги силоҳи оташфишон	[kulangi silohi otaʃfiʃon]
Visier (n)	нишон	[niʃon]
Magazin (n)	тирдон	[tirdon]
Kolben (m)	қундоқ	[qundoq]
Handgranate (f)	гранатаи дастй	[granatai dasti:]
Sprengstoff (m)	моддаи тарканда	[moddai tarkanda]
Kugel (f)	тир	[tir]
Patrone (f)	тир	[tir]
Ladung (f)	заряд	[zarjad]
Munition (f)	лавозимоти чангй	[lavozimoti ʤangi:]
Bomber (m)	самолёти бомбаандоз	[samoljoti bombaandoz]
Kampfflugzeug (n)	қиркунанда	[qirkunanda]
Hubschrauber (m)	вертолёт	[vertoljot]
Flugabwehrkanone (f)	тӯпи зенитй	[tœpi zeniti:]
Panzer (m)	танк	[tank]
Panzerkanone (f)	тӯп	[tœp]
Artillerie (f)	артиллерия	[artillerija]
Kanone (f)	тӯп	[tœp]
richten (die Waffe)	рост кардан	[rost kardan]
Geschoß (n)	тир, тири тӯп	[tir], [tiri tœp]
Wurfgranate (f)	минаи миномёт	[minai minomjot]
Granatwerfer (m)	миномёт	[minomjot]
Splitter (m)	тикка	[tikka]
U-Boot (n)	киштии зериобй	[kiʃti:i zeriobi:]
Torpedo (m)	торпеда	[torpeda]
Rakete (f)	ракета	[raketa]
laden (Gewehr)	тир пур кардан	[tir pur kardan]
schießen (vi)	тир задан	[tir zadan]
zielen auf …	нишон гирифтан	[niʃon giriftan]
Bajonett (n)	найза	[najza]
Degen (m)	шамшер	[ʃamʃer]

Säbel (m)	шамшер, шоф	[ʃamʃer], [ʃof]
Speer (m)	найза	[najza]
Bogen (m)	камон	[kamon]
Pfeil (m)	тир	[tir]
Muskete (f)	туфанг	[tufang]
Armbrust (f)	камон, камонғӯлак	[kamon], [kamonʁœlak]

187. Menschen der Antike

vorzeitlich	ибтидой	[ibtidoi:]
prähistorisch	пеш аз таърих	[peʃ az ta'riχ]
alt (antik)	қадим	[qɑdim]

Steinzeit (f)	Асри сангин	[asri sangin]
Bronzezeit (f)	Давраи биринҷӣ	[davrai birindʒi:]
Eiszeit (f)	Давраи яхбандӣ	[davrai jaχbandi:]

Stamm (m)	қабила	[qabila]
Kannibale (m)	одамхӯр	[odamχœr]
Jäger (m)	шикорчӣ	[ʃikortʃi:]
jagen (vi)	шикор кардан	[ʃikor kardan]
Mammut (n)	мамонт	[mamont]

Höhle (f)	ғор	[ʁor]
Feuer (n)	оташ	[otaʃ]
Lagerfeuer (n)	гулхан	[gulχan]
Höhlenmalerei (f)	нақшхои рӯйи санг	[naqʃhoi rœji sang]

Werkzeug (n)	олати меҳнат	[olati mehnat]
Speer (m)	найза	[najza]
Steinbeil (n), Steinaxt (f)	табари сангин	[tabari sangin]
Krieg führen	ҷангидан	[dʒangidan]
domestizieren (vt)	дастомӯз кардан	[dastomœz kardan]

| Idol (n) | бут, санам | [but], [sanam] |
| anbeten (vt) | парастидан | [parastidan] |

| Aberglaube (m) | хурофот | [χurofot] |
| Brauch (m), Ritus (m) | расм, маросим | [rasm], [marosim] |

| Evolution (f) | таҳаввул | [tahavvul] |
| Entwicklung (f) | пешравӣ | [peʃravi:] |

| Verschwinden (n) | нест шудан | [nest ʃudan] |
| sich anpassen | мувофиқат кардан | [muvofiqat kardan] |

Archäologie (f)	археология	[arχeologija]
Archäologe (m)	археолог	[arχeolog]
archäologisch	археологӣ	[arχeologi:]

Ausgrabungsstätte (f)	ҳафриёт	[hafrijɔt]
Ausgrabungen (pl)	ҳафриёт	[hafrijɔt]
Fund (m)	бозёфт	[bozjɔft]
Fragment (n)	порча	[portʃa]

188. Mittelalter

Volk (n)	халқ	[xalq]
Völker (pl)	халқхо	[xalqho]
Stamm (m)	қабила	[qabila]
Stämme (pl)	қабилахо	[qabilaho]

Barbaren (pl)	барбархо	[barbarho]
Gallier (pl)	галлхо	[gallho]
Goten (pl)	готхо	[gotho]
Slawen (pl)	сақлоб	[saqlob]
Wikinger (pl)	викингхо	[vikingho]

| Römer (pl) | румихо | [rumiho] |
| römisch | ... и Рим, римй | [i rim], [rimi:] |

Byzantiner (pl)	византиягихо	[vizantijagiho]
Byzanz (n)	Византия	[vizantija]
byzantinisch	византиягй	[vizantijagi:]

Kaiser (m)	император	[imperator]
Häuptling (m)	пешво, рохбар	[peʃvo], [rohbar]
mächtig (Kaiser usw.)	тавоно	[tavono]
König (m)	шох	[ʃoh]
Herrscher (Monarch)	хукмдор	[hukmdor]

Ritter (m)	баходур	[bahodur]
Feudalherr (m)	феодал	[feodal]
feudal, Feudal-	феодалй	[feodali:]
Vasall (m)	вассал	[vassal]

Herzog (m)	гертсог	[gertsog]
Graf (m)	граф	[graf]
Baron (m)	барон	[baron]
Bischof (m)	епископ	[episkop]

Rüstung (f)	либосу аслихаи чангй	[libosu aslihai ʧangi:]
Schild (m)	сипар	[sipar]
Schwert (n)	шамшер	[ʃamʃer]
Visier (n)	рӯйпӯши тоскулох	[rœjpœʃi toskuloh]
Panzerhemd (n)	зирех	[zireh]

| Kreuzzug (m) | юриши салибдорон | [juriʃi salibdoron] |
| Kreuzritter (m) | салибдор | [salibdor] |

Territorium (n)	хок	[xok]
einfallen (vt)	хучум кардан	[huʤum kardan]
erobern (vt)	забт кардан	[zabt kardan]
besetzen (Land usw.)	ғасб кардан	[ʁasb kardan]

Belagerung (f)	мухосира	[muhosira]
belagert	мухосирашуда	[muhosiraʃuda]
belagern (vt)	мухосира кардан	[muhosira kardan]
Inquisition (f)	инквизитсия	[inkvizitsija]
Inquisitor (m)	инквизитор	[inkvizitor]

Folter (f)	шиканҷа	[ʃikandʒa]
grausam (-e Folter)	бераҳм	[berahm]
Häretiker (m)	бидъаткор	[bid'atkor]
Häresie (f)	бидъат	[bid'at]

Seefahrt (f)	баҳрнавардӣ	[bahrnavardi:]
Seeräuber (m)	роҳзани баҳрӣ	[rohzani bahri:]
Seeräuberei (f)	роҳзании баҳрӣ	[rohzani:i bahri:]
Enterung (f)	абордаж	[abordaʒ]
Beute (f)	сайд, ғанимат	[sajd], [ʁanimat]
Schätze (pl)	ганҷ	[gandʒ]

Entdeckung (f)	кашф	[kaʃf]
entdecken (vt)	кашф кардан	[kaʃf kardan]
Expedition (f)	экспедитсия	[ɛkspeditsija]

Musketier (m)	туфангдор	[tufangdor]
Kardinal (m)	кардинал	[kardinal]
Heraldik (f)	гербшиносӣ	[gerbʃinosi:]
heraldisch	... и гербшиносӣ	[i gerbʃinosi:]

189. Führungspersonen. Chef. Behörden

König (m)	шоҳ	[ʃoh]
Königin (f)	малика	[malika]
königlich	шоҳӣ, ... и шоҳ	[ʃohi:], [i ʃoh]
Königreich (n)	шоҳигарӣ	[ʃohigari:]

Prinz (m)	шоҳзода	[ʃohzoda]
Prinzessin (f)	шоҳдухтар	[ʃohduχtar]

Präsident (m)	президент	[prezident]
Vizepräsident (m)	ноиб-президент	[noib-prezident]
Senator (m)	сенатор	[senator]

Monarch (m)	монарх, подшоҳ	[monarχ], [podʃoh]
Herrscher (m)	ҳукмдор	[hukmdor]
Diktator (m)	ҳукмфармо	[hukmfarmo]
Tyrann (m)	мустабид	[mustabid]
Magnat (m)	магнат	[magnat]

Direktor (m)	директор, мудир	[direktor], [mudir]
Chef (m)	сардор	[sardor]
Leiter (einer Abteilung)	идоракунанда	[idorakunanda]
Boss (m)	хӯҷаин, саркор	[χœdʒain], [sarkor]
Eigentümer (m)	соҳиб, хӯҷаин	[sohib], [χœdʒain]

Führer (m)	сарвар, роҳбар	[sarvar], [rohbar]
Leiter (Delegations-)	сардор	[sardor]
Behörden (pl)	ҳукумат	[hukumat]
Vorgesetzten (pl)	сардорон	[sardoron]

Gouverneur (m)	губернатор	[gubernator]
Konsul (m)	консул	[konsul]

Diplomat (m)	дипломат	[diplomat]
Bürgermeister (m)	мир	[mir]
Sheriff (m)	шериф	[ʃerif]

Kaiser (m)	император	[imperator]
Zar (m)	шоҳ	[ʃoh]
Pharao (m)	фиръавн	[fir'avn]
Khan (m)	хон	[xon]

190. Straße. Weg. Richtungen

| Fahrbahn (f) | роҳ, раҳ | [roh], [rah] |
| Weg (m) | роҳ | [roh] |

Autobahn (f)	шоссе	[ʃosse]
Schnellstraße (f)	автомагистрал	[avtomagistral]
Bundesstraße (f)	роҳи миллӣ	[rohi milli:]

| Hauptstraße (f) | роҳи асосӣ | [rohi asosi:] |
| Feldweg (m) | роҳи деҳот | [rohi dehot] |

| Pfad (m) | пайраҳа | [pajraha] |
| Fußweg (m) | пайраҳа | [pajraha] |

Wo?	Дар кучо?	[dar kuʤo]
Wohin?	Кучо?	[kuʤo]
Woher?	Аз кучо?	[az kuʤo]

| Richtung (f) | самт | [samt] |
| zeigen (vt) | нишон додан | [niʃon dodan] |

nach links	ба тарафи чап	[ba tarafi ʧap]
nach rechts	ба тарафи рост	[ba tarafi rost]
geradeaus	рост	[rost]
zurück	ақиб	[aqib]

Kurve (f)	гардиш	[gardiʃ]
abbiegen (nach links ~)	гардонидан	[gardonidan]
umkehren (vi)	тоб хӯрдан	[tob xœrdan]

| sichtbar sein | намоён будан | [namojon budan] |
| erscheinen (vi) | намудор шудан | [namudor ʃudan] |

Aufenthalt (m)	истгоҳ	[istgoh]
sich erholen	истироҳат кардан	[istirohat kardan]
Erholung (f)	истироҳат	[istirohat]

sich verirren	роҳ гум кардан	[roh gum kardan]
führen nach ... (Straße usw.)	бурдан ба	[burdan ba]
ankommen in ...	баромадан ба ...	[baromadan ba]
Strecke (f)	қисм, қитъа	[qism], [qit'a]

| Asphalt (m) | асфалт | [asfalt] |
| Bordstein (m) | ҳошия, канора | [hoʃija], [kanora] |

Graben (m)	чӯй	[ʤœj]
Gully (m)	люк	[ljuk]
Straßenrand (m)	канори роҳ	[kanori roh]
Schlagloch (n)	чуқурӣ	[ʧuquri:]

| gehen (zu Fuß gehen) | рафтан | [raftan] |
| überholen (vt) | пеш карда гузаштан | [peʃ karda guzaʃtan] |

| Schritt (m) | кадам | [kadam] |
| zu Fuß | пои пиёда | [poi pijɔda] |

blockieren (Straße usw.)	банд кардан	[band kardan]
Schlagbaum (m)	ғав	[ʁav]
Sackgasse (f)	кӯчаи бумбаста	[kœʧai bumbasta]

191. Gesetzesverstoß Verbrecher. Teil 1

Bandit (m)	роҳзан	[rohzan]
Verbrechen (n)	ҷиноят	[ʤinojat]
Verbrecher (m)	ҷинояткор	[ʤinojatkor]

Dieb (m)	дузд	[duzd]
stehlen (vt)	дуздидан	[duzdidan]
Diebstahl (Aktivität)	дуздӣ	[duzdi:]
Stehlen (n)	ғорат	[ʁorat]

kidnappen (vt)	дуздидан	[duzdidan]
Kidnapping (n)	одамдуздӣ	[odamduzdi:]
Kidnapper (m)	одамдузд	[odamduzd]

| Lösegeld (n) | фидия | [fidija] |
| Lösegeld verlangen | фидия талаб кардан | [fidija talab kardan] |

rauben (vt)	ғорат кардан	[ʁorat kardan]
Raub (m)	ғорат	[ʁorat]
Räuber (m)	ғоратгар	[ʁoratgar]

erpressen (vt)	тамаъ ҷустан	[tama' ʤustan]
Erpresser (m)	тамаъкор	[tama'kor]
Erpressung (f)	тамаъҷӯӣ	[tama'ʤœi:]

morden (vt)	куштан	[kuʃtan]
Mord (m)	қатл, куштор	[qatl], [kuʃtor]
Mörder (m)	кушанда	[kuʃanda]

Schuss (m)	тир, тирпарронӣ	[tir], [tirparroni:]
schießen (vt)	тир паррондан	[tir parrondan]
erschießen (vt)	паррондан	[parrondan]
feuern (vi)	тир задан	[tir zadan]
Schießerei (f)	тирандозӣ	[tirandozi:]

Vorfall (m)	ходиса	[hodisa]
Schlägerei (f)	занозанй	[zanozani:]
Hilfe!	Ёри диҳед!	[jori dihed]

Opfer (n)	курбонӣ, курбон	[qurboni:], [qurbon]
beschädigen (vt)	осеб расонидан	[oseb rasonidan]
Schaden (m)	зарар	[zarar]
Leiche (f)	часад	[dʒasad]
schwer (-es Verbrechen)	вазнин	[vaznin]

angreifen (vt)	ҳучум кардан	[hudʒum kardan]
schlagen (vt)	задан	[zadan]
verprügeln (vt)	лату кӯб кардан	[latu kœb kardan]
wegnehmen (vt)	кашида гирифтан	[kaʃida giriftan]
erstechen (vt)	сар буридан	[sar buridan]
verstümmeln (vt)	маъюб кардан	[ma'jub kardan]
verwunden (vt)	захмдор кардан	[zaxmdor kardan]

Erpressung (f)	таҳдид	[tahdid]
erpressen (vt)	таҳдид кардан	[tahdid kardan]
Erpresser (m)	таҳдидгар	[tahdidgar]

Schutzgelderpressung (f)	рэкет	[rɛket]
Erpresser (Racketeer)	рэкетчӣ	[rɛkettʃi:]
Gangster (m)	роҳзан, ғоратгар	[rohzan], [ʁoratgar]
Mafia (f)	мафия	[mafija]

Taschendieb (m)	кисабур	[kisabur]
Einbrecher (m)	дузди қулфшикан	[duzdi qulfʃikan]
Schmuggel (m)	қочоқчигӣ	[qotʃoqtʃigi:]
Schmuggler (m)	қочоқчӣ	[qotʃoqtʃi:]

Fälschung (f)	сохтакорӣ	[soxtakori:]
fälschen (vt)	сохтакорӣ кардан	[soxtakori: kardan]
gefälscht	қалбақӣ	[qalbaqi:]

192. Gesetzesbruch. Verbrecher. Teil 2

Vergewaltigung (f)	тачовуз ба номус	[tadʒovuz ba nomus]
vergewaltigen (vt)	ба номус тачовуз кардан	[ba nomus tadʒovuz kardan]
Gewalttäter (m)	зӯрикунанда	[zœrikunanda]
Besessene (m)	васвоси, савдой	[vasvosi:], [savdoi:]

Prostituierte (f)	фоҳиша	[fohiʃa]
Prostitution (f)	фоҳишагӣ	[fohiʃagi:]
Zuhälter (m)	занчаллоб	[zandʒallob]

Drogenabhängiger (m)	нашъаманд	[naʃ'amand]
Drogenhändler (m)	нашъачаллоб	[naʃ'adʒallob]

sprengen (vt)	таркондан	[tarkondan]
Explosion (f)	таркиш, таркидан	[tarkiʃ], [tarkidan]
in Brand stecken	оташ задан	[otaʃ zadan]
Brandstifter (m)	оташзананда	[otaʃzananda]

Terrorismus (m)	терроризм	[terrorizm]
Terrorist (m)	террорчӣ	[terrortʃi:]
Geisel (m, f)	шахси гаравӣ, гаравгон	[ʃaxsi garavi:], [garavgon]

betrügen (vt)	фиреб додан, фирефтан	[fireb dodan], [fireftan]
Betrug (m)	фиреб	[fireb]
Betrüger (m)	фиребгар	[firebgar]

bestechen (vt)	пора додан	[pora dodan]
Bestechlichkeit (f)	пора додан	[pora dodan]
Bestechungsgeld (n)	пора, ришва	[pora], [riʃva]

Gift (n)	заҳр	[zahr]
vergiften (vt)	заҳр додан	[zahr dodan]
sich vergiften	заҳр хӯрдан	[zahr χœrdan]

| Selbstmord (m) | худкушй | [χudkuʃi:] |
| Selbstmörder (m) | худкуш | [χudkuʃ] |

drohen (vi)	дӯғ задан	[dœʁ zadan]
Drohung (f)	дӯғ, пӯписа	[dœʁ], [pœpisa]
versuchen (vt)	суиқасд кардан	[suiqasd kardan]
Attentat (n)	суиқасд	[suiqasd]

| stehlen (Auto ~) | дуздидан | [duzdidan] |
| entführen (Flugzeug ~) | дуздидан | [duzdidan] |

| Rache (f) | интиқом | [intiqom] |
| sich rächen | интиқом гирифтан | [intiqom giriftan] |

foltern (vt)	шиканҷа кардан	[ʃikandʒa kardan]
Folter (f)	шиканҷа	[ʃikandʒa]
quälen (vt)	азоб додан	[azob dodan]

Seeräuber (m)	роҳзани баҳрй	[rohzani bahri:]
Rowdy (m)	бадахлоқ	[badaχloq]
bewaffnet	мусаллаҳ	[musallah]
Gewalt (f)	таҷовуз	[tadʒovuz]
ungesetzlich	ғайрилегалй	[ʁajrilegali:]

| Spionage (f) | ҷосусй | [dʒosusi:] |
| spionieren (vi) | ҷосусй кардан | [dʒosusi: kardan] |

193. Polizei Recht. Teil 1

| Justiz (f) | адлия | [adlija] |
| Gericht (n) | суд | [sud] |

Richter (m)	довар	[dovar]
Geschworenen (pl)	суди халқй	[sudi χalqi:]
Geschworenengericht (n)	суди касамиён	[sudi kasamijɔn]
richten (vt)	суд кардан	[sud kardan]

Rechtsanwalt (m)	адвокат, ҳимоягар	[advokat], [himojagar]
Angeklagte (m)	айбдор	[ajbdor]
Anklagebank (f)	курсии судшаванда	[kursi:i sudʃavanda]
Anklage (f)	айбдоркунй	[ajbdorkuni:]
Beschuldigte (m)	айбдоршаванда	[ajbdorʃavanda]

Urteil (n)	ҳукм, ҳукмнома	[hukm], [hukmnoma]
verurteilen (vt)	ҳукм кардан	[ħukm kardan]
Schuldige (m)	гунаҳкор, айбдор	[gunahkor], [ajbdor]
bestrafen (vt)	ҷазо додан	[dʒazo dodan]
Strafe (f)	ҷазо	[dʒazo]
Geldstrafe (f)	ҷарима	[dʒarima]
lebenslange Haft (f)	ҳабси якумрӣ	[habsi jakumri:]
Todesstrafe (f)	ҷазои қатл	[dʒazoi qatl]
elektrischer Stuhl (m)	курсии барқӣ	[kursi:i barqi:]
Galgen (m)	дор	[dor]
hinrichten (vt)	қатл кардан	[qatl kardan]
Hinrichtung (f)	ҳукми куш	[ħukmi kuʃ]
Gefängnis (n)	маҳбас	[mahbas]
Zelle (f)	камера	[kamera]
Eskorte (f)	қаравулон	[qaravulon]
Gefängniswärter (m)	назоратчии ҳабсхона	[nazorattʃi:i habsxona]
Gefangene (m)	маҳбус	[mahbus]
Handschellen (pl)	дастбанд	[dastband]
Handschellen anlegen	ба даст кишан андохтан	[ba dast kiʃan andoxtan]
Ausbruch (Flucht)	гурез	[gurez]
ausbrechen (vi)	гурехтан	[gurextan]
verschwinden (vi)	гум шудан	[gum ʃudan]
aus … entlassen	озод кардан	[ozod kardan]
Amnestie (f)	амнистия, афви умумӣ	[amnistija], [afvi umumi:]
Polizei (f)	полис	[polis]
Polizist (m)	полис	[polis]
Polizeiwache (f)	милисахона	[milisaxona]
Gummiknüppel (m)	чӯбдасти резинӣ	[tʃœbdasti rezini:]
Sprachrohr (n)	баландгӯяк	[balandgœjak]
Streifenwagen (m)	мошини дидбонӣ	[moʃini didboni:]
Sirene (f)	бурғу	[burʁu]
die Sirene einschalten	даргиронидани сирена	[dargironidani sirena]
Sirenengeheul (n)	ҳуввоси сирена	[huvvosi sirena]
Tatort (m)	ҷойи ҷиноят	[dʒoji dʒinojat]
Zeuge (m)	шоҳид	[ʃohid]
Freiheit (f)	озодӣ	[ozodi:]
Komplize (m)	шарик	[ʃarik]
verschwinden (vi)	паноҳ шудан	[panoh ʃudan]
Spur (f)	пай	[paj]

194. Polizei. Recht. Teil 2

Fahndung (f)	ҷустуҷӯ	[dʒustudʒœ]
suchen (vt)	ҷустуҷӯ кардан	[dʒustudʒœ kardan]

Verdacht (m)	шубҳа	[ʃubha]
verdächtig (Adj)	шубҳанок	[ʃubhanok]
anhalten (Polizei)	нигоҳ доштан	[nigoh doʃtan]
verhaften (vt)	дастгир кардан	[dastgir kardan]

Fall (m), Klage (f)	кори ҷиноятӣ	[kori dʒinojati:]
Untersuchung (f)	тафтиш	[taftiʃ]
Detektiv (m)	муфаттиши махфӣ	[mufattiʃi maχfi:]
Ermittlungsrichter (m)	муфаттиш	[mufattiʃ]
Version (f)	версия	[versija]

Motiv (n)	ангеза	[angeza]
Verhör (n)	истинток кардан	[istintok kardan]
verhören (vt)	истинток	[istintok]
vernehmen (vt)	райпурсӣ кардан	[rajpursi: kardan]
Kontrolle (Personen-)	тафтиш	[taftiʃ]

Razzia (f)	муҳосира,иҳота	[muhosira,ihota]
Durchsuchung (f)	кофтуков	[koftukov]
Verfolgung (f)	таъқиб	[ta'qib]
nachjagen (vi)	таъқиб кардан	[ta'qib kardan]
verfolgen (vt)	поидан	[poidan]

Verhaftung (f)	ҳабс	[habs]
verhaften (vt)	ҳабс кардан	[habs kardan]
fangen (vt)	дастгир кардан	[dastgir kardan]
Festnahme (f)	дастгир карданӣ	[dastgir kardani:]

Dokument (n)	ҳуҷҷат, санад	[hudʒdʒat], [sanad]
Beweis (m)	исбот	[isbot]
beweisen (vt)	исбот кардан	[isbot kardan]
Fußspur (f)	из, пай	[iz], [paj]
Fingerabdrücke (pl)	нақши ангуштон	[naqʃi anguʃton]
Beweisstück (n)	далел	[dalel]

Alibi (n)	алиби	[alibi]
unschuldig	бегуноҳ, беайб	[begunoh], [beajb]
Ungerechtigkeit (f)	беадолатӣ	[beadolati:]
ungerecht	беинсоф	[beinsof]

Kriminal-	ҷиноятӣ	[dʒinojati:]
beschlagnahmen (vt)	мусодира кардан	[musodira kardan]
Droge (f)	маводи нашъадор	[mavodi naʃ'ador]
Waffe (f)	ярок	[jaroq]
entwaffnen (vt)	беярок кардан	[bejarok kardan]
befehlen (vt)	фармон додан	[farmon dodan]
verschwinden (vi)	гум шудан	[gum ʃudan]

Gesetz (n)	қонун	[qonun]
gesetzlich	конунӣ, … и конун	[konuni:], [i konun]
ungesetzlich	ғайриқонунӣ	[ʁajriqonuni:]

| Verantwortlichkeit (f) | ҷавобгарӣ | [dʒavobgari:] |
| verantwortlich | ҷавобгар | [dʒavobgar] |

NATUR

Die Erde. Teil 1

195. Weltall

Kosmos (m)	кайҳон	[kajhon]
kosmisch, Raum-	... и кайҳон	[i kajhon]
Weltraum (m)	фазои кайҳон	[fazoi kajhon]
All (n)	ҷаҳон	[dʒahon]
Universum (n)	коинот	[koinot]
Galaxie (f)	галактика	[galaktika]

Stern (m)	ситора	[sitora]
Gestirn (n)	бурҷ	[burdʒ]
Planet (m)	сайёра	[sajjora]
Satellit (m)	радиф	[radif]

Meteorit (m)	метеорит, шихобпора	[meteorit], [ʃihobpora]
Komet (m)	ситораи думдор	[sitorai dumdor]
Asteroid (m)	астероид	[asteroid]

Umlaufbahn (f)	мадор	[mador]
sich drehen	давр задан	[davr zadan]
Atmosphäre (f)	атмосфера	[atmosfera]

Sonne (f)	Офтоб	[oftob]
Sonnensystem (n)	манзумаи шамсӣ	[manzumai ʃamsi:]
Sonnenfinsternis (f)	гирифтани офтоб	[giriftani oftob]

| Erde (f) | Замин | [zamin] |
| Mond (m) | Моҳ | [moh] |

Mars (m)	Миррих	[mirriχ]
Venus (f)	Зӯҳра, Ноҳид	[zœhra], [nohid]
Jupiter (m)	Муштарй	[muʃtari:]
Saturn (m)	Кайвон	[kajvon]

Merkur (m)	Уторид	[utorid]
Uran (m)	Уран	[uran]
Neptun (m)	Нептун	[neptun]
Pluto (m)	Плутон	[pluton]

Milchstraße (f)	Роҳи Каҳкашон	[rohi kahkaʃon]
Der Große Bär	Дубби Акбар	[dubbi akbar]
Polarstern (m)	Ситораи қутбӣ	[sitorai qutbi:]

| Marsbewohner (m) | миррихй | [mirriχi:] |
| Außerirdischer (m) | инопланетянхо | [inoplanetjanho] |

außerirdisches Wesen (n)	махлуқи кайҳонӣ	[maχluqi: kajhoni:]
fliegende Untertasse (f)	табақи парвозкунанда	[tabaqi parvozkunanda]

Raumschiff (n)	киштии кайҳонӣ	[kiʃti:i kajhoni:]
Raumstation (f)	стантсияи мадорӣ	[stantsijai madori:]
Raketenstart (m)	оғоз	[oʁoz]

Triebwerk (n)	муҳаррик	[muharrik]
Düse (f)	сопло	[soplo]
Treibstoff (m)	сӯзишворӣ	[sœziʃvori:]

Kabine (f)	кабина	[kabina]
Antenne (f)	антенна	[antenna]

Bullauge (n)	иллюминатор	[illjuminator]
Sonnenbatterie (f)	батареи офтобӣ	[batarei oftobi:]
Raumanzug (m)	скафандр	[skafandr]

Schwerelosigkeit (f)	бевазнӣ	[bevazni:]
Sauerstoff (m)	оксиген	[oksigen]

Ankopplung (f)	пайваст	[pajvast]
koppeln (vi)	пайваст кардан	[pajvast kardan]

Observatorium (n)	расадхона	[rasadχona]
Teleskop (n)	телескоп	[teleskop]

beobachten (vt)	мушоҳида кардан	[muʃohida kardan]
erforschen (vt)	таҳқиқ кардан	[tahqiq kardan]

196. Die Erde

Erde (f)	Замин	[zamin]
Erdkugel (f)	кураи замин	[kurai zamin]
Planet (m)	сайёра	[sajjɔra]

Atmosphäre (f)	атмосфера	[atmosfera]
Geographie (f)	география	[geografija]
Natur (f)	табиат	[tabiat]

Globus (m)	глобус	[globus]
Landkarte (f)	харита	[χarita]
Atlas (m)	атлас	[atlas]

Asien (n)	Осиё	[osijɔ]
Afrika (n)	Африқо	[afriqo]
Australien (n)	Австралия	[avstralija]

Amerika (n)	Америка	[amerika]
Nordamerika (n)	Америкаи Шимолӣ	[amerikai ʃimoli:]
Südamerika (n)	Америкаи Ҷанубӣ	[amerikai dʒanubi:]

Antarktis (f)	Антарктида	[antarktida]
Arktis (f)	Арктика	[arktika]

197. Himmelsrichtungen

Norden (m)	шимол	[ʃimol]
nach Norden	ба шимол	[ba ʃimol]
im Norden	дар шимол	[dar ʃimol]
nördlich	шимолй, ... и шимол	[ʃimoli:], [i ʃimol]
Süden (m)	ҷануб	[dʒanub]
nach Süden	ба ҷануб	[ba dʒanub]
im Süden	дар ҷануб	[dar dʒanub]
südlich	ҷанубй, ... и ҷануб	[dʒanubi:], [i dʒanub]
Westen (m)	ғарб	[ʁarb]
nach Westen	ба ғарб	[ba ʁarb]
im Westen	дар ғарб	[dar ʁarb]
westlich, West-	ғарбй, ... и ғарб	[ʁarbi:], [i ʁarb]
Osten (m)	шарқ	[ʃarq]
nach Osten	ба шарқ	[ba ʃarq]
im Osten	дар шарқ	[dar ʃarq]
östlich	шарқй	[ʃarqi:]

198. Meer. Ozean

Meer (n), See (f)	баҳр	[bahr]
Ozean (m)	уқёнус	[uqjɔnus]
Golf (m)	халич	[xalidʒ]
Meerenge (f)	гулӯгоҳ	[gulœgoh]
Festland (n)	хушкй, замин	[xuʃki:], [zamin]
Kontinent (m)	материк, қитъа	[materik], [qit'a]
Insel (f)	ҷазира	[dʒazira]
Halbinsel (f)	нимҷазира	[nimdʒazira]
Archipel (m)	галаҷазира	[galadʒazira]
Bucht (f)	халич	[xalidʒ]
Hafen (m)	бандар	[bandar]
Lagune (f)	лагуна	[laguna]
Kap (n)	димоға	[dimoʁa]
Atoll (n)	атолл	[atoll]
Riff (n)	харсанги зериобй	[xarsangi zeriobi:]
Koralle (f)	марҷон	[mardʒon]
Korallenriff (n)	обсанги марҷонй	[obsangi mardʒoni:]
tief (Adj)	чуқур	[tʃuqur]
Tiefe (f)	чуқурй	[tʃuquri:]
Abgrund (m)	қаър	[qa'r]
Graben (m)	чуқурй	[tʃuquri:]
Strom (m)	ҷараён	[dʒarajɔn]
umspülen (vt)	шустан	[ʃustan]

| Ufer (n) | соҳил, соҳили баҳр | [sohil], [sohili bahr] |
| Küste (f) | соҳил | [sohil] |

Flut (f)	мадд	[madd]
Ebbe (f)	ҷазр	[dʒazr]
Sandbank (f)	пастоб	[pastob]
Boden (m)	қаър	[qa'r]

Welle (f)	мавҷ	[mavdʒ]
Wellenkamm (m)	теғаи мавҷ	[teʁai mavdʒ]
Schaum (m)	кафк	[kafk]

Sturm (m)	тӯфон, бӯрои	[tœfon], [bœroi]
Orkan (m)	тундбод	[tundbod]
Tsunami (m)	сунами	[sunami]
Windstille (f)	сукунати ҳаво	[sukunati havo]
ruhig	ором	[orom]

| Pol (m) | қутб | [qutb] |
| Polar- | қутбӣ | [qutbi:] |

Breite (f)	арз	[arz]
Länge (f)	тӯл	[tœl]
Breitenkreis (m)	параллел	[parallel]
Äquator (m)	хати истиво	[χati istivo]

Himmel (m)	осмон	[osmon]
Horizont (m)	уфуқ	[ufuq]
Luft (f)	ҳаво	[havo]

Leuchtturm (m)	мино	[mino]
tauchen (vi)	ғӯта задан	[ʁœta zadan]
versinken (vi)	ғарқ шудан	[ʁarq ʃudan]
Schätze (pl)	ганҷ	[gandʒ]

199. Namen der Meere und Ozeane

Atlantischer Ozean (m)	Уқёнуси Атлантик	[uqjɔnusi atlantik]
Indischer Ozean (m)	Уқёнуси Ҳинд	[uqjɔnusi hind]
Pazifischer Ozean (m)	Уқёнуси Ором	[uqjɔnusi orom]
Arktischer Ozean (m)	Уқёнуси яхбастаи шимолӣ	[uqjɔnusi jaχbastai ʃimoli:]

Schwarzes Meer (n)	Баҳри Сиёҳ	[bahri sijɔh]
Rotes Meer (n)	Баҳри Сурх	[bahri surχ]
Gelbes Meer (n)	Баҳри Зард	[bahri zard]
Weißes Meer (n)	Баҳри Сафед	[bahri safed]

Kaspisches Meer (n)	Баҳри Хазар	[bahri χazar]
Totes Meer (n)	Баҳри Майит	[bahri majit]
Mittelmeer (n)	Баҳри Миёназамин	[bahri mijɔnazamin]

Ägäisches Meer (n)	Баҳри Эгей	[bahri ɛgej]
Adriatisches Meer (n)	Баҳри Адриатика	[bahri adriatika]
Arabisches Meer (n)	Баҳри Араби	[bahri aravi]

Japanisches Meer (n)	Баҳри Чопон	[bahri dʒopon]
Beringmeer (n)	Баҳри Беринг	[bahri bering]
Südchinesisches Meer (n)	Баҳри Хитойи Ҷанубӣ	[bahri χitoji dʒanubi:]
Korallenmeer (n)	Баҳри Марҷон	[bahri mardʒon]
Tasmansee (f)	Баҳри Тасман	[bahri tasman]
Karibisches Meer (n)	Баҳри Кариб	[bahri karib]
Barentssee (f)	Баҳри Баренс	[bahri barens]
Karasee (f)	Баҳри Кара	[bahri kara]
Nordsee (f)	Баҳри Шимолӣ	[bahri ʃimoli:]
Ostsee (f)	Баҳри Балтика	[bahri baltika]
Nordmeer (n)	Баҳри Норвегия	[bahri norvegija]

200. Berge

Berg (m)	кӯҳ	[kœh]
Gebirgskette (f)	силсилакӯҳ	[silsilakœh]
Bergrücken (m)	қаторкӯҳ	[qatorkœh]
Gipfel (m)	кулла	[kulla]
Spitze (f)	қулла	[qulla]
Bergfuß (m)	доманаи кӯҳ	[domanai kœh]
Abhang (m)	нишебӣ	[niʃebi:]
Vulkan (m)	вулқон	[vulqon]
tätiger Vulkan (m)	вулқони амалкунанда	[vulqoni amalkunanda]
schlafender Vulkan (m)	вулқони хомӯшшуда	[vulqoni χomœʃʃuda]
Ausbruch (m)	оташфишонӣ	[otaʃfiʃoni:]
Krater (m)	танӯра	[tanœra]
Magma (n)	магма, тафта	[magma], [tafta]
Lava (f)	гудоза	[gudoza]
glühend heiß (-e Lava)	тафта	[tafta]
Cañon (m)	оббурда, дара	[obburda], [dara]
Schlucht (f)	дара	[dara]
Spalte (f)	тангно	[tangno]
Abgrund (m) (steiler ~)	партгоҳ	[partgoh]
Gebirgspass (m)	ағба	[aʁba]
Plateau (n)	пуштаи кӯҳ	[puʃtai kœh]
Fels (m)	шух	[ʃuχ]
Hügel (m)	теппа	[teppa]
Gletscher (m)	пирях	[pirjaχ]
Wasserfall (m)	шаршара	[ʃarʃara]
Geiser (m)	гейзер	[gejzer]
See (m)	кул	[kul]
Ebene (f)	ҳамворӣ	[hamvori:]
Landschaft (f)	манзара	[manzara]
Echo (n)	акси садо	[aksi sado]

Bergsteiger (m)	кӯҳнавард	[kœhnavard]
Kletterer (m)	шухпаймо	[ʃuχpajmo]
bezwingen (vt)	фатҳ кардан	[fath kardan]
Aufstieg (m)	болобарой	[bolobaroi:]

201. Namen der Berge

Alpen (pl)	Кӯҳҳои Алп	[kœhhoi alp]
Montblanc (m)	Монблан	[monblan]
Pyrenäen (pl)	Кӯҳҳои Пиреней	[kœhhoi pirenej]
Karpaten (pl)	Кӯҳҳои Карпат	[kœhhoi karpat]
Uralgebirge (n)	Кӯҳҳои Урал	[kœhhoi ural]
Kaukasus (m)	Кӯҳҳои Кавказ	[kœhhoi kavkaz]
Elbrus (m)	Елбруз	[elbruz]
Altai (m)	Алтай	[altaj]
Tian Shan (m)	Тиёншон	[tijonʃon]
Pamir (m)	Кӯҳҳои Помир	[kœhhoi pomir]
Himalaja (m)	Ҳимолой	[himoloj]
Everest (m)	Эверест	[ɛverest]
Anden (pl)	Кӯҳҳои Анд	[kœhhoi and]
Kilimandscharo (m)	Килиманҷаро	[kilimandʒaro]

202. Flüsse

Fluss (m)	дарё	[darjo]
Quelle (f)	чашма	[tʃaʃma]
Flussbett (n)	маҷрои дарё	[madʒroi darjo]
Stromgebiet (n)	ҳавза	[havza]
einmünden in …	рехтан ба …	[reχtan ba]
Nebenfluss (m)	шохоб	[ʃoχob]
Ufer (n)	соҳил	[sohil]
Strom (m)	ҷараён	[dʒarajon]
stromabwärts	мувофиқи рафти об	[muvofiqi rafti ob]
stromaufwärts	муқобили самти об	[muqobili samti ob]
Überschwemmung (f)	обхезӣ	[obχezi:]
Hochwasser (n)	обхез	[obχez]
aus den Ufern treten	дамидан	[damidan]
überfluten (vt)	зер кардан	[zer kardan]
Sandbank (f)	тунукоба	[tunukoba]
Stromschnelle (f)	мавҷрез	[mavdʒrez]
Damm (m)	сарбанд	[sarband]
Kanal (m)	канал	[kanal]
Stausee (m)	обанбор	[obanbor]
Schleuse (f)	шлюз	[ʃljuz]

Gewässer (n)	обанбор	[obanbor]
Sumpf (m), Moor (n)	ботлоқ, ботқоқ	[botloq], [botqoq]
Marsch (f)	ботлоқ	[botloq]
Strudel (m)	гирдоб	[girdob]

Bach (m)	чӯй	[dʒœj]
Trink- (z.B. Trinkwasser)	нӯшиданӣ	[nœʃidani:]
Süß- (Wasser)	ширин	[ʃirin]

| Eis (n) | ях | [jaχ] |
| zufrieren (vi) | ях бастан | [jaχ bastan] |

203. Namen der Flüsse

| Seine (f) | Сена | [sena] |
| Loire (f) | Луара | [luara] |

Themse (f)	Темза	[temza]
Rhein (m)	Рейн	[rejn]
Donau (f)	Дунай	[dunaj]

Wolga (f)	Волга	[volga]
Don (m)	Дон	[don]
Lena (f)	Лена	[lena]

Gelber Fluss (m)	Хуанхе	[χuanχe]
Jangtse (m)	Янсзи	[janszi]
Mekong (m)	Меконг	[mekong]
Ganges (m)	Ганга	[ganga]

Nil (m)	Нил	[nil]
Kongo (m)	Конго	[kongo]
Okavango (m)	Окаванго	[okavango]
Sambesi (m)	Замбези	[zambezi]
Limpopo (m)	Лимпопо	[limpopo]
Mississippi (m)	Миссисипи	[missisipi]

204. Wald

| Wald (m) | чангал | [dʒangal] |
| Wald- | чангалй | [dʒangali:] |

Dickicht (n)	чангалзор	[dʒangalzor]
Gehölz (n)	дарахтзор	[daraχtzor]
Lichtung (f)	чаман	[tʃaman]

| Dickicht (n) | буттазор | [buttazor] |
| Gebüsch (n) | буттазор | [buttazor] |

Fußweg (m)	пайраха	[pajraha]
Erosionsrinne (f)	оббурда	[obburda]
Baum (m)	дарахт	[daraχt]

| Blatt (n) | барг | [barg] |
| Laub (n) | баргхои дарахт | [barghoi daraχt] |

Laubfall (m)	баргрезй	[bargrezi:]
fallen (Blätter)	рехтан	[reχtan]
Wipfel (m)	нӯг	[nœg]

Zweig (m)	шох, шохча	[ʃoχ], [ʃoχtʃa]
Ast (m)	шохи дарахг	[ʃoχi daraχg]
Knospe (f)	муғча	[muʁdʒa]
Nadel (f)	сӯзан	[sœzan]
Zapfen (m)	чалғӯза	[dʒalʁœza]

Höhlung (f)	сӯрохи дарахт	[sœroχi daraχt]
Nest (n)	ошёна, лона	[oʃjona], [lona]
Höhle (f)	хона	[χona]

Stamm (m)	тана	[tana]
Wurzel (f)	реша	[reʃa]
Rinde (f)	пӯсти дарахт	[pœsti daraχt]
Moos (n)	ушна	[uʃna]

entwurzeln (vt)	реша кофтан	[reʃa koftan]
fällen (vt)	зада буридан	[zada buridan]
abholzen (vt)	бурида нест кардан	[burida nest kardan]
Baumstumpf (m)	кундаи дарахт	[kundai daraχt]

Lagerfeuer (n)	гулхан	[gulχan]
Waldbrand (m)	сӯхтор, оташ	[sœχtor], [otaʃ]
löschen (vt)	хомӯш кардан	[χomœʃ kardan]

Förster (m)	чангалбон	[dʒangalbon]
Schutz (m)	нигохбонй	[nigohboni:]
beschützen (vt)	нигохбонй кардан	[nigohboni: kardan]
Wilddieb (m)	қӯруқшикан	[qœruqʃikan]
Falle (f)	қапқон, дом	[qapqon], [dom]

| sammeln, pflücken (vt) | чидан | [tʃidan] |
| sich verirren | рох гум кардан | [roh gum kardan] |

205. natürliche Lebensgrundlagen

Naturressourcen (pl)	захирахои табий	[zaχirahoi tabi:i:]
Bodenschätze (pl)	маъданхои фоиданок	[ma'danhoi foidanok]
Vorkommen (n)	кон, маъдаи	[kon], [ma'dai]
Feld (Ölfeld usw.)	кон	[kon]

gewinnen (vt)	кандан	[kandan]
Gewinnung (f)	канданй	[kandani:]
Erz (n)	маъдан	[ma'dan]
Bergwerk (n)	кон	[kon]
Schacht (m)	чох	[tʃoh]
Bergarbeiter (m)	конкан	[konkan]
Erdgas (n)	газ	[gaz]

Gasleitung (f)	қубури газ	[quburi gaz]
Erdöl (n)	нефт	[neft]
Erdölleitung (f)	қубури нефт	[quburi neft]
Ölquelle (f)	чоҳи нафт	[ʧohi naft]
Bohrturm (m)	бурчи нафткашӣ	[burʤi naftkaʃi:]
Tanker (m)	танкер	[tanker]
Sand (m)	рег	[reg]
Kalkstein (m)	оҳаксанг	[ohaksang]
Kies (m)	сангреза, шағал	[sangreza], [ʃaʁal]
Torf (m)	торф	[torf]
Ton (m)	гил	[gil]
Kohle (f)	ангишт	[angiʃt]
Eisen (n)	оҳан	[ohan]
Gold (n)	зар, тилло	[zar], [tillo]
Silber (n)	нуқра	[nuqra]
Nickel (n)	никел	[nikel]
Kupfer (n)	мис	[mis]
Zink (n)	руҳ	[ruh]
Mangan (n)	манган	[mangan]
Quecksilber (n)	симоб	[simob]
Blei (n)	сурб	[surb]
Mineral (n)	минерал, маъдан	[mineral], [ma'dan]
Kristall (m)	булӯр, шӯша	[bulœr], [ʃœʃa]
Marmor (m)	мармар	[marmar]
Uran (n)	уран	[uran]

Die Erde. Teil 2

206. Wetter

Wetter (n)	обу ҳаво	[obu havo]
Wetterbericht (m)	пешгӯии ҳаво	[peʃgœi:i havo]
Temperatur (f)	ҳарорат	[harorat]
Thermometer (n)	ҳароратсанҷ	[haroratsandʒ]
Barometer (n)	барометр, ҳавосанҷ	[barometr], [havosandʒ]
feucht	намнок	[namnok]
Feuchtigkeit (f)	намӣ, рутубат	[nami:], [rutubat]
Hitze (f)	гармӣ	[garmi:]
glutheiß	тафсон	[tafson]
ist heiß	ҳаво тафсон аст	[havo tafson ast]
ist warm	ҳаво гарм аст	[havo garm ast]
warm (Adj)	гарм	[garm]
ist kalt	ҳаво сард аст	[havo sard ast]
kalt (Adj)	хунук, сард	[χunuk], [sard]
Sonne (f)	офтоб	[oftob]
scheinen (vi)	тобидан	[tobidan]
sonnig (Adj)	… и офтоб	[i oftob]
aufgehen (vi)	баромадан	[baromadan]
untergehen (vi)	паст шудан	[past ʃudan]
Wolke (f)	абр	[abr]
bewölkt, wolkig	… и абр, абрӣ	[i abr], [abri:]
Regenwolke (f)	абри сиёҳ	[abri sijɔh]
trüb (-er Tag)	абрнок	[abrnok]
Regen (m)	борон	[boron]
Es regnet	борон меборад	[boron meborad]
regnerisch (-er Tag)	серборон	[serboron]
nieseln (vi)	сим-сим боридан	[sim-sim boridan]
strömender Regen (m)	борони сахт	[boroni saχt]
Regenschauer (m)	борони сел	[boroni sel]
stark (-er Regen)	сахт	[saχt]
Pfütze (f)	кӯлмак	[kœlmak]
nass werden (vi)	шилтиқ шудан	[ʃiltiq ʃudan]
Nebel (m)	туман	[tuman]
neblig (-er Tag)	… и туман	[i tuman]
Schnee (m)	барф	[barf]
Es schneit	барф меборад	[barf meborad]

207. Unwetter Naturkatastrophen

Gewitter (n)	раъду барк	[ra'du bark]
Blitz (m)	барқ	[barq]
blitzen (vi)	дурахшидан	[duraχʃidan]
Donner (m)	тундар	[tundar]
donnern (vi)	гулдуррос задан	[guldurros zadan]
Es donnert	раъд гулдуррос мезанад	[ra'd guldurros mezanad]
Hagel (m)	жола	[ʒola]
Es hagelt	жола меборад	[ʒola meborad]
überfluten (vt)	зер кардан	[zer kardan]
Überschwemmung (f)	обхезй	[obχezi:]
Erdbeben (n)	заминчунбй	[zamindʒunbi:]
Erschütterung (f)	заминчунбй,такон	[zamindʒunbi:,takon]
Epizentrum (n)	эпимарказ	[ɛpimarkaz]
Ausbruch (m)	оташфишонй	[otaʃfiʃoni:]
Lava (f)	гудоза	[gudoza]
Wirbelsturm (m)	гирдбод	[girdbod]
Tornado (m)	торнадо	[tornado]
Taifun (m)	тӯфон	[tœfon]
Orkan (m)	тундбод	[tundbod]
Sturm (m)	тӯфон, бӯрои	[tœfon], [bœroi]
Tsunami (m)	сунами	[sunami]
Zyklon (m)	сиклон	[siklon]
Unwetter (n)	ҳавои бад	[havoi bad]
Brand (m)	сӯхтор, оташ	[sœχtor], [otaʃ]
Katastrophe (f)	садама, фалокат	[sadama], [falokat]
Meteorit (m)	метеорит, шихобпора	[meteorit], [ʃihobpora]
Lawine (f)	тарма	[tarma]
Schneelawine (f)	тарма	[tarma]
Schneegestöber (n)	бӯрони барфй	[bœroni barfi:]
Schneesturm (m)	бӯрон	[bœron]

208. Geräusche. Klänge

Stille (f)	хомӯшй	[χomœʃi:]
Laut (m)	садо	[sado]
Lärm (m)	мағал	[maʁal]
lärmen (vi)	мағал кардан	[maʁal kardan]
lärmend (Adj)	сермағал	[sermaʁal]
laut (in lautemTon)	баланд	[baland]
laut (eine laute Stimme)	баланд	[baland]
ständig (Adj)	доимй, ҳамешагй	[doimi:], [hameʃagi:]

Schrei (m)	дод, фарёд	[dod], [farjɔd]
schreien (vi)	дод задан	[dod zadan]
Flüstern (n)	пичиррос	[pitʃirros]
flüstern (vt)	пичиррос задан	[pitʃirros zadan]
Gebell (n)	аккос	[akkos]
bellen (vi)	аккос задан	[akkos zadan]
Stöhnen (n)	нолиш, нола	[noliʃ], [nola]
stöhnen (vi)	нолиш кардан	[noliʃ kardan]
Husten (m)	сулфа	[sulfa]
husten (vi)	сулфидан	[sulfidan]
Pfiff (m)	хуштак	[huʃtak]
pfeifen (vi)	хуштак кашидан	[huʃtak kaʃidan]
Klopfen (n)	тақ-тақ	[taq-taq]
klopfen (vi)	тақ-тақ кардан	[taq-taq kardan]
krachen (Laut)	қарс-қурс кардан	[qars-qurs kardan]
Krachen (n)	қарс-қурс	[qars-kurs]
Sirene (f)	бурғу	[burʁu]
Pfeife (Zug usw.)	гудок	[gudok]
pfeifen (vi)	гудок кашидан	[gudok kaʃidan]
Hupe (f)	сигнал	[signal]
hupen (vi)	сигнал додан	[signal dodan]

209. Winter

Winter (m)	зимистон	[zimiston]
Winter-	зимистонӣ, … и зимистон	[zimistoni:], [i zimiston]
im Winter	дар зимистон	[dar zimiston]
Schnee (m)	барф	[barf]
Es schneit	барф меборад	[barf meborad]
Schneefall (m)	бориши барф	[boriʃi barf]
Schneewehe (f)	барфтӯда	[barftœda]
Schneeflocke (f)	барфак	[barfak]
Schneeball (m)	барф	[barf]
Schneemann (m)	одами барфин	[odami barfin]
Eiszapfen (m)	шӯша	[ʃœʃa]
Dezember (m)	декабр	[dekabr]
Januar (m)	январ	[janvar]
Februar (m)	феврал	[fevral]
Frost (m)	хунукӣ	[χunuki:]
frostig, Frost-	бисёр хунук	[bisjɔr χunuk]
unter Null	аз сифр поён	[az sifr pojɔn]
leichter Frost (m)	сармои бармаҳал	[sarmoi barmahal]
Reif (m)	қирав	[qirav]
Kälte (f)	хунукӣ, сардӣ	[χunuki:], [sardi:]

Es ist kalt	сард аст	[sard ast]
Pelzmantel (m)	пӯстин	[pœstin]
Fausthandschuhe (pl)	дастпӯшаки бепанҷа	[dastpœʃaki bepandʒa]

erkranken (vi)	бемор шудан	[bemor ʃudan]
Erkältung (f)	шамол хӯрдани	[ʃamol xœrdani]
sich erkälten	шамол хӯрдан	[ʃamol xœrdan]

Eis (n)	ях	[jaχ]
Glatteis (n)	яхча	[jaχʧa]
zufrieren (vi)	ях бастан	[jaχ bastan]
Eisscholle (f)	яхпора	[jaχpora]

Ski (pl)	лижа	[liʒa]
Skiläufer (m)	лижарон	[liʒaron]
Ski laufen	лижаронӣ	[liʒaroni:]
Schlittschuh laufen	конкибозӣ	[konkibozi:]

Fauna

210. Säugetiere. Raubtiere

Raubtier (n)	дарранда	[darranda]
Tiger (m)	бабр, паланг	[babr], [palang]
Löwe (m)	шер	[ʃer]
Wolf (m)	гург	[gurg]
Fuchs (m)	рӯбоҳ	[rœboh]
Jaguar (m)	юзи ало	[juzi alo]
Leopard (m)	паланг	[palang]
Gepard (m)	юз	[juz]
Panther (m)	пантера	[pantera]
Puma (m)	пума	[puma]
Schneeleopard (m)	шерпаланг	[ʃerpalang]
Luchs (m)	силовсин	[silovsin]
Kojote (m)	койот	[kojot]
Schakal (m)	шагол	[ʃagol]
Hyäne (f)	кафтор	[kaftor]

211. Tiere in freier Wildbahn

Tier (n)	ҳайвон	[hajvon]
Bestie (f)	ҳайвони ваҳшӣ	[hajvoni vahʃi:]
Eichhörnchen (n)	санҷоб	[sandʒob]
Igel (m)	хорпушт	[xorpuʃt]
Hase (m)	заргӯш	[zargœʃ]
Kaninchen (n)	харгӯш	[xargœʃ]
Dachs (m)	қашқалдоқ	[qaʃqaldoq]
Waschbär (m)	енот	[enot]
Hamster (m)	миримӯшон	[mirimœʃon]
Murmeltier (n)	суғур	[suʁur]
Maulwurf (m)	кӯрмуш	[kœrmuʃ]
Maus (f)	муш	[muʃ]
Ratte (f)	калламуш	[kallamuʃ]
Fledermaus (f)	кӯршапарак	[kœrʃaparak]
Hermelin (n)	қоқум	[qoqum]
Zobel (m)	самур	[samur]
Marder (m)	савсор	[savsor]
Wiesel (n)	росу	[rosu]
Nerz (m)	вашақ	[vaʃaq]

| Biber (m) | кундуз | [kunduz] |
| Fischotter (m) | сагоби | [sagobi] |

Pferd (n)	асп	[asp]
Elch (m)	шоҳгавазн	[ʃohgavazn]
Hirsch (m)	гавазн	[gavazn]
Kamel (n)	шутур, уштур	[ʃutur], [uʃtur]

Bison (m)	бизон	[bizon]
Wisent (m)	гови ваҳшй	[govi vahʃiː]
Büffel (m)	говмеш	[govmeʃ]

Zebra (n)	гӯрхар	[gœrχar]
Antilope (f)	антилопа, ғизол	[antilopa], [ʁizol]
Reh (n)	оху	[ohu]
Damhirsch (m)	оху	[ohu]
Gämse (f)	нахчир, бузи кӯҳӣ	[naχtʃir], [buzi kœhiː]
Wildschwein (n)	хуки ваҳши	[χuki vahʃi]

Wal (m)	кит, наҳанг	[kit], [nahang]
Seehund (m)	тюлен	[tjulen]
Walroß (n)	морж	[morʒ]
Seebär (m)	гурбаи обй	[gurbai obiː]
Delfin (m)	делфин	[delfin]

Bär (m)	хирс	[χirs]
Eisbär (m)	хирси сафед	[χirsi safed]
Panda (m)	панда	[panda]

Affe (m)	маймун	[majmun]
Schimpanse (m)	шимпанзе	[ʃimpanze]
Orang-Utan (m)	орангутанг	[orangutang]
Gorilla (m)	горилла	[gorilla]
Makak (m)	макака	[makaka]
Gibbon (m)	гиббон	[gibbon]

Elefant (m)	фил	[fil]
Nashorn (n)	карк, каркадан	[kark], [karkadan]
Giraffe (f)	заррофа	[zarrofa]
Flusspferd (n)	баҳмут	[bahmut]

| Känguru (n) | кенгуру | [kenguru] |
| Koala (m) | коала | [koala] |

Manguste (f)	росу	[rosu]
Chinchilla (n)	вашақ	[vaʃaq]
Stinktier (n)	скунс	[skuns]
Stachelschwein (n)	чайра, дугпушт	[dʒajra], [dugpuʃt]

212. Haustiere

Katze (f)	гурба	[gurba]
Kater (m)	гурбаи нар	[gurbai nar]
Hund (m)	саг	[sag]

Pferd (n)	асп	[asp]
Hengst (m)	айғир, аспи нар	[ajʁir], [aspi nar]
Stute (f)	модиён, байтал	[modijɔn], [bajtal]

Kuh (f)	гов	[gov]
Stier (m)	барзагов	[barzagov]
Ochse (m)	барзагов	[barzagov]

Schaf (n)	меш, гӯсфанд	[meʃ], [gœsfand]
Widder (m)	гӯсфанд	[gœsfand]
Ziege (f)	буз	[buz]
Ziegenbock (m)	така, серка	[taka], [serka]

| Esel (m) | хар, маркаб | [χar], [markab] |
| Maultier (n) | хачир | [χatʃir] |

Schwein (n)	хук	[χuq]
Ferkel (n)	хукбача	[χukbatʃa]
Kaninchen (n)	харгӯш	[χargœʃ]

| Huhn (n) | мурғ | [murʁ] |
| Hahn (m) | хурӯс | [χurœs] |

Ente (f)	мурғобӣ	[murʁobi:]
Enterich (m)	мурғобии нар	[murʁobi:i nar]
Gans (f)	қоз, ғоз	[qoz], [ʁoz]

| Puter (m) | хурӯси мурғи марчон | [χurœsi murʁi mardʒon] |
| Pute (f) | мокиёни мурғи марчон | [mokijoni murʁi mardʒon] |

Haustiere (pl)	ҳайвони хонагӣ	[hajvoni χonagi:]
zahm	ромшуда	[romʃuda]
zähmen (vt)	дастомӯз кардан	[dastomœz kardan]
züchten (vt)	калон кардан	[kalon kardan]

Farm (f)	ферма	[ferma]
Geflügel (n)	паррандаи хонагӣ	[parrandai χonagi:]
Vieh (n)	чорво	[tʃorvo]
Herde (f)	пода	[poda]

Pferdestall (m)	саисхона, аспхона	[saisχona], [aspχona]
Schweinestall (m)	хукхона	[χukχona]
Kuhstall (m)	оғил, говхона	[oʁil], [govχona]
Kaninchenstall (m)	харгӯшхона	[χargœʃχona]
Hühnerstall (m)	мурғхона	[murʁχona]

213. Hunde. Hunderassen

Hund (m)	саг	[sag]
Schäferhund (m)	саги чӯпонӣ	[sagi tʃœponi:]
Deutsche Schäferhund (m)	**афчаркаи немисӣ**	[aftʃarkai nemisi:]
Pudel (m)	пудел	[pudel]
Dachshund (m)	такса	[taksa]
Bulldogge (f)	булдог	[buldog]

Boxer (m)	боксёр	[boksjɔr]
Mastiff (m)	мастиф	[mastif]
Rottweiler (m)	ротвейлер	[rotvejler]
Dobermann (m)	доберман	[doberman]

Basset (m)	бассет	[basset]
Bobtail (m)	бобтейл	[bobtejl]
Dalmatiner (m)	далматинес	[dalmatines]
Cocker-Spaniel (m)	кокер-спаниел	[koker-spaniel]

| Neufundländer (m) | нюфаунленд | [njufaunlend] |
| Bernhardiner (m) | сенбернар | [senbernar] |

Eskimohund (m)	хаски	[χaski]
Chow-Chow (m)	чау-чау	[ʧau-ʧau]
Spitz (m)	шпитс	[ʃpits]
Mops (m)	мопс, саги хонагй	[mops], [sagi χonagi:]

214. Tierlaute

Gebell (n)	аккос	[akkos]
bellen (vi)	аккос задан	[akkos zadan]
miauen (vi)	мияв-мияв кардан	[mijav-mijav kardan]
schnurren (Katze)	мав-мав кардан	[mav-mav kardan]

muhen (vi)	маос задан	[maos zadan]
brüllen (Stier)	ғурридан	[ʁurridan]
knurren (Hund usw.)	ғуррос задан	[ʁurros zadan]

Heulen (n)	уллос	[ullos]
heulen (vi)	уллос кашидан	[ullos kaʃidan]
winseln (vi)	мингос задан	[mingos zadan]

meckern (Ziege)	баос задан	[baos zadan]
grunzen (vi)	хур-хур кардан	[χur-χur kardan]
kreischen (vi)	вангас кардан	[vangas kardan]

quaken (vi)	вақ-вақ кардан	[vaq-vaq kardan]
summen (Insekt)	виззос задан	[vizzos zadan]
zirpen (vi)	чиррос задан	[ʧirros zadan]

215. Jungtiere

Tierkind (n)	бача	[baʧa]
Kätzchen (n)	гурбача	[gurbaʧa]
Mausjunge (n)	мушбача	[muʃbaʧa]
Hündchen (n), Welpe (m)	сагбача	[sagbaʧa]

Häschen (n)	харгӯшбача	[χargœʃbaʧa]
Kaninchenjunge (n)	харгӯшча	[χargœʃʧa]
Wolfsjunge (n)	гургбача	[gurgbaʧa]
Fuchsjunge (n)	рӯбохча	[rœbohʧa]

Bärenjunge (n)	хирсбача	[χirsbatʃa]
Löwenjunge (n)	шербача	[ʃerbatʃa]
junger Tiger (m)	бабрак	[babrak]
Elefantenjunge (n)	филбача	[filbatʃa]

Ferkel (n)	хукбача	[χukbatʃa]
Kalb (junge Kuh)	гӯсола	[gœsola]
Ziegenkitz (n)	бузгола, бузбача	[buzʁola], [buzbatʃa]
Lamm (n)	барра	[barra]
Hirschkalb (n)	охубача	[ohubatʃa]
Kamelfohlen (n)	шутурбача, уш ча	[ʃuturbatʃa], [uʃ tʃa]

| junge Schlange (f) | морбача | [morbatʃa] |
| Fröschlein (n) | қурбоққача | [qurboqqatʃa] |

junger Vogel (m)	чӯча	[tʃœdʒa]
Küken (n)	чӯча	[tʃœdʒa]
Entlein (n)	мурғобича	[murʁobitʃa]

216. Vögel

Vogel (m)	паранда	[paranda]
Taube (f)	кафтар	[kaftar]
Spatz (m)	гунчишк, чумчук	[gundʒiʃk], [tʃumtʃuk]
Meise (f)	фотимачумчуқ	[fotimatʃumtʃuq]
Elster (f)	акка	[akka]

Rabe (m)	зоғ	[zoʁ]
Krähe (f)	зоғи ало	[zoʁi alo]
Dohle (f)	зоғча	[zoʁtʃa]
Saatkrähe (f)	шӯрнӯл	[ʃœrnœl]

Ente (f)	мурғобӣ	[murʁobi:]
Gans (f)	қоз, ғоз	[qoz], [ʁoz]
Fasan (m)	тазарв	[tazarv]

Adler (m)	укоб	[ukob]
Habicht (m)	пайғу	[pajʁu]
Falke (m)	боз, шоҳин	[boz], [ʃohin]
Greif (m)	каргас	[kargas]
Kondor (m)	кондор	[kondor]

Schwan (m)	қу	[qu]
Kranich (m)	куланг, турна	[kulang], [turna]
Storch (m)	лаклак	[laklak]

Papagei (m)	тӯтӣ	[tœti:]
Kolibri (m)	колибри	[kolibri]
Pfau (m)	товус	[tovus]

Strauß (m)	шутурмурғ	[ʃuturmurʁ]
Reiher (m)	ҳавосил	[havosil]
Flamingo (m)	бутимор	[butimor]
Pelikan (m)	мурғи саққо	[murʁi saqqo]

Nachtigall (f)	булбул	[bulbul]
Schwalbe (f)	фароштурук	[faroʃturuk]
Drossel (f)	дурроч	[durroʤ]
Singdrossel (f)	дуррочи хушхон	[durroʤi χuʃχon]
Amsel (f)	дуррочи сиёх	[durroʤi sijɔh]
Segler (m)	досак	[dosak]
Lerche (f)	чӯр, чаковак	[ʤœr], [ʧakovak]
Wachtel (f)	бедона	[bedona]
Kuckuck (m)	фохтак	[foχtak]
Eule (f)	бум, чуғз	[bum], [ʤuʁz]
Uhu (m)	чуғз	[ʧuʁz]
Auerhahn (m)	дурроч	[durroʤ]
Birkhahn (m)	титав	[titav]
Rebhuhn (n)	кабк, каклик	[kabk], [kaklik]
Star (m)	сор, соч	[sor], [soʧ]
Kanarienvogel (m)	канарейка	[kanarejka]
Haselhuhn (n)	рябчик	[rjabʧik]
Buchfink (m)	саъва	[sa'va]
Gimpel (m)	севғар	[sevʁar]
Möwe (f)	моҳихӯрак	[mohiχœrak]
Albatros (m)	уқоби баҳрӣ	[uqobi bahri:]
Pinguin (m)	пингвин	[pingvin]

217. Vögel. Gesang und Laute

singen (vt)	хондан	[χondan]
schreien (vi)	наъра кашидан	[na'ra kaʃidan]
kikeriki schreien	чеғи хурӯс	[ʤeʁi χurœs]
kikeriki	қу-қу-қу-ку	[qu-qu-qu-ku]
gackern (vi)	қут-қут кардан	[qut-qut kardan]
krächzen (vi)	қарқар кардан	[qarqar kardan]
schnattern (Ente)	ғоқ-ғок кардан	[ʁoq-ʁok kardan]
piepsen (vi)	чӣ-чӣ кардан	[ʧi:-ʧi: kardan]
zwitschern (vi)	чириқ-чириқ кардан	[ʧiriq-ʧiriq kardan]

218. Fische. Meerestiere

Brachse (f)	симмоҳӣ	[simmohi:]
Karpfen (m)	капур	[kapur]
Barsch (m)	аломоҳӣ	[alomohi:]
Wels (m)	лаққамоҳӣ	[laqqamohi:]
Hecht (m)	шӯртан	[ʃœrtan]
Lachs (m)	озодмоҳӣ	[ozodmohi:]
Stör (m)	тосмоҳӣ	[tosmohi:]
Hering (m)	шӯрмоҳӣ	[ʃœrmohi:]

atlantische Lachs (m)	озодмоҳӣ	[ozodmoχi:]
Makrele (f)	зағӯтамоҳӣ	[zaʁœtamohi:]
Scholle (f)	камбала	[kambala]

Zander (m)	суфмоҳӣ	[sufmohi:]
Dorsch (m)	равғанмоҳӣ	[ravʁanmohi:]
Tunfisch (m)	самак	[samak]
Forelle (f)	гулмоҳӣ	[gulmohi:]

Aal (m)	мормоҳӣ	[mormohi:]
Zitterrochen (m)	скати барқдор	[skati barqdor]
Muräne (f)	мурена	[murena]
Piranha (m)	пираня	[piranja]

Hai (m)	наҳанг	[nahang]
Delfin (m)	делфин	[delfin]
Wal (m)	кит, наҳанг	[kit], [nahang]

Krabbe (f)	харчанг	[χartʃang]
Meduse (f)	медуза	[meduza]
Krake (m)	ҳаштпо	[haʃtpo]

Seestern (m)	ситораи баҳрӣ	[sitorai bahri:]
Seeigel (m)	хорпушти баҳрӣ	[χorpuʃti bahri:]
Seepferdchen (n)	аспакмоҳӣ	[aspakmohi:]

Auster (f)	садафак	[sadafak]
Garnele (f)	креветка	[krevetka]
Hummer (m)	харчанги баҳрӣ	[χartʃangi bahri:]
Languste (f)	лангуст	[langust]

219. Amphibien Reptilien

| Schlange (f) | мор | [mor] |
| Gift-, giftig | заҳрдор | [zahrdor] |

Viper (f)	мори афъӣ	[mori afˈi:]
Kobra (f)	мори айнакдор, кӯбро	[mori ajnakdor], [kœbro]
Python (m)	мори печон	[mori petʃon]
Boa (f)	мори печон	[mori petʃon]

Ringelnatter (f)	мори обӣ	[mori obi:]
Klapperschlange (f)	шақшақамор	[ʃaqʃaqamor]
Anakonda (f)	анаконда	[anakonda]

Eidechse (f)	калтакалос	[kaltakalos]
Leguan (m)	сусмор, игуана	[susmor], [iguana]
Waran (m)	сусмор	[susmor]
Salamander (m)	калтакалос	[kaltakalos]
Chamäleon (n)	бӯқаламун	[bœqalamun]
Skorpion (m)	каждум	[kaʒdum]

| Schildkröte (f) | сангпушт | [sangpuʃt] |
| Frosch (m) | қурбоққа | [qurboqqa] |

Kröte (f)	ғук, қурбоққаи чӯлй	[ʁuk], [qurboqqai tʃœli:]
Krokodil (n)	тимсоҳ	[timsoh]

220. Insekten

Insekt (n)	ҳашарот	[haʃarot]
Schmetterling (m)	шапалак	[ʃapalak]
Ameise (f)	мӯрча	[mœrtʃa]
Fliege (f)	магас	[magas]
Mücke (f)	пашша	[paʃʃa]
Käfer (m)	гамбуск	[gambusk]

Wespe (f)	ору	[oru]
Biene (f)	занбӯри асал	[zanbœri asal]
Hummel (f)	говзанбӯр	[govzanbœr]
Bremse (f)	ғурмагас	[ʁurmagas]

Spinne (f)	тортанак	[tortanak]
Spinnennetz (n)	тори тортанак	[tori tortanak]

Libelle (f)	сӯзанак	[sœzanak]
Grashüpfer (m)	малах	[malaχ]
Schmetterling (m)	шапалак	[ʃapalak]

Schabe (f)	нонхӯрак	[nonχœrak]
Zecke (f)	кана	[kana]
Floh (m)	кайк	[kajk]
Kriebelmücke (f)	пашша	[paʃʃa]

Heuschrecke (f)	малах	[malaχ]
Schnecke (f)	тӯкумшуллуқ	[tœkumʃulluq]
Heimchen (n)	чирчирак	[tʃirtʃirak]
Leuchtkäfer (m)	шабтоб	[ʃabtob]
Marienkäfer (m)	момохолак	[momoχolak]
Maikäfer (m)	гамбуски саврй	[gambuski savri:]

Blutegel (m)	шуллук	[ʃulluk]
Raupe (f)	кирм	[kirm]
Wurm (m)	кирм	[kirm]
Larve (f)	кирм	[kirm]

221. Tiere. Körperteile

Schnabel (m)	нӯл, минқор	[nœl], [minqor]
Flügel (pl)	қанот	[qanot]
Fuß (m)	пой	[poj]
Gefieder (n)	болу пар	[bolu par]
Feder (f)	пар	[par]
Haube (f)	пӯпй	[pœpi:]

Kiemen (pl)	ғалсама	[ʁalsama]
Laich (m)	тухм	[tuχm]

Larve (f)	кирм, кирмак	[kirm], [kirmak]
Flosse (f)	қаноти моҳй	[qanoti mohi:]
Schuppe (f)	пулакча	[pulaktʃa]

Stoßzahn (m)	дандони ашк	[dandoni aʃk]
Pfote (f)	панҷа	[pandʒa]
Schnauze (f)	фук	[fuk]
Rachen (m)	даҳон	[dahon]
Schwanz (m)	дум	[dum]
Barthaar (n)	муйлаб, бурут	[mujlab], [burut]

| Huf (m) | сум | [sum] |
| Horn (n) | шох | [ʃoχ] |

Panzer (m)	косаи сангпушт	[kosai sangpuʃt]
Muschel (f)	гӯшмоҳй, садаф	[gœʃmohi:], [sadaf]
Schale (f)	пӯчоқи тухм	[pœtʃoqi tuχm]

| Fell (n) | пашм | [paʃm] |
| Haut (f) | пуст | [pust] |

222. Tierverhalten

fliegen (vi)	паридан	[paridan]
herumfliegen (vi)	давр задан	[davr zadan]
wegfliegen (vi)	парида рафтан	[parida raftan]
schlagen (mit den Flügeln ~)	пар задан	[par zadan]

| picken (vt) | дона чидан | [dona tʃidan] |
| bebrüten (vt) | болои тухмҳо нишастан | [boloi tuχmho niʃastan] |

| ausschlüpfen (vi) | аз тухм баромадан | [az tuχm baromadan] |
| ein Nest bauen | лона сохтан | [lona soχtan] |

kriechen (vi)	хазидан	[χazidan]
stechen (Insekt)	неш задан	[neʃ zadan]
beißen (vt)	газидан	[gazidan]

schnüffeln (vt)	бӯй гирифтан	[bœj giriftan]
bellen (vi)	аккос задан	[akkos zadan]
zischen (vi)	фашшос задан	[faʃʃos zadan]

| erschrecken (vt) | тарсондан | [tarsondan] |
| angreifen (vt) | ҳуҷум кардан | [hudʒum kardan] |

nagen (vi)	хоидан	[χoidan]
kratzen (vt)	харошидан	[χaroʃidan]
sich verstecken	пинхон шудан	[pinhon ʃudan]

spielen (vi)	бозй кардан	[bozi: kardan]
jagen (vi)	шикор кардан	[ʃikor kardan]
Winterschlaf halten	ба хоби зимистона рафтан	[ba χobi zimistona raftan]

| aussterben (vi) | мурда рафтан | [murda raftan] |

223. Tiere. Lebensräume

Lebensraum (f)	муҳити ҳаёт	[muhiti hajɔt]
Wanderung (f)	кӯчидан	[kœtʃidan]
Berg (m)	кӯҳ	[kœh]
Riff (n)	харсанги зериобӣ	[χarsangi zeriobi:]
Fels (m)	шух	[ʃuχ]
Wald (m)	ҷангал	[dʒangal]
Dschungel (m, n)	ҷангал	[dʒangal]
Savanne (f)	саванна	[savanna]
Tundra (f)	тундра	[tundra]
Steppe (f)	дашт, чӯл	[daʃt], [tʃœl]
Wüste (f)	биёбон	[bijɔbon]
Oase (f)	воҳа	[voha]
Meer (n), See (f)	баҳр	[bahr]
See (m)	кул	[kul]
Ozean (m)	уқёнус	[uqjɔnus]
Sumpf (m)	ботлоқ, ботқоқ	[botloq], [botqoq]
Süßwasser-	… и оби ширин	[i obi ʃirin]
Teich (m)	сарҳавз	[sarhavz]
Fluss (m)	дарё	[darjɔ]
Höhle (f), Bau (m)	хонаи хирс	[χonai χirs]
Nest (n)	ошёна, лона	[oʃʃona], [lona]
Höhlung (f)	сӯрохи дарахт	[sœroχi daraχt]
Loch (z.B. Wurmloch)	хона	[χona]
Ameisenhaufen (m)	мӯрчахона	[mœrtʃaχona]

224. Tierpflege

Zoo (m)	боғи ҳайвонот	[boʁi hajvonot]
Schutzgebiet (n)	мамнӯъгоҳ	[mamnœ'goh]
Zucht (z.B. Hunde~)	парвардахона	[parvardaχona]
Freigehege (n)	қафас, катак	[qafas], [katak]
Käfig (m)	қафас	[qafas]
Hundehütte (f)	сагхона	[sagχona]
Taubenschlag (m)	кафтархона	[kaftarχona]
Aquarium (n)	аквариум	[akvarium]
Delphinarium (n)	делфинарий	[delfinarij]
züchten (vt)	парвариш кардан	[parvariʃ kardan]
Wurf (m)	насл	[nasl]
zähmen (vt)	дастомӯз кардан	[dastomœz kardan]
dressieren (vt)	ром кардан	[rom kardan]
Futter (n)	хӯроквори	[χœrokvori:]
füttern (vt)	хӯрок додан	[χœrok dodan]

Zoohandlung (f)	мағозаи зоологӣ	[maʁozai zoologi:]
Maulkorb (m)	пӯзбанд	[pœzband]
Halsband (n)	гарданбанд	[gardanband]
Rufname (m)	ном	[nom]
Stammbaum (m)	насабнома	[nasabnoma]

225. Tiere. Verschiedenes

Rudel (Wölfen)	тӯда	[tœda]
Vogelschwarm (m)	села	[sela]
Schwarm (~ Heringe usw.)	села	[sela]
Pferdeherde (f)	гала	[gala]
Männchen (n)	нар	[nar]
Weibchen (n)	мода	[moda]
hungrig	гурусна	[gurusna]
wild	ваҳшӣ	[vahʃi:]
gefährlich	хавфнок	[χavfnok]

226. Pferde

Pferd (n)	асп	[asp]
Rasse (f)	зот	[zot]
Fohlen (n)	тойча, дунан	[tojtʃa], [dunan]
Stute (f)	модиён, байтал	[modijon], [bajtal]
Mustang (m)	мустанг	[mustang]
Pony (n)	аспи тоту	[aspi totu]
schweres Zugpferd (n)	аспи калони боркаш	[aspi kaloni borkaʃ]
Mähne (f)	ёл	[jol]
Schwanz (m)	дум	[dum]
Huf (m)	сум	[sum]
Hufeisen (n)	наъл	[na'l]
beschlagen (vt)	наъл кардан	[na'l kardan]
Schmied (m)	оҳангар	[ohangar]
Sattel (m)	зин	[zin]
Steigbügel (m)	узангу	[uzangu]
Zaum (m)	лаҷом	[ladʒom]
Zügel (pl)	чилав	[dʒilav]
Peitsche (f)	қамчин	[qamtʃin]
Reiter (m)	човандоз	[tʃovandoz]
satteln (vt)	зин кардан	[zin kardan]
besteigen (vt)	ба зин нишастан	[ba zin niʃastan]
Galopp (m)	чорхез	[tʃorχez]
galoppieren (vi)	чорхез кардан	[tʃorχez kardan]

Trab (m)	лӯкка	[lœkka]
im Trab	лӯкказанон	[lœkkazanon]
traben (vi)	лӯккидан	[lœkkidan]

Rennpferd (n)	аспи тозй	[aspi tozi:]
Rennen (n)	пойга	[pojga]

Pferdestall (m)	саисхона, аспхона	[saisχona], [aspχona]
füttern (vt)	хӯрок додан	[χœrok dodan]
Heu (n)	алафи хушк	[alafi χuʃk]
tränken (vt)	об додан	[ob dodan]
striegeln (vt)	тоза кардан	[toza kardan]

Pferdewagen (m)	ароба	[aroba]
weiden (vi)	чаридан	[tʃaridan]
wiehern (vi)	шиҳа кашидан	[ʃiha kaʃidan]
ausschlagen (Pferd)	лагат задан	[lagat zadan]

Flora

227. Bäume

Baum (m)	дарахт	[daraχt]
Laub-	паҳнбарг	[pahnbarg]
Nadel-	... и сӯзанбарг	[i sœzanbarg]
immergrün	ҳамешасабз	[hameʃasabz]
Apfelbaum (m)	дарахти себ	[daraχti seb]
Birnbaum (m)	дарахти нок	[daraχti nok]
Süßkirschbaum (m)	дарахти гелос	[daraχti gelos]
Sauerkirschbaum (m)	дарахти олуболу	[daraχti olubolu]
Pflaumenbaum (m)	дарахти олу	[daraχti olu]
Birke (f)	тӯс	[tœs]
Eiche (f)	булут	[bulut]
Linde (f)	зерфун	[zerfun]
Espe (f)	сиёҳбед	[sijohbed]
Ahorn (m)	заранг	[zarang]
Fichte (f)	коҷ, ел	[kodʒ], [el]
Kiefer (f)	санавбар	[sanavbar]
Lärche (f)	коҷи баргрез	[kodʒi bargrez]
Tanne (f)	пихта	[piχta]
Zeder (f)	дарахти ҷалғӯза	[daraχti dʒalʁœza]
Pappel (f)	сафедор	[safedor]
Vogelbeerbaum (m)	ғубайро	[ʁubajro]
Weide (f)	бед	[bed]
Erle (f)	роздор	[rozdor]
Buche (f)	бук, олаш	[buk], [olaʃ]
Ulme (f)	дарахти ларг	[daraχti larg]
Esche (f)	шумтол	[ʃumtol]
Kastanie (f)	шоҳбулут	[ʃohbulut]
Magnolie (f)	магнолия	[magnolija]
Palme (f)	нахл	[naχl]
Zypresse (f)	дарахти сарв	[daraχti sarv]
Mangrovenbaum (m)	дарахти анбаҳ	[daraχti anbah]
Baobab (m)	баобаб	[baobab]
Eukalyptus (m)	эвкалипт	[ɛvkalipt]
Mammutbaum (m)	секвойя	[sekvojja]

228. Büsche

Strauch (m)	бутта	[butta]
Gebüsch (n)	бутта	[butta]

| Weinstock (m) | ток | [tok] |
| Weinberg (m) | токзор | [tokzor] |

Himbeerstrauch (m)	тамашк	[tamaʃk]
schwarze Johannisbeere (f)	қоти сиёҳ	[qoti sijoh]
rote Johannisbeere (f)	коти сурх	[koti surχ]
Stachelbeerstrauch (m)	бектошй	[bektoʃi:]

Akazie (f)	акатсия, акоқиё	[akatsija], [aqoqijɔ]
Berberitze (f)	буттаи зирк	[buttai zirk]
Jasmin (m)	ёсуман	[jɔsuman]

Wacholder (m)	арча, ардач	[artʃa], [ardadʒ]
Rosenstrauch (m)	буттаи гул	[buttai gul]
Heckenrose (f)	хуч	[χutʃ]

229. Pilze

Pilz (m)	занбӯруғ	[zanbœruʁ]
essbarer Pilz (m)	занбӯруғи хӯрданй	[zanbœruʁi χœrdani:]
Giftpilz (m)	занбӯруғи заҳрнок	[zanbœruʁi zahrnok]
Hut (m)	кулоҳаки занбӯруғ	[kulohaki zanbœruʁ]
Stiel (m)	тана	[tana]

Steinpilz (m)	занбӯруғи сафед	[zanbœruʁi safed]
Rotkappe (f)	занбӯруғи сурх	[zanbœruʁi surχ]
Birkenpilz (m)	занбӯруғи тӯсй	[zanbœruʁi tœsi:]
Pfifferling (m)	кӯзиқандй	[qœziqandi:]
Täubling (m)	занбӯруғи хомхӯрак	[zanbœruʁi χomχœrak]

Morchel (f)	бурмазанбӯруғ	[burmazanbœruʁ]
Fliegenpilz (m)	маргимагас	[margimagas]
Grüner Knollenblätterpilz	занбӯруғи заҳрнок	[zanbœruʁi zahrnok]

230. Obst. Beeren

| Frucht (f) | мева, самар | [meva], [samar] |
| Früchte (pl) | меваҳо, самарҳо | [mevaho], [samarho] |

Apfel (m)	себ	[seb]
Birne (f)	мурӯд, нок	[murœd], [nok]
Pflaume (f)	олу	[olu]

Erdbeere (f)	қулфинай	[qulfinaj]
Sauerkirsche (f)	олуболу	[olubolu]
Süßkirsche (f)	гелос	[gelos]
Weintrauben (pl)	ангур	[angur]

Himbeere (f)	тамашк	[tamaʃk]
schwarze Johannisbeere (f)	қоти сиёҳ	[qoti sijoh]
rote Johannisbeere (f)	коти сурх	[koti surχ]
Stachelbeere (f)	бектошй	[bektoʃi:]

Moosbeere (f)	клюква	[kljukva]
Apfelsine (f)	афлесун, пӯртахол	[aflesun], [pœrtaχol]
Mandarine (f)	норанг	[norang]
Ananas (f)	ананас	[ananas]
Banane (f)	банан	[banan]
Dattel (f)	хурмо	[χurmo]

Zitrone (f)	лиму	[limu]
Aprikose (f)	дарахти зардолу	[daraχti zardolu]
Pfirsich (m)	шафтолу	[ʃaftolu]
Kiwi (f)	кивй	[kivi:]
Grapefruit (f)	норинч	[norindʒ]

Beere (f)	буттамева	[buttameva]
Beeren (pl)	буттамевахо	[buttamevaho]
Preiselbeere (f)	брусника	[brusnika]
Walderdbeere (f)	тути заминй	[tuti zamini:]
Heidelbeere (f)	черника	[ʧernika]

231. Blumen. Pflanzen

| Blume (f) | гул | [gul] |
| Blumenstrauß (m) | дастаи гул | [dastai gul] |

Rose (f)	гул, гули садбарг	[gul], [guli sadbarg]
Tulpe (f)	лола	[lola]
Nelke (f)	гули мехак	[guli meχak]
Gladiole (f)	гули ёқут	[guli jɔqut]

Kornblume (f)	тугмагул	[tugmagul]
Glockenblume (f)	гули момо	[guli momo]
Löwenzahn (m)	коқу	[koqu]
Kamille (f)	бобуна	[bobuna]

Aloe (f)	уд, сабр, алоэ	[ud], [sabr], [aloɛ]
Kaktus (m)	гули ханчарй	[guli χandʒari:]
Gummibaum (m)	тутанчир	[tutandʒir]

Lilie (f)	савсан	[savsan]
Geranie (f)	анчибар	[andʒibar]
Hyazinthe (f)	сунбул	[sunbul]

Mimose (f)	нозгул	[nozgul]
Narzisse (f)	наргис	[nargis]
Kapuzinerkresse (f)	настаран	[nastaran]

Orchidee (f)	сахлаб, сӯхлаб	[sahlab], [sœhlab]
Pfingstrose (f)	гули ашрафй	[guli aʃrafi:]
Veilchen (n)	бунафша	[bunaʃʃa]

Stiefmütterchen (n)	бунафшаи фарангй	[bunaʃʃai farangi:]
Vergissmeinnicht (n)	марзангӯш	[marzangœʃ]
Gänseblümchen (n)	гули марворидак	[guli marvoridak]
Mohn (m)	кӯкнор	[kœknor]

| Hanf (m) | бангдона, канаб | [bangdona], [kanab] |
| Minze (f) | пудина | [pudina] |

| Maiglöckchen (n) | гули барфак | [guli barfak] |
| Schneeglöckchen (n) | бойчечак | [bojʧeʧak] |

Brennnessel (f)	газна	[gazna]
Sauerampfer (m)	шилха	[ʃilχa]
Seerose (f)	нилуфари сафед	[nilufari safed]
Farn (m)	фарн	[farn]
Flechte (f)	гулсанг	[gulsang]

Gewächshaus (n)	гулхона	[gulχona]
Rasen (m)	чаман, сабзазор	[ʧaman], [sabzazor]
Blumenbeet (n)	гулзор	[gulzor]

Pflanze (f)	растанӣ	[rastani:]
Gras (n)	алаф	[alaf]
Grashalm (m)	хас	[χas]

Blatt (n)	барг	[barg]
Blütenblatt (n)	гулбарг	[gulbarg]
Stiel (m)	поя	[poja]
Knolle (f)	бех, дона	[beχ], [dona]

| Jungpflanze (f) | неш | [neʃ] |
| Dorn (m) | хор | [χor] |

blühen (vi)	гул кардан	[gul kardan]
welken (vi)	пажмурда шудан	[paʒmurda ʃudan]
Geruch (m)	бӯй	[bœj]
abschneiden (vt)	буридан	[buridan]
pflücken (vt)	кандан	[kandan]

232. Getreide, Körner

Getreide (n)	дона, ғалла	[dona], [ʁalla]
Getreidepflanzen (pl)	растаниҳои ғалладона	[rastanihoi ʁalladona]
Ähre (f)	хӯша	[χœʃa]

Weizen (m)	гандум	[gandum]
Roggen (m)	чавдор	[ʤavdor]
Hafer (m)	хуртумон	[hurtumon]
Hirse (f)	арзан	[arzan]
Gerste (f)	чав	[ʤav]
Mais (m)	чуворимакка	[ʤuvorimakka]
Reis (m)	шоли, биринч	[ʃoli:], [birinʤ]
Buchweizen (m)	марчумак	[marʤumak]

Erbse (f)	нахӯд	[naχœd]
weiße Bohne (f)	лӯбиё	[lœbijo]
Sojabohne (f)	соя	[soja]
Linse (f)	наск	[nask]
Bohnen (pl)	лӯбиё	[lœbijo]

233. Gemüse. Grünzeug

Gemüse (n)	сабзавот	[sabzavot]
grünes Gemüse (pl)	сабзавот	[sabzavot]
Tomate (f)	помидор	[pomidor]
Gurke (f)	бодиринг	[bodiring]
Karotte (f)	сабзӣ	[sabzi:]
Kartoffel (f)	картошка	[kartoʃka]
Zwiebel (f)	пиёз	[pijoz]
Knoblauch (m)	сир	[sir]
Kohl (m)	карам	[karam]
Blumenkohl (m)	гулкарам	[gulkaram]
Rosenkohl (m)	карами брусселӣ	[karami brusseli:]
Brokkoli (m)	карами брокколӣ	[karami brokkoli:]
Rote Bete (f)	лаблабу	[lablabu]
Aubergine (f)	бодинҷон	[bodindʒon]
Zucchini (f)	таррак	[tarrak]
Kürbis (m)	каду	[kadu]
Rübe (f)	шалғам	[ʃalʁam]
Petersilie (f)	чаъфарӣ	[dʒa'fari:]
Dill (m)	шибит	[ʃibit]
Kopf Salat (m)	коҳу	[kohu]
Sellerie (m)	карафс	[karafs]
Spargel (m)	морчӯба	[mortʃœba]
Spinat (m)	испаноқ	[ispanoq]
Erbse (f)	нахӯд	[naχœd]
Bohnen (pl)	лӯбиё	[lœbijɔ]
Mais (m)	чуворимакка	[dʒuvorimakka]
weiße Bohne (f)	лӯбиё	[lœbijɔ]
Pfeffer (m)	қаламфур	[qalamfur]
Radieschen (n)	шалғамча	[ʃalʁamtʃa]
Artischocke (f)	анганор	[anganor]

REGIONALE GEOGRAPHIE

Länder. Nationalitäten

234. Westeuropa

Europäische Union (f)	Иттиҳоди Аврупо	[ittihodi avrupo]
Österreich	Австрия	[avstrija]
Österreicher (m)	австриягӣ	[avstrijagi:]
Österreicherin (f)	зани австриягӣ	[zani avstrijagi:]
österreichisch	австриягӣ	[avstrijagi:]
Großbritannien	Инглистон	[ingliston]
England	Англия	[anglija]
Brite (m)	англис	[anglis]
Britin (f)	англисзан	[angliszan]
englisch	англисӣ	[anglisi:]
Belgien	Белгия	[belgija]
Belgier (m)	белгиягӣ	[belgijagi:]
Belgierin (f)	зани белгиягӣ	[zani belgijagi:]
belgisch	белгиягӣ	[belgijagi:]
Deutschland	Олмон	[olmon]
Deutsche (m)	немис, олмонӣ	[nemis], [olmoni:]
Deutsche (f)	зани немис	[zani nemis]
deutsch	немисӣ, олмонӣ	[nemisi:], [olmoni:]
Niederlande (f)	Ҳоланд	[holand]
Holland (n)	Ҳолландия	[hollandija]
Holländer (m)	голландӣ	[gollandi:]
Holländerin (f)	зани голландӣ	[zani gollandi:]
holländisch	голландӣ	[gollandi:]
Griechenland	Юнон	[junon]
Grieche (m)	юнонӣ	[junoni:]
Griechin (f)	зани юнонӣ	[zani junoni:]
griechisch	юнонӣ	[junoni:]
Dänemark	Дания	[danija]
Däne (m)	даниягӣ	[danijagi:]
Dänin (f)	зани даниягӣ	[zani danijagi:]
dänisch	даниягӣ	[danijagi:]
Irland	Ирландия	[irlandija]
Ire (m)	ирландӣ	[irlandi:]
Irin (f)	зани ирландӣ	[zani irlandi:]
irisch	ирландӣ	[irlandi:]
Island	Исландия	[islandija]

Isländer (m)	исландӣ	[islandi:]
Isländerin (f)	зани исландӣ	[zani islandi:]
isländisch	исландӣ	[islandi:]

Spanien	Испониё	[isponijo]
Spanier (m)	испанӣ	[ispani:]
Spanierin (f)	зани испанӣ	[zani ispani:]
spanisch	испанӣ	[ispani:]

Italien	Итолиё	[itolijo]
Italiener (m)	италиявӣ	[italijavi:]
Italienerin (f)	зани италиявӣ	[zani italijavi:]
italienisch	италиявӣ	[italijavi:]

Zypern	Кипр	[kipr]
Zypriot (m)	кипрӣ	[kipri:]
Zypriotin (f)	зани кипрӣ	[zani kipri:]
zyprisch	кипрӣ	[kipri:]

Malta	Малта	[malta]
Malteser (m)	малтиягӣ	[maltijagi:]
Malteserin (f)	зани малтиягӣ	[zani maltijagi:]
maltesisch	малтиягӣ	[maltijagi:]

Norwegen	Норвегия	[norvegija]
Norweger (m)	норвегӣ	[norvegi:]
Norwegerin (f)	зани норвегӣ	[zani norvegi:]
norwegisch	норвегӣ	[norvegi:]

Portugal	Португалия	[portugalija]
Portugiese (m)	португалӣ	[portugali:]
Portugiesin (f)	зани португалӣ	[zani portugali:]
portugiesisch	португалӣ	[portugali:]

Finnland	Финланд	[finland]
Finne (m)	фин	[fin]
Finnin (f)	финзан	[finzan]
finnisch	... и финхо, финӣ	[i finho], [fini:]

Frankreich	Фаронса	[faronsa]
Franzose (m)	фаронсавӣ	[faronsavi:]
Französin (f)	зани фаронсавӣ	[zani faronsavi:]
französisch	фаронсавӣ	[faronsavi:]

Schweden	Шветсия	[ʃvetsija]
Schwede (m)	швед	[ʃved]
Schwedin (f)	зани швед	[zani ʃved]
schwedisch	шведӣ	[ʃvedi:]

Schweiz (f)	Швейсария	[ʃvejsarija]
Schweizer (m)	швейсариягӣ	[ʃvejsarijagi:]
Schweizerin (f)	зани швейсариягӣ	[zani ʃvejsarijagi:]
schweizerisch	швейсариягӣ	[ʃvejsarijagi:]

| Schottland | Шотландия | [ʃotlandija] |
| Schotte (m) | шотландӣ | [ʃotlandi:] |

| Schottin (f) | зани шотландӣ | [zani ʃotlandi:] |
| schottisch | шотландӣ | [ʃotlandi:] |

Vatikan (m)	Вотикон	[votikon]
Liechtenstein	Лихтенштейн	[liҳtenʃtejn]
Luxemburg	Люксембург	[ljuksemburg]
Monaco	Монако	[monako]

235. Mittel- und Osteuropa

Albanien	Албания	[albanija]
Albaner (m)	албанӣ	[albani:]
Albanerin (f)	албанзан	[albanzan]
albanisch	албанӣ	[albani:]

Bulgarien	Булғористон	[bulɣoriston]
Bulgare (m)	булғор	[bulɣor]
Bulgarin (f)	булғорзан	[bulɣorzan]
bulgarisch	булғорӣ	[bulɣori:]

Ungarn	Маҷористон	[madʒoriston]
Ungar (m)	венгер, маҷор	[venger], [madʒor]
Ungarin (f)	венгерзан	[vengerzan]
ungarisch	венгерӣ	[vengeri:]

Lettland	Латвия	[latvija]
Lette (m)	латвиягӣ	[latvijagi:]
Lettin (f)	зани латвиягӣ	[zani latvijagi:]
lettisch	латвиягӣ	[latvijagi:]

Litauen	Литва	[litva]
Litauer (m)	литвонӣ	[litvoni:]
Litauerin (f)	зани литвонӣ	[zani litvoni:]
litauisch	литвонӣ	[litvoni:]

Polen	Полша, Лаҳистон	[polʃa], [lahiston]
Pole (m)	лаҳистонӣ	[lahistoni:]
Polin (f)	зани лаҳистонӣ	[zani lahistoni:]
polnisch	лаҳистонӣ	[lahistoni:]

Rumänien	Руминия	[ruminija]
Rumäne (m)	руминиягӣ	[ruminijagi:]
Rumänin (f)	зани руминиягӣ	[zani ruminijagi:]
rumänisch	руминиягӣ	[ruminijagi:]

Serbien	Сербия	[serbija]
Serbe (m)	серб	[serb]
Serbin (f)	сербзан	[serbzan]
serbisch	сербӣ	[serbi:]

Slowakei (f)	Словакия	[slovakija]
Slowake (m)	словак	[slovak]
Slowakin (f)	словакзан	[slovakzan]
slowakisch	словакӣ	[slovaki:]

Kroatien	Хорватия	[χorvatija]
Kroate (m)	хорват	[χorvat]
Kroatin (f)	хорватзан	[χorvatzan]
kroatisch	хорватӣ	[χorvati:]

Tschechien	Чехия	[ʧeχija]
Tscheche (m)	чех	[ʧeχ]
Tschechin (f)	зани чех	[zani ʧeχ]
tschechisch	чехӣ	[ʧeχi:]

Estland	Эстония	[ɛstonija]
Este (m)	эстонӣ	[ɛstoni:]
Estin (f)	эстонзан	[ɛstonzan]
estnisch	эстонӣ	[ɛstoni:]

Bosnien und Herzegowina	Босния ва Ҳерсеговина	[bosnija va hersegovina]
Makedonien	Мақдуния	[maqdunija]
Slowenien	Словения	[slovenija]
Montenegro	Монтенегро	[montenegro]

236. Frühere UdSSR Republiken

Aserbaidschan	Озарбойҷон	[ozarbojʤon]
Aserbaidschaner (m)	озарбойҷонӣ, озарӣ	[ozarbojʤoni:], [ozari:]
Aserbaidschanerin (f)	озарбойҷонзан	[ozarbojʤonzan]
aserbaidschanisch	озарбойҷонӣ, озарӣ	[ozarbojʤoni:], [ozari:]

Armenien	Арманистон	[armaniston]
Armenier (m)	арманӣ	[armani:]
Armenierin (f)	зани арманӣ	[zani armani:]
armenisch	арманӣ	[armani:]

Weißrussland	Беларус	[belarus]
Weißrusse (m)	белорус	[belorus]
Weißrussin (f)	белорусзан	[beloruszan]
weißrussisch	белорусӣ	[belorusi:]

Georgien	Гурҷистон	[gurdʒiston]
Georgier (m)	гурҷӣ	[gurdʒi:]
Georgierin (f)	гурҷизан	[gurdʒizan]
georgisch	гурҷӣ	[gurdʒi:]

Kasachstan	Қазоқистон	[qazoqiston]
Kasache (m)	қазоқ	[qazoq]
Kasachin (f)	зани қазоқ	[zani qazoq]
kasachisch	қазоқӣ	[qazoqi:]

Kirgisien	Қирғизистон	[qirʁiziston]
Kirgise (m)	қирғиз	[qirʁiz]
Kirgisin (f)	зани қирғиз	[zani qirʁiz]
kirgisisch	қирғизӣ	[qirʁizi:]

| Moldawien | Молдова | [moldova] |
| Moldauer (m) | молдаван | [moldavan] |

| Moldauerin (f) | зани молдаван | [zani moldavan] |
| moldauisch | молдаванӣ | [moldavani:] |

Russland	Россия	[rossija]
Russe (m)	рус	[rus]
Russin (f)	зани рус	[zani rus]
russisch	русӣ	[rusi:]

Tadschikistan	Тоҷикистон	[toʤikiston]
Tadschike (m)	тоҷик	[toʤik]
Tadschikin (f)	тоҷикзан	[toʤikzan]
tadschikisch	тоҷикӣ	[toʤiki:]

Turkmenistan	Туркманистон	[turkmaniston]
Turkmene (m)	туркман	[turkman]
Turkmenin (f)	туркманзан	[turkmanzan]
turkmenisch	туркманӣ	[turkmani:]

Usbekistan	Ӯзбакистон	[œzbakiston]
Usbeke (m)	ӯзбек	[œzbek]
Usbekin (f)	ӯзбекзан	[œzbekzan]
usbekisch	ӯзбекӣ	[œzbeki:]

Ukraine (f)	Украйина	[ukrajina]
Ukrainer (m)	украинӣ	[ukraini:]
Ukrainerin (f)	украинзан	[ukrainzan]
ukrainisch	украинӣ	[ukraini:]

237. Asien

| Asien | Осиё | [osijɔ] |
| asiatisch | осиёй, ... и Осиё | [osijɔi:], [i osijɔ] |

Vietnam	Ветнам	[vetnam]
Vietnamese (m)	ветнамӣ	[vetnami:]
Vietnamesin (f)	зани ветнамӣ	[zani vetnami:]
vietnamesisch	ветнамӣ	[vetnami:]

Indien	Ҳиндустон	[hinduston]
Inder (m)	ҳинду	[hindu]
Inderin (f)	зани ҳинду	[zani hindu]
indisch	ҳиндуӣ	[hindui:]

Israel	Исроил	[isroil]
Israeli (m)	исроилӣ	[isroili:]
Israeli (f)	зани исроилӣ	[zani isroili:]
israelisch	... и исроилӣ	[i isroili:]

China	Чин	[ʧin]
Chinese (m)	хитоӣ	[χitoi:]
Chinesin (f)	зани хитоӣ	[zani χitoi:]
chinesisch	хитоӣ	[χitoi:]
Koreaner (m)	кореягӣ	[korejagi:]
Koreanerin (f)	зани кореягӣ	[zani korejagi:]

koreanisch	кореягӣ	[korejagi:]
Libanon (m)	Лубнон	[lubnon]
Libanese (m)	лубнонӣ	[lubnoni:]
Libanesin (f)	зани лубнонӣ	[zani lubnoni:]
libanesisch	лубнонӣ	[lubnoni:]
Mongolei (f)	Муғулистон	[muʁuliston]
Mongole (m)	муғул	[muʁul]
Mongolin (f)	зани муғул	[zani muʁul]
mongolisch	муғулӣ	[muʁuli:]
Malaysia	Малайзия	[malajzija]
Malaie (m)	малайзиягӣ	[malajzijagi:]
Malaiin (f)	зани малайзиягӣ	[zani malajzijagi:]
malaiisch	малайзиягӣ	[malajzijagi:]
Pakistan	Покистон	[pokiston]
Pakistaner (m)	покистонӣ	[pokistoni:]
Pakistanerin (f)	зани покистонӣ	[zani pokistoni:]
pakistanisch	покистонӣ	[pokistoni:]
Saudi-Arabien	Арабистони Саудӣ	[arabistoni saudi:]
Araber (m)	араб	[arab]
Araberin (f)	арабзан	[arabzan]
arabisch	арабӣ	[arabi:]
Thailand	Таиланд	[tailand]
Thailänder (m)	тайӣ	[taji:]
Thailänderin (f)	зани тайӣ	[zani taji:]
thailändisch	тайӣ	[taji:]
Taiwan	Тайван	[tajvan]
Taiwaner (m)	тайванӣ	[tajvani:]
Taiwanerin (f)	зани тайванӣ	[zani tajvani:]
taiwanisch	тайванӣ	[tajvani:]
Türkei (f)	Туркия	[turkija]
Türke (m)	турк	[turk]
Türkin (f)	туркзан	[turkzan]
türkisch	туркӣ	[turki:]
Japan	Жопун, Чопон	[ʒopun], [dʒopon]
Japaner (m)	чопонӣ	[dʒoponi:]
Japanerin (f)	зани чопонӣ	[zani dʒoponi:]
japanisch	чопонӣ	[dʒoponi:]
Afghanistan	Афғонистон	[afʁoniston]
Bangladesch	Бангладеш	[bangladeʃ]
Indonesien	Индонезия	[indonezija]
Jordanien	Урдун	[urdun]
Irak	Ироқ	[iroq]
Iran	Эрон	[ɛron]
Kambodscha	Камбоча	[kambodʒa]
Kuwait	Кувайт	[kuvajt]
Laos	Лаос	[laos]

Myanmar	Мянма	[mjanma]
Nepal	Непал	[nepal]
Vereinigten Arabischen Emirate	Иморатхои Муттаҳидаи Араб	[imorathoi muttahidai arab]

Syrien	Сурия	[surija]
Palästina	Фаластин	[falastin]
Südkorea	Кореяи Ҷанубй	[korejai dʒanubi:]
Nordkorea	Кореяи Шимолй	[korejai ʃimoli:]

238. Nordamerika

Die Vereinigten Staaten	Иёлоти Муттаҳидаи Америка	[ijoloti muttahidai amerika]
Amerikaner (m)	америкой	[amerikoi:]
Amerikanerin (f)	америкоизан	[amerikoizan]
amerikanisch	америкой	[amerikoi:]

Kanada	Канада	[kanada]
Kanadier (m)	канадагй	[kanadagi:]
Kanadierin (f)	канадагизан	[kanadagizan]
kanadisch	канадагй	[kanadagi:]

Mexiko	Мексика	[meksika]
Mexikaner (m)	мексикагй	[meksikagi:]
Mexikanerin (f)	зани мексикагй	[zani meksikagi:]
mexikanisch	мексикагй	[meksikagi:]

239. Mittel- und Südamerika

Argentinien	Аргентина	[argentina]
Argentinier (m)	аргентинагй	[argentinagi:]
Argentinierin (f)	аргентинзан	[argentinzan]
argentinisch	аргентинагй	[argentinagi:]

Brasilien	Бразилия	[brazilija]
Brasilianer (m)	бразилиягй	[brazilijagi:]
Brasilianerin (f)	бразилиягизан	[brazilijagizan]
brasilianisch	бразилиягй	[brazilijagi:]

Kolumbien	Колумбия	[kolumbija]
Kolumbianer (m)	колумбиягй	[kolumbijagi:]
Kolumbianerin (f)	зани колумбиягй	[zani kolumbijagi:]
kolumbianisch	колумбиягй	[kolumbijagi:]

Kuba	Куба	[kuba]
Kubaner (m)	кубагй	[kubagi:]
Kubanerin (f)	зани кубагй	[zani kubagi:]
kubanisch	кубагй	[kubagi:]

Chile	Чиле	[tʃile]
Chilene (m)	чилигй	[tʃiligi:]

Chilenin (f)	зани чилигӣ	[zani tʃiligi:]
chilenisch	чилигӣ	[tʃiligi:]
Bolivien	Боливия	[bolivija]
Venezuela	Венесуэла	[venesuɛla]
Paraguay	Парагвай	[paragvaj]
Peru	Перу	[peru]
Suriname	Суринам	[surinam]
Uruguay	Уругвай	[urugvaj]
Ecuador	Эквадор	[ɛkvador]
Die Bahamas	Ҷазираҳои Багам	[dʒazirahoi bagam]
Haiti	Гаити	[gaiti]
Dominikanische Republik	Ҷумхурии Доминикан	[dʒumhuri:i dominikan]
Panama	Панама	[panama]
Jamaika	Ямайка	[jamajka]

240. Afrika

Ägypten	Миср	[misr]
Ägypter (m)	мисрӣ	[misri:]
Ägypterin (f)	зани мисрӣ	[zani misri:]
ägyptisch	мисрӣ	[misri:]
Marokko	Марокаш	[marokaʃ]
Marokkaner (m)	марокашӣ	[marokaʃi:]
Marokkanerin (f)	зани марокашӣ	[zani marokaʃi:]
marokkanisch	марокашӣ	[marokaʃi:]
Tunesien	Тунис	[tunis]
Tunesier (m)	тунисӣ	[tunisi:]
Tunesierin (f)	зани тунисӣ	[zani tunisi:]
tunesisch	тунисӣ	[tunisi:]
Ghana	Гана	[gana]
Sansibar	Занзибар	[zanzibar]
Kenia	Кения	[kenija]
Libyen	Либия	[libija]
Madagaskar	Мадагаскар	[madagaskar]
Namibia	Намибия	[namibija]
Senegal	Сенегал	[senegal]
Tansania	Танзания	[tanzanija]
Republik Südafrika	Африкои Ҷанубӣ	[afriqoi dʒanubi:]
Afrikaner (m)	африкой	[afrikoi:]
Afrikanerin (f)	африкоизан	[afrikoizan]
afrikanisch	африкой	[afrikoi:]

241. Australien. Ozeanien

Australien	Австралия	[avstralija]
Australier (m)	австралиягӣ	[avstralijagi:]

Australierin (f)	австралиягизан	[avstralijagizan]
australisch	австралиягӣ	[avstralijagi:]
Neuseeland	Зеландияи Нав	[zelandijai nav]
Neuseeländer (m)	новозеландӣ	[novozelandi:]
Neuseeländerin (f)	зани новозеландӣ	[zani novozelandi:]
neuseeländisch	новозеландӣ	[novozelandi:]
Tasmanien	Тасмания	[tasmanija]
Französisch-Polynesien	Полинезияи Фаронсавӣ	[polinezijai faronsavi:]

242. Städte

Amsterdam	Амстердам	[amsterdam]
Ankara	Анкара	[ankara]
Athen	Афина	[afina]
Bagdad	Бағдод	[baʁdod]
Bangkok	Бангкок	[bangkok]
Barcelona	Барселона	[barselona]
Beirut	Бейрут	[bejrut]
Berlin	Берлин	[berlin]
Bombay	Бомбей	[bombej]
Bonn	Бонн	[bonn]
Bordeaux	Бордо	[bordo]
Bratislava	Братислава	[bratislava]
Brüssel	Брюссел	[brjussel]
Budapest	Будапешт	[budapeʃt]
Bukarest	Бухарест	[buχarest]
Chicago	Чикаго	[tʃikago]
Daressalam	Дар ес Салаам	[dar es salaam]
Delhi	Деҳли	[dehli]
Den Haag	Гаага	[gaaga]
Dubai	Дубай	[dubaj]
Dublin	Дублин	[dublin]
Florenz	Флоренсия	[florensija]
Frankfurt	Франкфурт	[frankfurt]
Genf	Женева	[ʒeneva]
Hamburg	Гамбург	[gamburg]
Hanoi	Ҳаной	[hanoj]
Havanna	Гавана	[gavana]
Helsinki	Ҳелсинки	[helsinki]
Hiroshima	Ҳиросима	[hirosima]
Hongkong	Ҳонг Конг	[hong kong]
Istanbul	Истамбул	[istambul]
Jerusalem	Иерусалим	[ierusalim]
Kairo	Қоҳира	[qohira]
Kalkutta	Калкутта	[kalkutta]
Kiew	Киев	[kiev]

| Kopenhagen | Копенхаген | [kopenhagen] |
| Kuala Lumpur | Куала Лумпур | [kuala lumpur] |

Lissabon	Лиссабон	[lissabon]
London	Лондон	[london]
Los Angeles	Лос-Анчелес	[los-andʒeles]
Lyon	Лион	[lion]

Madrid	Мадрид	[madrid]
Marseille	Марсел	[marsel]
Mexiko-Stadt	Мехико	[meχiko]
Miami	Майами	[majami]
Montreal	Монреал	[monreal]
Moskau	Москва	[moskva]
München	Мюнхен	[mjunχen]

Nairobi	Найроби	[najrobi]
Neapel	Неапол	[neapol]
New York	Ню Йорк	[nju jɔrk]
Nizza	Нитсса	[nitssa]
Oslo	Осло	[oslo]
Ottawa	Оттава	[ottava]

Paris	Париж	[pariʒ]
Peking	Пекин	[pekin]
Prag	Прага	[praga]
Rio de Janeiro	Рио-де-Жанейро	[rio-de-ʒanejro]
Rom	Рим	[rim]

Sankt Petersburg	Санкт-Петербург	[sankt-peterburg]
Schanghai	Шанхай	[ʃanhaj]
Seoul	Сеул	[seul]
Singapur	Сингапур	[singapur]
Stockholm	Стокхолм	[stokholm]
Sydney	Сидней	[sidnej]

Taipeh	Тайпей	[tajpej]
Tokio	Токио	[tokio]
Toronto	Торонто	[toronto]

Venedig	Венетсия	[venetsija]
Warschau	Варшава	[varʃava]
Washington	Вашингтон	[vaʃington]
Wien	Вена	[vena]

243. Politik. Regierung. Teil 1

Politik (f)	сиёсат	[sijɔsat]
politisch	сиёсӣ	[sijɔsi:]
Politiker (m)	сиёсатмадор	[sijɔsatmador]

Staat (m)	давлат	[davlat]
Bürger (m)	гражданин	[graʒdanin]
Staatsbürgerschaft (f)	гражданият	[graʒdanijat]

| Staatswappen (n) | нишони миллй | [niʃoni milli:] |
| Nationalhymne (f) | гимн | [gimn] |

Regierung (f)	хукумат	[hukumat]
Staatschef (m)	раиси кишвар	[raisi kiʃvar]
Parlament (n)	мачлис	[madʒlis]
Partei (f)	ҳизб	[hizb]

| Kapitalismus (m) | капитализм | [kapitalizm] |
| kapitalistisch | капиталистй | [kapitalisti:] |

| Sozialismus (m) | сотсиализм | [sotsializm] |
| sozialistisch | сотсиалистй | [sotsialisti:] |

Kommunismus (m)	коммунизм	[kommunizm]
kommunistisch	коммунистй	[kommunisti:]
Kommunist (m)	коммунист	[kommunist]

Demokratie (f)	демократия	[demokratija]
Demokrat (m)	демократ	[demokrat]
demokratisch	демократй	[demokrati:]
demokratische Partei (f)	ҳизби демократй	[hizbi demokrati:]

| Liberale (m) | либерал | [liberal] |
| liberal | либералй, … и либерал | [liberali:], [i liberal] |

| Konservative (m) | консерватор | [konservator] |
| konservativ | консервативй | [konservativi:] |

Republik (f)	чумҳурият	[dʒumhurijat]
Republikaner (m)	чумҳурихоҳ	[dʒumhurixoh]
Republikanische Partei (f)	ҳизби чумҳурихоҳон	[hizbi dʒumhurixohon]

| Wahlen (pl) | интихобот | [intixobot] |
| wählen (vt) | интихоб кардан | [intixob kardan] |

| Wähler (m) | интихобкунанда | [intixobkunanda] |
| Wahlkampagne (f) | маъракаи интихоботй | [ma'rakai intixoboti:] |

Abstimmung (f)	овоздиҳй	[ovozdihi:]
abstimmen (vi)	овоз додан	[ovoz dodan]
Abstimmungsrecht (n)	хукуки овоздиҳй	[huquqi ovozdihi:]

Kandidat (m)	номзад	[nomzad]
kandidieren (vi)	номзад интихоб шудан	[nomzad intixob ʃudan]
Kampagne (f)	маърака	[ma'raka]

| Oppositions- | мухолиф | [muxolif] |
| Opposition (f) | оппозитсия | [oppozitsija] |

Besuch (m)	ташриф	[taʃrif]
Staatsbesuch (m)	ташрифи расмй	[taʃrifi rasmi:]
international	байналхалқй	[bajnalxalqi:]

| Verhandlungen (pl) | гуфтугузор | [guftuguzor] |
| verhandeln (vi) | гуфтушунид гузарондан | [guftuʃunid guzarondan] |

244. Politik. Regierung. Teil 2

Gesellschaft (f)	чамъият	[dʒam'ijat]
Verfassung (f)	конститутсия	[konstitutsija]
Macht (f)	хокимият	[hokimijat]
Korruption (f)	ришватхӯрй	[riʃvatχœri:]
Gesetz (n)	қонун	[qonun]
gesetzlich (Adj)	қонунй, … и қонун	[konuni:], [i konun]
Gerechtigkeit (f)	ҳаққоният	[haqqonijat]
gerecht	ҳаққонй	[haqqoni:]
Komitee (n)	комитет	[komitet]
Gesetzentwurf (m)	лоиҳаи қонун	[loihai qonun]
Budget (n)	буҷет	[budʒet]
Politik (f)	сиёсат	[sijɔsat]
Reform (f)	ислоҳот	[islohot]
radikal	радикалй	[radikali:]
Macht (f)	қувва	[quvva]
mächtig (Adj)	тавоно	[tavono]
Anhänger (m)	тарафдор	[tarafdor]
Einfluss (m)	таъсир, нуфуз	[ta'sir], [nufuz]
Regime (n)	тартибот	[tartibot]
Konflikt (m)	низоъ	[nizo']
Verschwörung (f)	суиқасд	[suiqasd]
Provokation (f)	иғво	[iʁvo]
stürzen (vt)	сарнагун кардан	[sarnagun kardan]
Sturz (m)	сарнагун кардани	[sarnagun kardani]
Revolution (f)	инқилоб	[inqilob]
Staatsstreich (m)	табаддулот	[tabaddulot]
Militärputsch (m)	табаддулоти ҳарби	[tabadduloti harbi]
Krise (f)	бӯҳрон	[bœhron]
Rezession (f)	таназзули иқтисодй	[tanazzuli iqtisodi:]
Demonstrant (m)	намоишгар	[namoiʃgar]
Demonstration (f)	намоиш	[namoiʃ]
Ausnahmezustand (m)	вазъияти ҷанг	[vaz'ijati dʒang]
Militärbasis (f)	пойгоҳи ҳарбй	[pojgohi harbi:]
Stabilität (f)	устуворй	[ustuvori:]
stabil	устувор	[ustuvor]
Ausbeutung (f)	истисмор	[istismor]
ausbeuten (vt)	истисмор кардан	[istismor kardan]
Rassismus (m)	нажодпарастй	[naʒodparasti:]
Rassist (m)	нажодпараст	[naʒodparast]
Faschismus (m)	фашизм	[faʃizm]
Faschist (m)	фашист	[faʃist]

245. Länder. Verschiedenes

Ausländer (m)	хоричӣ	[χoriʤi:]
ausländisch	хоричӣ	[χoriʤi:]
im Ausland	дар хорича	[dar χoriʤa]

Auswanderer (m)	муҳочир	[muhoʤir]
Auswanderung (f)	муҳочират	[muhoʤirat]
auswandern (vi)	мухочират кардан	[muχoʤirat kardan]

Westen (m)	Ғарб	[ʁarb]
Osten (m)	Шарқ	[ʃarq]
Ferner Osten (m)	Шарқи Дур	[ʃarqi dur]

| Zivilisation (f) | тамаддун | [tamaddun] |
| Menschheit (f) | башарият | [baʃarijat] |

Welt (f)	дунё	[dunjɔ]
Frieden (m)	сулҳ	[sulh]
Welt-	чаҳонӣ	[ʤahoni:]

Heimat (f)	ватан	[vatan]
Volk (n)	халқ	[χalq]
Bevölkerung (f)	аҳолӣ	[aholi:]

Leute (pl)	одамон	[odamon]
Nation (f)	миллат	[millat]
Generation (f)	насл	[nasl]

Territorium (n)	хок	[χok]
Region (f)	минтақа	[mintaqa]
Staat (z.B. ~ Alaska)	штат	[ʃtat]

Tradition (f)	анъана	[an'ana]
Brauch (m)	одат	[odat]
Ökologie (f)	экология	[ɛkologija]

Indianer (m)´	ҳиндуи Америка	[hindui amerika]
Zigeuner (m)	лӯлӣ	[lœli:]
Zigeunerin (f)	лӯлизан	[lœlizan]
Zigeuner-	... и лӯлӣ	[i lœli:]

| Reich (n) | империя | [imperija] |
| Kolonie (f) | мустамлика | [mustamlika] |

Sklaverei (f)	ғуломӣ	[ʁulomi:]
Einfall (m)	тохтутоз	[toχtutoz]
Hunger (m)	гуруснагӣ	[gurusnagi:]

246. Wichtige Religionsgruppen. Konfessionen

| Religion (f) | дин | [din] |
| religiös | динӣ | [dini:] |

Glaube (m)	ақоиди динӣ	[aqoidi dini:]
glauben (vt)	бовар доштан	[bovar doʃtan]
Gläubige (m)	имондор	[imondor]
Atheismus (m)	атеизм, бединӣ	[ateizm], [bedini:]
Atheist (m)	атеист, бедин	[ateist], [bedin]

Christentum (n)	масеҳият	[masehijat]
Christ (m)	масеҳӣ	[masehi:]
christlich	масеҳӣ	[masehi:]

Katholizismus (m)	мазҳаби католикӣ	[mazhabi katoliki:]
Katholik (m)	католик	[katolik]
katholisch	католикӣ	[katoliki:]

Protestantismus (m)	Мазҳаби протестантӣ	[mazhabi protestanti:]
Protestantische Kirche (f)	Калисои протестантӣ	[kalisoi protestanti:]
Protestant (m)	протестант	[protestant]

Orthodoxes Christentum (n)	Православӣ	[pravoslavi:]
Orthodoxe Kirche (f)	Калисои православӣ	[kalisoi pravoslavi:]
orthodoxer Christ (m)	православӣ	[pravoslavi:]

Presbyterianismus (m)	Мазҳаби пресвитерӣ	[mazhabi presviteri:]
Presbyterianische Kirche (f)	Калисои пресвитерӣ	[kalisoi presviteri:]
Presbyterianer (m)	пресвитерӣ	[presviteri:]

| Lutherische Kirche (f) | калисои лютеранӣ | [kalisoi ljuterani:] |
| Lutheraner (m) | лютермазҳаб | [ljutermazhab] |

| Baptismus (m) | баптизм | [baptizm] |
| Baptist (m) | баптист, пайрави баптизм | [baptist], [pajravi baptizm] |

| Anglikanische Kirche (f) | калисои англиканӣ | [kalisoi anglikani:] |
| Anglikaner (m) | англиканӣ | [anglikani:] |

| Mormonismus (m) | мазҳаби мормонӣ | [mazhabi mormoni:] |
| Mormone (m) | мормон | [mormon] |

| Judentum (n) | яҳудият | [jahudijat] |
| Jude (m) | яҳуди | [jahudi] |

| Buddhismus (m) | буддизм | [buddizm] |
| Buddhist (m) | буддой | [buddoi:] |

| Hinduismus (m) | Ҳиндуия | [hinduija] |
| Hindu (m) | ҳиндуӣ | [hindui:] |

Islam (m)	Ислом	[islom]
Moslem (m)	мусулмон	[musulmon]
moslemisch	мусулмонӣ	[musulmoni:]

| Schiismus (m) | Мазҳаби шиа | [mazhabi ʃia] |
| Schiit (m) | шиа | [ʃia] |

| Sunnismus (m) | Мазҳаби суннӣ | [mazhabi sunni:] |
| Sunnit (m) | сунниён | [sunnijɔn] |

247. Religionen. Priester

Priester (m)	рӯҳонӣ	[rœhoni:]
Papst (m)	папаи Рим	[papai rim]
Mönch (m)	роҳиб	[rohib]
Nonne (f)	роҳиба	[rohiba]
Pfarrer (m)	пастор	[pastor]
Abt (m)	аббат	[abbat]
Vikar (m)	викарий	[vikarij]
Bischof (m)	епископ	[episkop]
Kardinal (m)	кардинал	[kardinal]
Prediger (m)	воиз	[voiz]
Predigt (f)	ваъз	[va'z]
Gemeinde (f)	аҳли калисо	[ahli kaliso]
Gläubige (m)	имондор	[imondor]
Atheist (m)	атеист, бедин	[ateist], [bedin]

248. Glauben. Christentum. Islam

Adam	Одам	[odam]
Eva	Ҳавво	[havvo]
Gott (m)	Худо, Оллоҳ	[xudo], [olloh]
Herr (m)	Худо	[xudo]
Der Allmächtige	қодир	[qodir]
Sünde (f)	гуноҳ	[gunoh]
sündigen (vi)	гуноҳ кардан	[gunoh kardan]
Sünder (m)	гунаҳкор	[gunahkor]
Sünderin (f)	зани гунаҳгор	[zani gunahgor]
Hölle (f)	дӯзах, ҷаҳаннам	[dœzax], [dʒahannam]
Paradies (n)	биҳишт	[bihiʃt]
Jesus	Исо	[iso]
Jesus Christus	Исои Масеҳ	[isoi maseh]
der Heiliger Geist	Рӯхулқудс	[rœhulquds]
der Erlöser	Наҷоткор	[nadʒotkor]
die Jungfrau Maria	Бибӣ Марям	[bibi: marjam]
Satan (m)	Шайтон	[ʃajton]
satanisch	шайтонӣ	[ʃajtoni:]
Engel (m)	малак, фаришта	[malak], [fariʃta]
Schutzengel (m)	фариштаи нигаҳбон	[fariʃtai nigahbon]
Engel(s)-	… и малак, … и фаришта	[i malak], [i fariʃta]
Apostel (m)	апостол, ҳаворӣ	[apostol], [havori:]
Erzengel (m)	малоикаи муқарраб	[maloikai muqarrab]

Antichrist (m)	даҷҷол, хари даҷҷол	[dadʒdʒol], [ҳari dadʒdʒol]
Kirche (f)	Калисо	[kaliso]
Bibel (f)	Таврот ва Инҷил	[tavrot va indʒil]
biblisch	Навиштаҷотӣ	[naviʃtadʒoti:]

Altes Testament (n)	Аҳди қадим	[ahdi qadim]
Neues Testament (n)	Аҳди Ҷадид	[ahdi dʒadid]
Heilige Schrift (f)	Навиштаҷоти Илоҳӣ	[naviʃtadʒoti ilohi:]
Himmelreich (n)	Осмон, Подшоҳии Худо	[osmon], [podʃohi:i ҳudo]

Gebot (n)	фармон	[farmon]
Prophet (m)	пайғамбар	[pajʁambar]
Prophezeiung (f)	пайғамбарӣ	[pajʁambari:]

Allah	Оллоҳ	[olloh]
Mohammed	Муҳаммад	[muhammad]
Koran (m)	қуръон	[qur'on]

Moschee (f)	масҷид	[masdʒid]
Mullah (m)	мулло	[mullo]
Gebet (n)	намозхонӣ	[namozҳoni:]
beten (vi)	намоз хондан	[namoz ҳondan]

Wallfahrt (f)	зиёрат	[zijorat]
Pilger (m)	зиёраткунанда	[zijoratkunanda]
Mekka (n)	Макка	[makka]

Kirche (f)	калисо	[kaliso]
Tempel (m)	ибодатгоҳ	[ibodatgoh]
Kathedrale (f)	собор	[sobor]
gotisch	готики	[gotiki]
Synagoge (f)	каниса	[kanisa]
Moschee (f)	масҷид	[masdʒid]

Kapelle (f)	калисои хурд	[kalisoi ҳurd]
Abtei (f)	аббатӣ	[abbati:]
Nonnenkloster (n)	дайр	[dajr]
Mönchskloster (n)	дайри мардон	[dajri mardon]

Glocke (f)	ноқус, зангӯла	[noqus], [zangœla]
Glockenturm (m)	зангӯлахона	[zangœlaҳona]
läuten (Glocken)	занг задан	[zang zadan]

Kreuz (n)	салиб	[salib]
Kuppel (f)	гунбаз	[gunbaz]
Ikone (f)	икона	[ikona]

Schicksal (n)	тақдир	[taqdir]
das Böse	бадӣ	[badi:]
Gute (n)	некӣ	[neki:]

Vampir (m)	вампир	[vampir]
Hexe (f)	ҷодугарзан, албастӣ	[dʒodugarzan], [albasti:]
Dämon (m)	азозил	[azozil]
Sühne (f)	кафорат	[kaforat]
sühnen (vt)	кафорат кардан	[kaforat kardan]

Gottesdienst (m)	ибодат	[ibodat]
die Messe lesen	ибодат кардан	[ibodat kardan]
Beichte (f)	омурзиш	[omurziʃ]
beichten (vi)	омурзиш хостан	[omurziʃ χostan]
Heilige (m)	муқаддас	[muqaddas]
heilig	муқаддас	[muqaddas]
Weihwasser (n)	оби муқаддас	[obi muqaddas]
Ritual (n)	маросим	[marosim]
rituell	маросимӣ	[marosimi:]
Opfer (n)	қурбонӣ	[qurboni:]
Aberglaube (m)	хурофот	[χurofot]
abergläubisch	хурофотпараст	[χurofotparast]
Nachleben (n)	охират	[oχirat]
ewiges Leben (n)	ҳаёти абадӣ	[hajɔti abadi:]

VERSCHIEDENES

249. Verschiedene nützliche Wörter

Anfang (m)	сар	[sar]
Anstrengung (f)	саъю кӯшиш	[sa'ju kœʃiʃ]
Anteil (m)	қисм	[qism]
Art (Typ, Sorte)	навъ	[nav']
Auswahl (f)	интихоб	[intixob]
Barriere (f)	сад, монеа	[sad], [monea]
Basis (f)	асос	[asos]
Beispiel (n)	мисол, назира	[misol], [nazira]
bequem (gemütlich)	барохат	[barohat]
Bilanz (f)	мизон	[mizon]
Ding (n)	шайъ	[ʃaj']
dringend (Adj)	зуд, фаврӣ	[zud], [favri:]
dringend (Adv)	зуд, фавран	[zud], [favran]
Effekt (m)	таъсир	[ta'sir]
Eigenschaft (Werkstoff~)	хосият	[xosijat]
Element (n)	элемент	[ɛlement]
Ende (n)	анчом	[anʤom]
Entwicklung (f)	пешравӣ	[peʃravi:]
Fachwort (n)	истилох	[istiloh]
Fehler (m)	хато	[xato]
Form (z.B. Kugel-)	шакл	[ʃakl]
Fortschritt (m)	тараққӣ	[taraqqi:]
Gegenstand (m)	объект	[ob'ekt]
Geheimnis (n)	сир, роз	[sir], [roz]
Grad (Ausmaß)	дараҷа	[daraʤa]
Halt (m), Pause (f)	танаффус	[tanaffus]
häufig (Adj)	зуд-зуд	[zud-zud]
Hilfe (f)	кумак	[kumak]
Hindernis (n)	монеа	[monea]
Hintergrund (m)	таг	[tag]
Ideal (n)	идеал	[ideal]
Kategorie (f)	категория	[kategorija]
Kompensation (f)	товон	[tovon]
Labyrinth (n)	лабиринт	[labirint]
Lösung (Problem usw.)	хал	[hal]
Moment (m)	лахза, дам	[lahza], [dam]
Nutzen (m)	фоида	[foida]
Original (Schriftstück)	нусхаи асл	[nusxai asl]
Pause (kleine ~)	фосила	[fosila]

Position (f)	мавқеъ	[mavqe']
Prinzip (n)	принсип	[prinsip]
Problem (n)	масъала	[mas'ala]
Prozess (m)	чараён	[dʒarajɔn]

Reaktion (f)	аксуламал	[aksulamal]
Reihe (Sie sind an der ~)	навбат	[navbat]
Risiko (n)	хатар, таваккал	[χatar], [tavakkal]
Serie (f)	силсила	[silsila]

Situation (f)	вазъият	[vaz'ijat]
Standard-	стандартӣ	[standarti:]
Standard (m)	стандарт	[standart]
Stil (m)	услуб	[uslub]

System (n)	тартиб	[tartib]
Tabelle (f)	чадвал	[dʒadval]
Tatsache (f)	факт	[fakt]
Teilchen (n)	зарра	[zarra]
Tempo (n)	суръат	[sur'at]

Typ (m)	хел	[χel]
Unterschied (m)	фарқ, тафриқа	[farq], [tafriqa]
Ursache (z.B. Todes-)	сабаб	[sabab]
Variante (f)	вариант	[variant]
Vergleich (m)	муқоисакунӣ	[muqoisakuni:]

Wachstum (n)	афзоиш, зиёдшавӣ	[afzoiʃ], [zijodʃavi:]
Wahrheit (f)	ҳақиқат	[haqiqat]
Weise (Weg, Methode)	тарз	[tarz]
Zone (f)	минтақа	[mintaqa]
Zufall (m)	рост омадани	[rost omadani]

250. Bestimmungswörter. Adjektive. Teil 1

abgemagert	лоғар	[loʁar]
ähnlich	монанд, шабеҳ	[monand], [ʃabeh]
alt (z.B. die -en Griechen)	қадим	[qadim]
alt, betagt	кӯҳна	[kœhna]
andauernd	давомнок	[davomnok]

angenehm	хуш	[χuʃ]
arm	камбағал	[kambaʁal]
ausgezeichnet	олӣ	[oli:]
ausländisch, Fremd-	хоричӣ	[χoridʒi:]
Außen-, äußer	берунӣ, зоҳирӣ	[beruni:], [zohiri:]

bedeutend	бисёр	[bisjɔr]
begrenzt	маҳдуд	[mahdud]
beständig	доимо, ҳамеша	[doimo], [hameʃa]
billig	арзон	[arzon]

| bitter | талх | [talχ] |
| blind | кӯр | [kœr] |

brauchbar	боб	[bob]
breit (Straße usw.)	васеъ	[vase']
bürgerlich	граждани	[graӡdani]

dankbar	сипосгузор	[siposguzor]
das wichtigste	аз ҳама муҳим	[az hama muhim]
der letzte	охирин	[oҳirin]
dicht (-er Nebel)	зич	[zitʃ]
dick (-e Mauer usw.)	ғафс	[ʁafs]

dick (-er Nebel)	зич, ғафс	[zitʃ], [ʁafs]
dumm	аҳмак, аблаҳ	[ahmak], [ablah]
dunkel (Raum usw.)	торик	[torik]
dunkelhäutig	сабзина	[sabzina]

durchsichtig	соф, шаффоф	[sof], [ʃaffof]
düster	торик, тира	[torik], [tira]
einfach	осон	[oson]
einfach (Problem usw.)	осон	[oson]

einzigartig (einmalig)	беҳамто, нодир	[behamto], [nodir]
eng, schmal (Straße usw.)	танг	[tang]
ergänzend	иловагӣ	[ilovagi:]
ermüdend (Arbeit usw.)	хастакунанда	[ҳastakunanda]
feindlich	душманона	[duʃmanona]

fern (weit entfernt)	дур	[dur]
fern (weit)	дур	[dur]
fett (-es Essen)	серравған	[serravʁan]
feucht	намнок	[namnok]
flüssig	моеъ	[moe']

frei (-er Eintritt)	озод	[ozod]
frisch (Brot usw.)	тоза	[toza]
froh	хушҳол	[ҳuʃhol]
fruchtbar (-er Böden)	серҳосил	[serhosil]

früher (-e Besitzer)	мутақаддим	[mutaqaddim]
ganz (komplett)	бутун, яклухт	[butun], [jakluҳt]
gebraucht	истифодабурдашуда	[istifodaburdaʃuda]
gebräunt (sonnen-)	гандумгун	[gandumgun]
gedämpft, matt (Licht)	хира	[ҳira]

gefährlich	хатарнок	[ҳatarnok]
gegensätzlich	муқобил	[muqobil]
gegenwärtig	ҳозира	[hozira]
gemeinsam	якҷоя	[jakdӡoja]
genau, pünktlich	аниқ	[aniq]

gerade, direkt	рост	[rost]
geräumig (Raum)	васеъ	[vase']
geschlossen	пӯшида, баста	[pœʃida], [basta]
gesetzlich	конунӣ, ... и конун	[konuni:], [i konun]
gewöhnlich	оддӣ, одатӣ	[oddi:], [odati:]
glatt (z.B. poliert)	ҳамвор	[hamvor]
glatt, eben	ҳамвор	[hamvor]

| gleich (z.B. ~ groß) | баробар | [barobar] |
| glücklich | хушбахт | [xuʃbaxt] |

groß	калон, бузург	[kalon], [buzurg]
gut (das Buch ist ~)	хуб	[xub]
gut (gütig)	нек	[nek]
hart (harter Stahl)	сахт	[saxt]
Haupt-	асосӣ, мухим	[asosi:], [muhim]

hauptsächlich	асосӣ	[asosi:]
Heimat-	... и ватан	[i vatan]
heiß	гарм	[garm]
Hinter-	... и ақиб, ... и охир	[i aqib], [i oxir]
höchst	баландтарин	[balandtarin]

höflich	боадаб, боназокат	[boadab], [bonazokat]
hungrig	гурусна	[gurusna]
in Armut lebend	гадо	[gado]
innen-	дарунӣ	[daruni:]

jung	чавон	[dʒavon]
kalt (Getränk usw.)	хунук, сард	[xunuk], [sard]
Kinder-	бачагона, кӯдакона	[batʃagona], [kœdakona]
klar (deutlich)	фахмо	[fahmo]
klein	хурд	[xurd]

klug, clever	оқил	[oqil]
knapp (Kleider, zu eng)	танг	[tang]
kompatibel	мутобиқ	[mutobiq]
kostenlos, gratis	бепул	[bepul]
krank	касал, бемор	[kasal], [bemor]

kühl (-en morgen)	салқин	[salqin]
künstlich	сунъӣ	[sun'i:]
kurz (räumlich)	кӯтох	[kœtoh]
kurz (zeitlich)	кӯтохмуддат	[kœtohmuddat]
kurzsichtig	наздикбин	[nazdikbin]

251. Bestimmungswörter. Adjektive. Teil 2

lang (langwierig)	дур	[dur]
laut (-e Stimme)	баланд	[baland]
lecker	бомаза	[bomaza]
leer (kein Inhalt)	холӣ	[xoli:]
leicht (wenig Gewicht)	сабук	[sabuk]

leise (~ sprechen)	паст	[past]
licht (Farbe)	кушод	[kuʃod]
link (-e Seite)	чап	[tʃap]
mager, dünn	логар, камгӯшт	[loʁar], [kamgœʃt]

matt (Lack usw.)	бечило	[bedʒilo]
möglich	имконпазир	[imkonpazir]
müde (erschöpft)	мондашуда	[mondaʃuda]

Nachbar-	... и ҳамсоя	[i hamsoja]
nachlässig	мусоҳилакор	[musohilakor]
nächst	аз ҳама наздик	[az hama nazdik]
nächst (am -en Tag)	оянда, навбатӣ	[ojanda], [navbati:]
nah	наздик	[nazdik]
nass (-e Kleider)	тар	[tar]
negativ	манфӣ	[manfi:]
nervös	асабонӣ	[asaboni:]
nett (freundlich)	хуб, нағз	[χub], [naʁz]
neu	нав	[nav]
nicht groß	хурдакак	[χurdakak]
nicht schwierig	сабук, осон	[sabuk], [oson]
normal	мӯътадил	[mœ'tadil]
nötig	даркорӣ	[darkori:]
notwendig	зарурӣ	[zaruri:]
obligatorisch, Pflicht-	ҳатмӣ	[hatmi:]
offen	кушод	[kuʃod]
öffentlich	ҷамъиятӣ, оммавӣ	[dʒam'ijati:], [ommavi:]
original (außergewöhnlich)	бикр	[bikr]
persönlich	шахсӣ	[ʃaχsi:]
platt (flach)	ҳамвор	[hamvor]
privat (in Privatbesitz)	шахсӣ, хусусӣ	[ʃaχsi:], [χususi:]
pünktlich (Ich bin gerne ~)	ботартиб	[botartib]
rätselhaft	асроромез	[asroromez]
recht (-e Hand)	рост	[rost]
reif (Frucht usw.)	пухта	[puχta]
richtig	дуруст	[durust]
riesig	бузург	[buzurg]
riskant	хатарнок	[χatarnok]
roh (nicht gekocht)	хом	[χom]
ruhig	ором	[orom]
salzig	шӯр	[ʃœr]
sauber (rein)	тоза	[toza]
sauer	турш	[turʃ]
scharf (-e Messer usw.)	тез	[tez]
schlecht	бад	[bad]
schmutzig	чиркин	[tʃirkin]
schnell	босуръат	[bosur'at]
schön (-es Mädchen)	зебо	[zebo]
schön (-es Schloß usw.)	зебо	[zebo]
schwer (~ an Gewicht)	вазнин	[vaznin]
schwierig	душвор	[duʃvor]
schwierig (-es Problem)	мураккаб	[murakkab]
seicht (nicht tief)	камоб, пастоб	[kamob], [pastob]
selten	нодир	[nodir]
sicher (nicht gefährlich)	бехатар	[beχatar]

sonnig	... и офтоб	[i oftob]
sorgfältig	покиза	[pokiza]
sorgsam	ғамхор	[ʁamχor]
speziell, Spezial-	махсус	[maχsus]
stark (-e Konstruktion)	мустаҳкам	[mustahkam]
stark (kräftig)	зӯр, бақувват	[zœr], [baquvvat]
still, ruhig	ором	[orom]
süß	ширин	[ʃirin]
Süß- (Wasser)	ширин	[ʃirin]
teuer	қимат	[qimat]
tiefgekühlt	яхкарда	[jaχkarda]
tot	мурда	[murda]
traurig	ғамгинона	[ʁamginona]
traurig, unglücklich	ғамгин	[ʁamgin]
trocken (Klima)	хушк	[χuʃk]
übermäßig	аз ҳад зиёд	[az had zijod]
unbedeutend	андак	[andak]
unbeweglich	беҳаракат	[beharakat]
undeutlich	норавшан	[noravʃan]
unerfahren	бетаҷриба	[betadʒriba]
unmöglich	номумкин	[nomumkin]
Untergrund- (geheim)	пинҳонӣ	[pinhoni:]
unterschiedlich	гуногун	[gunogun]
ununterbrochen	бе танаффус	[be tanaffus]
unverständlich	номафҳум	[nomafhum]
vergangen	гузашта	[guzaʃta]
verschieden	мухталиф	[muχtalif]
voll (gefüllt)	пур	[pur]
vorig (in der -en Woche)	гузашта	[guzaʃta]
vorzüglich	хуб	[χub]
wahrscheinlich	эҳтимолӣ	[ɛhtimoli:]
warm (mäßig heiß)	гарм	[garm]
weich (-e Wolle)	нарм, мулоим	[narm], [muloim]
wichtig	муҳим, зарур	[muhim], [zarur]
wolkenlos	беабр	[beabr]
zärtlich	меҳрубон	[mehrubon]
zentral (in der Mitte)	марказӣ	[markazi:]
zerbrechlich (Porzellan usw.)	зудшикан	[zudʃikan]
zufrieden	хурсанд	[χursand]
zufrieden (glücklich und ~)	қонеъ, қаноатманд	[qone'], [qanoatmand]

500 WICHTIGE VERBEN

252. Verben A-D

abbiegen (vi)	гардонидан	[gardonidan]
abhacken (vt)	бурида гирифтан	[burida giriftan]
abhängen von ...	мутеъ будан	[mute' budan]
ablegen (Schiff)	ҳаракат кардан	[harakat kardan]
abnehmen (vt)	гирифтан	[giriftan]
abreißen (vt)	кандан	[kandan]
absagen (vt)	рад кардан	[rad kardan]
abschicken (vt)	ирсол кардан	[irsol kardan]
abschneiden (vt)	буридан	[buridan]
adressieren (an ...)	муроҷиат кардан	[murodʒiat kardan]
ähnlich sein	монанд будан	[monand budan]
amputieren (vt)	ампутатсия кардан	[amputatsija kardan]
amüsieren (vt)	машғул кардан	[maʃʁul kardan]
anbinden (vt)	барбастан	[barbastan]
ändern (vt)	иваз кардан	[ivaz kardan]
andeuten (vt)	ишора кардан	[iʃora kardan]
anerkennen (vt)	шинохтан	[ʃinoχtan]
anflehen (vt)	таваллову зорӣ кардан	[tavallovu zori: kardan]
Angst haben (vor ...)	тарсидан	[tarsidan]
anklagen (vt)	айбдор кардан	[ajbdor kardan]
anklopfen (vi)	тақ-тақ кардан	[taq-taq kardan]
ankommen (der Zug)	омадан	[omadan]
anlegen (Schiff)	ба соҳил овардан	[ba sohil ovardan]
anstecken (~ mit ...)	мубтало кардан	[mubtalo kardan]
anstreben (vt)	орзу кардан	[orzu kardan]
antworten (vi)	ҷавоб додан	[dʒavob dodan]
anzünden (vt)	алов кардан	[alov kardan]
applaudieren (vi)	чапак задан	[tʃapak zadan]
arbeiten (vi)	кор кардан	[kor kardan]
ärgern (vt)	бадқаҳр кардан	[badqahr kardan]
assistieren (vi)	ассистентӣ кардан	[assistenti: kardan]
attackieren (vt)	ҳуҷум кардан	[hudʒum kardan]
auf ... zählen	умед бастан	[umed bastan]
auf jmdn böse sein	қаҳр кардан	[qahr kardan]
aufbringen (vt)	ранҷондан	[randʒondan]
aufräumen (vt)	рӯбучин кардан	[rœbutʃin kardan]
aufschreiben (vt)	навиштан	[naviʃtan]

aufseufzen (vi)	нафас рост кардан	[nafas rost kardan]
aufstehen (vi)	аз ҷойгаҳ хестан	[az dʒojgah χestan]
auftauchen (U-Boot)	ба рӯи об баромадан	[ba rœi ob baromadan]
ausdrücken (vt)	баён кардан	[bajɔn kardan]
ausgehen (vi)	баромадан	[baromadan]
aushalten (vt)	тоб овардан	[tob ovardan]
ausradieren (vt)	пок кардан	[pok kardan]
ausreichen (vi)	кофӣ будан	[kofi: budan]
ausschalten (vt)	куштан	[kuʃtan]
ausschließen (vi)	баровардан	[barovardan]
aussprechen (vt)	талаффуз кардан	[talaffuz kardan]
austeilen (vt)	тақсим карда додан	[taqsim karda dodan]
auswählen (vt)	чудо карда гирифтан	[dʒudo karda giriftan]
auszeichnen (mit Orden)	мукофот додан	[mukofot dodan]
baden (vt)	оббозӣ дорондан	[obbozi: dorondan]
bedauern (vt)	таассуф хӯрдан	[taassuf χœrdan]
bedeuten (bezeichnen)	маънӣ доштан	[ma'ni: doʃtan]
bedienen (vt)	хизмат кардан	[χizmat kardan]
beeinflussen (vt)	таъсир кардан	[ta'sir kardan]
beenden (vt)	тамом кардан	[tamom kardan]
befehlen (vt)	фармон додан	[farmon dodan]
befestigen (vt)	мустаҳкам кардан	[mustahkam kardan]
befreien (vt)	озод кардан	[ozod kardan]
befriedigen (vt)	қонеъ кардан	[qone' kardan]
begießen (vt)	об мондан	[ob mondan]
beginnen (vt)	сар кардан	[sar kardan]
begleiten (vt)	ҳамроҳӣ кардан	[hamrohi: kardan]
begrenzen (vt)	маҳдуд кардан	[mahdud kardan]
begrüßen (vt)	вохӯрдӣ кардан	[voχœrdi: kardan]
behalten (alte Briefe)	нигоҳ доштан	[nigoh doʃtan]
behandeln (vt)	табобат кардан	[tabobat kardan]
behaupten (vt)	тасдиқ кардан	[tasdiq kardan]
bekannt machen	шинос кардан	[ʃinos kardan]
belauschen (Gespräch)	пинҳонӣ гӯш кардан	[pinhoni: gœʃ kardan]
beleidigen (vt)	озурда кардан	[ozurda kardan]
beleuchten (vt)	равшан кардан	[ravʃan kardan]
bemerken (vt)	дида мондан	[dida mondan]
beneiden (vt)	ҳасад хурдан	[hasad χurdan]
benennen (vt)	номидан	[nomidan]
benutzen (vt)	истеъмол кардан	[iste'mol kardan]
beobachten (vt)	назорат кардан	[nazorat kardan]
berichten (vt)	маълумот додан	[ma'lumot dodan]
bersten (vi)	кафидан	[kafidan]
beruhen auf ...	асос ёфтан	[asos joftan]
beruhigen (vt)	ором кардан	[orom kardan]
berühren (vt)	расидан	[rasidan]

beseitigen (vt)	бартараф кардан	[bartaraf kardan]
besitzen (vt)	соҳиб будан	[sohib budan]
besprechen (vt)	муҳокима кардан	[muhokima kardan]
bestehen auf	сахт истодан	[saxt istodan]
bestellen (im Restaurant)	супоридан, фармудан	[suporidan], [farmudan]
bestrafen (vt)	ҷазо додан	[dʒazo dodan]
beten (vi)	намоз хондан	[namoz xondan]
beunruhigen (vt)	безобита кардан	[bezobita kardan]
bewachen (vt)	нигоҳбонӣ кардан	[nigohboni: kardan]
bewahren (vt)	муҳофизат кардан	[muhofizat kardan]
beweisen (vt)	исбот кардан	[isbot kardan]
bewundern (vt)	ба шавқ омадан	[ba ʃavq omadan]
bezeichnen (bedeuten)	маъно доштан	[ma'no doʃtan]
bilden (vt)	ташкил додан	[taʃkil dodan]
binden (vt)	васл кардан	[vasl kardan]
bitten (jmdn um etwas ~)	пурсидан	[pursidan]
blenden (vt)	чашмро хира кардан	[tʃaʃmro xira kardan]
brechen (vt)	шикастан	[ʃikastan]
bügeln (vt)	утйи кардан	[utti: kardan]

253. Verben E-H

danken (vi)	сипосгузорӣ кардан	[siposguzori: kardan]
denken (vi, vt)	фикр кардан	[fikr kardan]
denunzieren (vt)	хабар расондан	[xabar rasondan]
dividieren (vt)	тақсим кардан	[taqsim kardan]
dressieren (vt)	ром кардан	[rom kardan]
drohen (vi)	дӯғ задан	[dœʁ zadan]
eindringen (vi)	даромадан	[daromadan]
einen Fehler machen	хато кардан	[xato kardan]
einen Schluss ziehen	хулоса баровардан	[xulosa barovardan]
einladen (zum Essen ~)	даъват кардан	[da'vat kardan]
einpacken (vt)	печондан	[petʃondan]
einrichten (vt)	таҷҳиз кардан	[tadʒhiz kardan]
einschalten (vt)	даргирондан	[dargirondan]
einschreiben (vt)	навишта даровардан	[naviʃta darovardan]
einsetzen (vt)	даровардан	[darovardan]
einstellen (Personal ~)	ба кор гирифтан	[ba kor giriftan]
einstellen (vt)	бас кардан	[bas kardan]
einwenden (vt)	зид баромадан	[zid baromadan]
empfehlen (vt)	маслиҳат додан	[maslihat dodan]
entdecken (Land usw.)	кашф кардан	[kaʃf kardan]
entfernen (Flecken ~)	тоза кардан	[toza kardan]
entscheiden (vt)	қарор додан	[qaror dodan]
entschuldigen (vt)	афв кардан	[afv kardan]
entzücken (vt)	ҷоду кардан	[dʒodu kardan]

erben (vt)	мерос гирифтан	[meros giriftan]
erblicken (vt)	дида мондан	[dida mondan]
erfinden (das Rad neu ~)	ихтироъ кардан	[iχtiro' kardan]
erinnern (vt)	ба ёди касе овардан	[ba jɔdi kase ovardan]
erklären (vt)	шарх додан	[ʃarh dodan]
erlauben (jemandem etwas)	ичозат додан	[idʒozat dodan]
erlauben, gestatten (vt)	ичозат додан	[idʒozat dodan]
erleichtern (vt)	сабук кардан	[sabuk kardan]
ermorden (vt)	куштан	[kuʃtan]
ermüden (vt)	хаста кардан	[χasta kardan]
ermutigen (vt)	рӯхбаланд кардан	[rœhbaland kardan]
ernennen (vt)	таъйин кардан	[ta'jin kardan]
erörtern (vt)	матрах кардан	[matrah kardan]
erraten (vt)	ёфтан	[jɔftan]
erreichen (Nordpol usw.)	рафта расидан	[rafta rasidan]
erröten (vi)	сурх шудан	[surχ ʃudan]
erscheinen (am Horizont ~)	намоён шудан	[namojɔn ʃudan]
erscheinen (Buch usw.)	нашр шудан	[naʃr ʃudan]
erschweren (vt)	мураккаб кардан	[murakkab kardan]
erstaunen (vt)	ба хайрат андохтан	[ba hajrat andoχtan]
erstellen (einer Liste ~)	тартиб додан	[tartib dodan]
ertrinken (vi)	ғарк шудан	[ʁark ʃudan]
erwähnen (vt)	гуфта гузаштан	[gufta guzaʃtan]
erwarten (vt)	умедвор шудан	[umedvor ʃudan]
erzählen (vt)	нақл кардан	[naql kardan]
erzielen (Ergebnis usw.)	расидан	[rasidan]
essen (vi, vt)	хӯрдан	[χœrdan]
existieren (vi)	зиндагӣ кардан	[zindagi: kardan]
fahren (mit 90 km/h ~)	рафтан	[raftan]
fallen lassen	афтондан	[aftondan]
fangen (vt)	доштан	[doʃtan]
finden (vt)	ёфтан	[jɔftan]
fischen (vt)	мохӣ гирифтан	[mohi: giriftan]
fliegen (vi)	паридан	[paridan]
folgen (vi)	рафтан	[raftan]
fortbringen (vt)	гирифта бурдан	[girifta burdan]
fortsetzen (vt)	давомат кардан	[davomat kardan]
fotografieren (vt)	сурат гирифтан	[surat giriftan]
frühstücken (vi)	ноништа кардан	[noniʃta kardan]
fühlen (vt)	хис кардан	[his kardan]
führen (vt)	сардорӣ кардан	[sardori: kardan]
füllen (mit Wasse usw.)	пур кардан	[pur kardan]
füttern (vt)	хӯрок додан	[χœrok dodan]
garantieren (vt)	зомин шудан	[zomin ʃudan]
geben (sein Bestes ~)	додан	[dodan]
gebrauchen (vt)	истеъмол кардан	[iste'mol kardan]

gefallen (vi)	форидан	[foridan]
gehen (zu Fuß gehen)	рафтан	[raftan]

gehorchen (vi)	зердаст шудан	[zerdast ʃudan]
gehören (vi)	таалуқ доштан	[taaluq doʃtan]
gelegen sein	хобида	[xobida]
genesen (vi)	сиҳат шудан	[sihat ʃudan]

gereizt sein	ранҷидан	[randʒidan]
gernhaben (vt)	дӯст доштан	[dœst doʃtan]
gestehen (Verbrecher)	иқрор шудан	[iqror ʃudan]
gießen (Wasser ~)	рехтан	[rextan]

glänzen (vi)	нурафшонӣ кардан	[nuraʃʃoni: kardan]
glauben (Er glaubt, dass …)	ҳисоб кардан	[hisob kardan]
graben (vt)	кофтан	[koftan]
gratulieren (vi)	муборакбод гуфтан	[muborakbod guftan]

gucken (spionieren)	пинҳонӣ нигоҳ кардан	[pinhoni: nigoh kardan]
haben (vt)	доштан	[doʃtan]
handeln (in Aktion treten)	амал кардан	[amal kardan]
hängen (an der Wand usw.)	овехтан	[ovextan]

heiraten (vi)	зан гирифтан	[zan giriftan]
helfen (vi)	кумак кардан	[kumak kardan]
herabsteigen (vi)	фуромадан	[furomadan]
hereinkommen (vi)	даромадан	[daromadan]
herunterlassen (vt)	фуровардан	[furovardan]

hinzufügen (vt)	илова кардан	[ilova kardan]
hoffen (vi)	умед доштан	[umed doʃtan]
hören (Geräusch ~)	шунидан	[ʃunidan]
hören (jmdm zuhören)	гӯш кардан	[gœʃ kardan]

254. Verben I-R

imitieren (vt)	таклид кардан	[taklid kardan]
impfen (vt)	эмгузаронӣ кардан	[ɛmguzaroni: kardan]
importieren (vt)	ворид кардан	[vorid kardan]
in Gedanken versinken	ба фикр рафтан	[ba fikr raftan]

in Ordnung bringen	ба тартиб андохтан	[ba tartib andoxtan]
informieren (vt)	ахборот додан	[axborot dodan]
instruieren (vt)	дастуруламал додан	[dasturulamal dodan]
interessieren (vt)	ҳаваснок кардан	[havasnok kardan]

isolieren (vt)	чудо нигоҳ доштан	[dʒudo nigoh doʃtan]
jagen (vi)	шикор кардан	[ʃikor kardan]
kämpfen (~ gegen)	ҷанг кардан	[dʒang kardan]
kämpfen (sich schlagen)	ҷангидан	[dʒangidan]
kaufen (vt)	харидан	[xaridan]

kennen (vt)	донистан	[donistan]
kennenlernen (vt)	шинос шудан	[ʃinos ʃudan]

| klagen (vi) | шикоят кардан | [ʃikojat kardan] |
| kompensieren (vt) | товон додан | [tovon dodan] |

komponieren (vt)	тасниф кардан	[tasnif kardan]
kompromittieren (vt)	обрӯ резондан	[obrœ rezondan]
konkurrieren (vi)	рақобат кардан	[raqobat kardan]
können (v mod)	тавонистан	[tavonistan]

kontrollieren (vt)	назорат кардан	[nazorat kardan]
koordinieren (vt)	координатсия кардан	[koordinatsija kardan]
korrigieren (vt)	ислоҳ кардан	[isloh kardan]
kosten (vt)	арзидан	[arzidan]

kränken (vt)	таҳқир кардан	[tahqir kardan]
kratzen (vt)	харошидан	[χaroʃidan]
Krieg führen	ҷангидан	[dʒangidan]
lächeln (vi)	табассум кардан	[tabassum kardan]

lachen (vi)	хандидан	[χandidan]
laden (Ein Gewehr ~)	тир пур кардан	[tir pur kardan]
laden (LKW usw.)	бор кардан	[bor kardan]
lancieren (starten)	сар кардан	[sar kardan]

laufen (vi)	давидан	[davidan]
leben (vi)	зистан	[zistan]
lehren (vt)	таълим додан	[ta'lim dodan]
leiden (vi)	алам кашидан	[alam kaʃidan]

leihen (Geld ~)	қарз гирифтан	[qarz giriftan]
leiten (Betrieb usw.)	сардорӣ кардан	[sardori: kardan]
lenken (ein Auto ~)	мошин рондан	[moʃin rondan]
lernen (vt)	омӯхтан	[omœχtan]
lesen (vi, vt)	хондан	[χondan]

lieben (vt)	дӯст доштан	[dœst doʃtan]
liegen (im Bett usw.)	хоб кардан	[χob kardan]
losbinden (vt)	кушодан	[kuʃodan]
löschen (Feuer)	хомӯш кардан	[χomœʃ kardan]

lösen (Aufgabe usw.)	ҳал кардан	[hal kardan]
loswerden (jmdm. od etwas)	аз ... халос шудан	[az χalos ʃudan]
lügen (vi)	дурӯғ гуфтан	[durœʁ guftan]
machen (vt)	кардан	[kardan]
markieren (vt)	ишора кардан	[iʃora kardan]

meinen (glauben)	бовар кардан	[bovar kardan]
memorieren (vt)	ёд доштан	[jod doʃtan]
mieten (ein Boot ~)	киро кардан	[kiro kardan]
mieten (Haus usw.)	ба иҷора гирифтан	[ba idʒora giriftan]

mischen (vt)	аралаш кардан	[aralaʃ kardan]
mitbringen (vt)	овардан	[ovardan]
mitteilen (vt)	хабар додан	[χabar dodan]
müde werden	монда шудан	[monda ʃudan]
multiplizieren (vt)	зарб задан	[zarb zadan]
müssen (v mod)	қарздор будан	[qarzdor budan]

| nachgeben (vi) | гузашт кардан | [guzaʃt kardan] |
| nehmen (jmdm. etwas ~) | махрум кардан | [mahrum kardan] |

nehmen (vt)	гирифтан	[giriftan]
noch einmal sagen	такрор кардан	[takror kardan]
nochmals tun (vt)	дубора хохтан	[dubora χoχtan]
notieren (vt)	қайд кардан	[qajd kardan]

nötig sein	даркор будан	[darkor budan]
notwendig sein	даркор будан	[darkor budan]
öffnen (vt)	кушодан	[kuʃodan]
passen (Schuhe, Kleid)	мувофиқ омадан	[muvofiq omadan]
pflücken (Blumen)	кандан	[kandan]

planen (vt)	нақша кашидан	[naqʃa kaʃidan]
prahlen (vi)	худситой кардан	[χudsitoi: kardan]
projektieren (vt)	лоиха кашидан	[loiha kaʃidan]
protestieren (vi)	эътироз баён кардан	[ɛ'tiroz bajon kardan]

provozieren (vt)	ивво додан	[iʁvo dodan]
putzen (vt)	тоза кардан	[toza kardan]
raten (zu etwas ~)	маслихат додан	[maslihat dodan]
rechnen (vt)	шумурдан	[ʃumurdan]

regeln (vt)	баробар кардан	[barobar kardan]
reinigen (vt)	тоза кардан	[toza kardan]
reparieren (vt)	дуруст кардан	[durust kardan]
reservieren (vt)	чудо карда мондан	[dʒudo karda mondan]

retten (vt)	начот додан	[nadʒot dodan]
richten (den Weg zeigen)	фиристодан	[firistodan]
riechen (an etwas ~)	буй кардан	[buj kardan]
riechen (gut ~)	бӯй додан	[bœj dodan]

ringen (Sport)	гӯштин гирифтан	[gœʃtin giriftan]
riskieren (vt)	таваккал кардан	[tavakkal kardan]
rufen (seinen Hund ~)	чеғ задан	[dʒeʁ zadan]
rufen (um Hilfe ~)	чеғ задан	[dʒeʁ zadan]

255. Verben S-U

säen (vt)	коштан, коридан	[koʃtan], [koridan]
sagen (vt)	гуфтан	[guftan]
schaffen (Etwas Neues zu ~)	сохтан	[soχtan]
schelten (vt)	дашном додан	[daʃnom dodan]

schieben (drängen)	тела додан	[tela dodan]
schießen (vi)	тир задан	[tir zadan]
schlafen gehen	хоб рафтан	[χob raftan]
schlagen (mit …)	занозани кардан	[zanozani: kardan]

schlagen (vt)	задан	[zadan]
schließen (vt)	пӯшидан, бастан	[pœʃidan], [bastan]
schmeicheln (vi)	хушомадгӯй кардан	[χuʃomadgœj kardan]

schmücken (vt)	оростан	[orostan]
schreiben (vi, vt)	навиштан	[naviʃtan]
schreien (vi)	дод задан	[dod zadan]
schütteln (vt)	чунбондан	[dʒunbondan]
schweigen (vi)	хомӯш будан	[χomœʃ budan]
schwimmen (vi)	шино кардан	[ʃino kardan]
schwimmen gehen	оббозӣ кардан	[obbozi: kardan]
sehen (vt)	нигоҳ кардан	[nigoh kardan]
sein (vi)	будан	[budan]
sich abwenden	рӯ гардондан	[rœ gardondan]
sich amüsieren	хурсандӣ кардан	[χursandi: kardan]
sich anschließen	мулҳақ шудан	[mulhaq ʃudan]
sich anstecken	мубтало шудан	[mubtalo ʃudan]
sich aufregen	ошуфта шудан	[oʃufta ʃudan]
sich ausruhen	дам гирифтан	[dam giriftan]
sich beeilen	шитоб кардан	[ʃitob kardan]
sich benehmen	рафтор кардан	[raftor kardan]
sich beschmutzen	олуда шудан	[oluda ʃudan]
sich datieren	сана гузоштан	[sana guzoʃtan]
sich einmischen	дахолат кардан	[daχolat kardan]
sich empören	ба ғазаб омадан	[ba ʁazab omadan]
sich entschuldigen	узр пурсидан	[uzr pursidan]
sich erhalten	маҳфуз мондан	[mahfuz mondan]
sich erinnern	ҳифз кардан	[hifz kardan]
sich interessieren	ҳавас кардан	[havas kardan]
sich kämmen	шона кардан	[ʃona kardan]
sich konsultieren mit ...	маслиҳат пурсидан	[maslihat pursidan]
sich konzentrieren	чамъ шудан	[dʒam' ʃudan]
sich langweilen	дилтанг шудан	[diltang ʃudan]
sich nach ... erkundigen	донистан	[donistan]
sich nähern	наздик омадан	[nazdik omadan]
sich rächen	интиқом гирифтан	[intiqom giriftan]
sich rasieren	риш гирифтан	[riʃ giriftan]
sich setzen	нишастан	[niʃastan]
sich Sorgen machen	нороҳат шудан	[norohat ʃudan]
sich überzeugen	мӯътақид будан	[mœ'taqid budan]
sich unterscheiden	фарқ доштан	[farq doʃtan]
sich vergrößern	калон шудан	[kalon ʃudan]
sich verlieben	ошиқ шудан	[oʃiq ʃudan]
sich verteidigen	худро муҳофиза кардан	[χudro muhofiza kardan]
sich vorstellen	тасаввур кардан	[tasavvur kardan]
sich waschen	шустушӯ кардан	[ʃustuʃœ kardan]
sitzen (vi)	нишастан	[niʃastan]
spielen (Ball ~)	бозӣ кардан	[bozi: kardan]
spielen (eine Rolle ~)	бозидан	[bozidan]

spotten (vi)	масхара кардан	[masχara kardan]
sprechen mit …	гап задан бо …	[ɢap zadan bo]
spucken (vi)	туф кардан	[tuf kardan]
starten (Flugzeug)	парвоз кардан	[parvoz kardan]
stehlen (vt)	дуздидан	[duzdidan]
stellen (ins Regal ~)	ҷойгир кардан	[dʒojgir kardan]
stimmen (vi)	овоз додан	[ovoz dodan]
stoppen (haltmachen)	истодан	[istodan]
stören (nicht ~!)	ташвиш додан	[taʃviʃ dodan]
streicheln (vt)	навозиш кардан	[navoziʃ kardan]
suchen (vt)	ҷустан	[dʒustan]
sündigen (vi)	гуноҳ кардан	[gunoh kardan]
tauchen (vi)	ғӯта задан	[ʁœta zadan]
tauschen (vt)	иваз кардан	[ivaz kardan]
täuschen (vt)	фирефтан	[fireftan]
teilnehmen (vi)	иштирок кардан	[iʃtirok kardan]
trainieren (vi)	машқ кардан	[maʃq kardan]
trainieren (vt)	машқ додан	[maʃq dodan]
transformieren (vt)	табдил кардан	[tabdil kardan]
träumen (im Schlaf)	хоб дидан	[χob didan]
träumen (wünschen)	орзу доштан	[orzu doʃtan]
trinken (vt)	нӯшидан	[nœʃidan]
trocknen (vt)	хушк кардан	[χuʃk kardan]
überragen (Schloss, Berg)	боло, баланд шудан	[bolo], [baland ʃudan]
überrascht sein	ба хайрат афтодан	[ba hajrat aftodan]
überschätzen (vt)	аз будаш зиёд қадр кардан	[az budaʃ zijod qadr kardan]
übersetzen (Buch usw.)	тарҷума кардан	[tardʒuma kardan]
überwiegen (vi)	бартарӣ доштан	[bartari: doʃtan]
überzeugen (vt)	бовар кунондан	[bovar kunondan]
umarmen (vt)	оғуш кардан	[oʁuʃ kardan]
umdrehen (vt)	чаппа кардан	[tʃappa kardan]
unternehmen (vt)	иқдом кардан	[iqdom kardan]
unterschätzen (vt)	хунукназарӣ кардан	[χunuknazari: kardan]
unterschreiben (vt)	имзо кардан	[imzo kardan]
unterstreichen (vt)	хат кашидан	[χat kaʃidan]
unterstützen (vt)	тарафдорӣ кардан	[tarafdori: kardan]

256. Verben V-Z

verachten (vt)	ҳақорат кардан	[haqorat kardan]
veranstalten (vt)	оростан	[orostan]
verbieten (vt)	манъ кардан	[man' kardan]
verblüfft sein	тааҷҷуб кардан	[taatʃdʒub kardan]
verbreiten (Broschüren usw.)	пахн кардан	[pahn kardan]
verbreiten (Geruch)	пахн кардан	[pahn kardan]

verbrennen (vt)	сӯхтан	[sœχtan]
verdächtigen (vt)	шубҳа кардан	[ʃubha kardan]
verdienen (Lob ~)	сазовори шудан	[sazovori ʃudan]
verdoppeln (vt)	дучанда кардан	[dutʃanda kardan]
vereinfachen (vt)	соддатар кардан	[soddatar kardan]
vereinigen (vt)	якҷоя кардан	[jakdʒoja kardan]
vergessen (vt)	фаромӯш кардан	[faromœʃ kardan]
vergießen (vt)	резондан	[rezondan]
vergleichen (vt)	муқоиса кардан	[muqoisa kardan]
vergrößern (vt)	калон кардан	[kalon kardan]
verhandeln (vi)	гуфтушунид гузарондан	[guftuʃunid guzarondan]
verjagen (vt)	ҳай кардан	[haj kardan]
verkaufen (vt)	фурӯхтан	[furœχtan]
verlangen (vt)	талаб кардан	[talab kardan]
verlassen (vt)	мондан	[mondan]
verlassen (vt)	ҷое барбастан	[dʒoe barbastan]
verlieren (Regenschirm usw.)	гум кардан	[gum kardan]
vermeiden (vt)	гурехтан	[gureχtan]
vermuten (vt)	гумон доштан	[gumon doʃtan]
verneinen (vt)	инкор кардан	[inkor kardan]
vernichten (Dokumente usw.)	нобуд кардан	[nobud kardan]
verringern (vt)	камтар кардан	[kamtar kardan]
versäumen (vt)	набудан	[nabudan]
verschieben (Möbel usw.)	кӯчондан	[kœtʃondan]
verschütten (vt)	рехтан	[reχtan]
verschwinden (vi)	гум шудан	[gum ʃudan]
versprechen (vt)	ваъда додан	[va'da dodan]
verstecken (vt)	пинҳон кардан	[pinhon kardan]
verstehen (vt)	фаҳмидан	[fahmidan]
verstummen (vi)	хомӯш шудан	[χomœʃ ʃudan]
versuchen (vt)	кӯшидан	[kœʃidan]
verteidigen (vt)	муҳофиза кардан	[muhofiza kardan]
vertrauen (vt)	бовар кардан	[bovar kardan]
verursachen (vt)	сабаб шудан	[sabab ʃudan]
verurteilen (vt)	ҳукм кардан	[hukm kardan]
vervielfältigen (vt)	бисёр кардан	[bisjor kardan]
verwechseln (vt)	иштибоҳ кардан	[iʃtiboh kardan]
verwirklichen (vt)	иҷро кардан	[idʒro kardan]
verzeihen (vt)	бахшидан	[baχʃidan]
vorankommen	ҷунбидан	[dʒunbidan]
voraussehen (vt)	пешбинӣ кардан	[peʃbini: kardan]
vorbeifahren (vi)	роҳ паймудан	[roh pajmudan]
vorbereiten (vt)	тайёр кардан	[tajjor kardan]
vorschlagen (vt)	таклиф кардан	[taklif kardan]
vorstellen (vt)	муаррифӣ кардан	[muarrifi: kardan]
vorwerfen (vt)	таъна задан	[ta'na zadan]

vorziehen (vt)	бехтар донистан	[beχtar donistan]
wagen (vt)	чуръат кардан	[dʒur'at kardan]
wählen (vt)	интихоб кардан	[intiχob kardan]
wärmen (vt)	гарм кардан	[garm kardan]
warnen (vt)	танбех додан	[tanbeh dodan]
warten (vi)	поидан	[poidan]
waschen (das Auto ~)	шустан	[ʃustan]
waschen (Wäsche ~)	чомашӯй кардан	[dʒomaʃœi: kardan]
wechseln (vt)	додугирифт кардан	[dodugirift kardan]
wecken (vt)	бедор кардан	[bedor kardan]
wegfahren (vi)	рафтан	[raftan]
weglassen (Wörter usw.)	партофта гузаштан	[partofta guzaʃtan]
weglegen (vt)	баровардан	[barovardan]
weinen (vi)	гиря кардан	[girja kardan]
werben (Reklame machen)	эълон кардан	[ɛ'lon kardan]
werden (vi)	шудан	[ʃudan]
werfen (vt)	андохтан	[andoχtan]
widmen (vt)	бахшидан	[baχʃidan]
wiegen (vi)	вазн доштан	[vazn doʃtan]
winken (mit der Hand)	афшондан	[afʃondan]
wissen (vt)	донистан	[donistan]
Witz machen	шӯхӣ кардан	[ʃœχi: kardan]
wohnen (vi)	зистан	[zistan]
wollen (vt)	хостан	[χostan]
wünschen (vt)	хостан	[χostan]
zahlen (vt)	пул додан	[pul dodan]
zeigen (den Weg ~)	нишон додан	[niʃon dodan]
zeigen (jemandem etwas ~)	нишон додан	[niʃon dodan]
zerreißen (vi)	даридан	[daridan]
zertreten (vt)	торумор кардан	[torumor kardan]
ziehen (Seil usw.)	кашидан	[kaʃidan]
zielen auf ...	нишон гирифтан	[niʃon giriftan]
zitieren (vt)	иктибос овардан	[iktibos ovardan]
zittern (vi)	ларзидан	[larzidan]
zu Abend essen	хӯроки шом хӯрдан	[χœroki ʃom χœrdan]
zu Mittag essen	хӯроки пешин хӯрдан	[χœroki peʃin χœrdan]
zubereiten (vt)	пухтан	[puχtan]
züchten (Pflanzen)	парвариш кардан	[parvariʃ kardan]
zugeben (eingestehen)	ба гардан гирифтан	[ba gardan giriftan]
zur Eile antreiben	шитоб кунондан	[ʃitob kunondan]
zurückdenken (vi)	ба ёд овардан	[ba jɔd ovardan]
zurückhalten (vt)	намондан	[namondan]
zurückkehren (vi)	баргаштан	[bargaʃtan]
zurückschicken (vt)	гардонда фиристодан	[gardonda firistodan]
zurückziehen (vt)	бекор кардан	[bekor kardan]

zusammenarbeiten (vi)	ҳамкорӣ кардан	[hamkori: kardan]
zusammenzucken (vi)	як қад ларидан	[jak qad laridan]
zustimmen (vi)	розигӣ додан	[rozigi: dodan]
zweifeln (vi)	шак доштан	[ʃak doʃtan]
zwingen (vt)	маҷбур кардан	[madʒbur kardan]